SINÉAD O'CONNOR
ERINNERUNGEN

SINÉAD O'CONNOR
ERINNERUNGEN

Bibliografische Information der Deutschen Nationalbibliothek
Die Deutsche Nationalbibliothek verzeichnet diese Publikation in der Deutschen Nationalbibliografie. Detaillierte bibliografische Daten sind im Internet über http://d-nb.de abrufbar.

Für Fragen und Anregungen
info@rivaverlag.de

Wichtiger Hinweis
Ausschließlich zum Zweck der besseren Lesbarkeit wurde auf eine genderspezifische Schreibweise sowie eine Mehrfachbezeichnung verzichtet. Alle personenbezogenen Bezeichnungen sind somit geschlechtsneutral zu verstehen.

2. Auflage 2023
© 2021 by riva Verlag, ein Imprint der Münchner Verlagsgruppe GmbH
Türkenstraße 89
80799 München
Tel.: 089 651285-0
Fax: 089 652096

Die englische Originalausgabe erschien 2021 bei Houghton Mifflin Harcourt unter dem Titel *Rememberings*. Copyright © 2021 by Universal Mother, Inc. All rights reserved. Published by special arrangement with Houghton Mifflin Harcourt Publishing Company.

Alle Rechte, insbesondere das Recht der Vervielfältigung und Verbreitung sowie der Übersetzung, vorbehalten. Kein Teil des Werkes darf in irgendeiner Form (durch Fotokopie, Mikrofilm oder ein anderes Verfahren) ohne schriftliche Genehmigung des Verlages reproduziert oder unter Verwendung elektronischer Systeme gespeichert, verarbeitet, vervielfältigt oder verbreitet werden. Wir behalten uns die Nutzung unserer Inhalte für Text und Data Mining im Sinne von § 44b UrhG ausdrücklich vor.

Auszug aus Bob Dylans »To Ramona«: Copyright © 1964 by Warner Bros. Inc.; renewed 2020 by Universal Music Publishing Group. All rights reserved. International copyright secured. Reprinted by permission of Universal Music Publishing Group.

Übersetzung: Peter Peschke
Redaktion: Rainer Weber
Umschlaggestaltung: Marc-Torben Fischer
Umschlagabbildung: Richard Schroeder / Kontributor
Layout und Satz: inpunkt[w]o, Haiger (www.inpunktwo.de)
Druck: GGP Media GmbH, Pößneck
Printed in Germany

ISBN Print 978-3-96775-061-4
ISBN E-Book (PDF) 978-3-96775-062-1
ISBN E-Book (EPUB, Mobi) 978-3-96775-063-8

Weitere Informationen zum Verlag finden Sie unter
www.rivaverlag.de
Beachten Sie auch unsere weiteren Verlage unter www.m-vg.de

Inhalt

Vorwort 10

ERSTER TEIL 13

Prolog: Hey, Hey, We're The Monkees! 14
Das Klavier 16
Meine Großväter 18
August 1977 20
Lourdes 23
Meine Tante Frances 27
Der Zug 29
Versunken in der Musik 33
Will You Still Love Me Tomorrow? 39
Die Plattensammlung meiner Mutter 42
Weshalb ich singe 44
The House of the Rising Sun, erster Teil 48
The House of the Rising Sun, zweiter Teil 53
The House of the Rising Sun, dritter Teil 58
Song to the Siren 64
Schwestern 68
Any Dream Will Do 71

John, I Love You 72
Über meinen Vater 74
Gedicht aus meiner Jugend 76

ZWEITER TEIL.. 79

Who Are You? 80
Ankommen 92
Eine oder zwei Lektionen 95
Inflammable Material 100
Kopfrasur 103
The Lion and the Cobra 106
Woks und Wecker 110
My Boy Lollipop, Juli 1987 114
The Way Young Lovers Do 119
There Is a Light That Never Goes Out, 1987 121
Gute Nachrichten, schlechte Nachrichten etc. 127
Funny How Time Slips Away 131
Paper Roses 134
Sheviti Adonai L'negdi Tamid – I Place God Before Me Always ... 136
Deshalb gibt es Schokolade und Vanille 147
War, erster Teil – *Saturday Night Live*, 1992 151
War, zweiter Teil – Irgendwem muss es ja nutzen 157
It Ain't Necessarily So 161
The Condition My Condition Is In – 1992, ein paar Tage danach ... 163
Ein Obdachloser zu Ostern 167
War, dritter Teil – Oktober 1992 168
Mein sternenbesetztes Banner 172

DRITTER TEIL **177**

    Ein paar musikalische Hinweise 178
    I Do Not Want What I Haven't Got 180
    Am I Not Your Girl? 184
    Universal Mother 186
    Gospel Oak 192
    Faith and Courage 194
    Sean-Nós Nua 196
    Throw Down Your Arms 198
    Theology 200
    How About I Be Me 203
    I'm Not Bossy 206
    Demnächst 208
    Dagger Through the Heart 211
    The Greatest Love of All 213
    Lou Reed 218
    Ein paar Lektionen und wahre Geschichten 220
    Mr. Bigstuff 222
    Jake, Roisin, Shane und Yeshua 224
    The Wizard of Oz 232
    Vorwärts und jetzt 241
    25. September 2019 244
    Postskriptum 247
    Epilog 249

*Allen Angestellten und Patienten
des St. Patrick's University Hospital in Dublin
mit Liebe gewidmet*

*Für meinen Vater, John O'Connor,
sowie für David Rosenthal, Bob Dylan und Jeff Rosen*

Vorwort

Ich erinnere mich nur an das, was ich meinem Verleger gegeben habe. Abgesehen von dem, was privat bleiben soll und dem, was ich vergessen will. Die Gesamtheit dessen, woran ich mich nicht erinnere, würde indes zehntausend Büchereien füllen, daher ist es vielleicht ganz gut, dass vieles in Vergessenheit geraten ist.

Hauptsächlich liegt das daran, dass ich bis vor etwa sechs Monaten gar nicht wirklich gegenwärtig war. Und während ich diese Zeilen schreibe, bin ich 54 Jahre alt. Es gibt viele Gründe dafür, dass ich nicht wirklich zugegen war. Hier sind sie nachzulesen. Zumindest die meisten von ihnen.

Tatsächlich war ich noch zugegen, bevor mein erstes Album erschien. Und dann bin ich irgendwo in mir selbst verschwunden. Ich habe angefangen, Marihuana zu rauchen, und ich habe erst 2020 damit aufgehört. Also, ja, ich bin nicht so recht da gewesen, und es ist schwierig, sich etwas ins Bewusstsein zurückzurufen, bei dem man nicht zugegen war.

Musik zu machen ist etwas, worüber sich schwer schreiben lässt. Damals war ich da, ich war zugegen. An dem Ort tief in mir selbst, den nur ich kenne. Wenn man aber über Musik reden könnte, dann bräuchte es keine Musik, deshalb betreffen die Sachen, von denen ich hier erzähle, vielleicht nicht immer die Musik. Sie sind jedoch die Summe dessen, woran ich mich erinnern kann, und erzählen die Geschichte von meiner Jugend bis heute.

Ich habe manche Menschen nicht erwähnt, weil ich weiß, dass sie lieber anonym bleiben wollen, und andere, weil ich möchte, dass sie angepisst sind, wenn sie in diesem Buch nach ihrem Namen suchen und ihn nicht finden.

Dass ich nicht wirklich gegenwärtig war, erklärt, warum sich in diesem Buch zwei Stimmen finden, die klar voneinander zu unterscheiden sind; eine davon führt bis zum Zerreißen des Papst-Bildes im Jahre 1992, danach setzt eine neue an. Das liegt daran, dass ich nach dem Verfassen der »Papst-Kapitel« (die von meinem Auftritt bei *Saturday Night Live* sowie dem Vorabend erzählen) vier Jahre brauchte, um überhaupt wieder etwas schreiben zu können; vier Jahre, in denen ich immer wieder Zeit in stationärer Therapie verbrachte, um die Gründe dafür zu verstehen, warum ich nicht da war, nicht präsent. Danach setzte eine neue Stimme zu sprechen an. Und ich hoffe, dass die Leserinnen und Leser das so hinnehmen können. (Etwas Besseres kann ich nicht wirklich anbieten.)

Ich werde in absehbarer Zeit sicher keine Literaturpreise gewinnen. Ich bin kein Bob Dylan und auch kein Shakespeare; schriftstellerisch spiele ich nicht einmal in derselben Liga wie mein fantastischer Bruder Joseph. Aber ich habe meine Geschichte so erzählt, wie es meiner Erinnerung entspricht, und ich habe versucht, sie so zu erzählen, wie ich spreche. Ich habe mir ein bestimmtes Gegenüber vorgestellt, während ich die Kapitel schrieb oder erzählte. Wer das war, werde ich aber nie verraten.

Ich war sehr jung, als meine Karriere begann. Ich hatte nie die Zeit, »mich selbst zu finden«, und habe sie mir auch nie genommen. Aber ich glaube, man erkennt in diesem Buch ein Mädchen, das zu sich selbst findet, nicht durch seinen Erfolg in der Musikindustrie, sondern indem es die Gelegenheit ergreift, auf vernünftige und vollumfängliche Weise den Verstand zu verlieren. Dabei geht es darum, dass wer den Verstand verloren hat, ihn auch wieder finden und dann im Leben besser zurechtkommen kann.

Heute bin ich eine ältere Frau mit einer anderen Stimme. Das hier ist also nur meine erste Autobiografie. Ich beabsichtige, ein langes Leben zu leben und darüber Tagebuch zu führen, damit ich nichts vergesse. Doch zunächst war es notwendig, das Kind in mir sprechen zu lassen, denn es *musste* sprechen. Und weil ich das getan habe, ist es nun ein Mädchen, das sich entschieden hat, etwa 17 Jahre alt zu sein und zu bleiben.

Meine Leserschaft soll wissen, dass ich meinen beiden Eltern gegenüber Mitgefühl und tiefe, grenzenlose Liebe empfinde; sie haben ihr Bestmöglichstes getan in einer Zeit, die schwierig war für Irland und das irische Volk. Und mein Vater ist noch immer mein Vorbild. Er musste mehr Schmerz ertragen als jeder andere mir bekannte Mensch – und er ertrug ihn mit einem solchen Heldenmut. Das Soldatentum liegt in der Familien-DNA. Groß- und Urgroßonkel von mir waren beim Militär. Und etwas davon lebt sowohl in meinem Vater als auch in mir weiter.

Ich hoffe insbesondere, dass ich niemanden in meiner Familie beleidige oder wütend mache, indem ich das Kind in mir sprechen lasse. Ich berichte hier ausschließlich von meinen eigenen Eindrücken. Und ich bitte vorab um Entschuldigung, wenn irgendetwas von dem, was ich hier geschrieben habe, jemanden verärgert. Das war nicht meine Absicht.

Meine Absicht war es, all die Puzzleteile meines Selbst vor mir auszubreiten, um zu versuchen, sie zu einem Ganzen zusammenzusetzen. Mein Wunsch war es, verstanden zu werden. Außerdem ging es mir darum, dass nicht die Borniertheit meine Geschichte erzählen, wenn ich einmal fort bin. Was passiert wäre, hätte ich sie nicht selbst erzählt.

Wenn ich als Künstlerin mir etwas erhoffe, dann dass ich gewisse Leute dazu inspiriere, zu sein, wer sie wirklich sind. Mein Publikum scheint sich aus Leuten zusammenzusetzen, denen man das Leben schwer gemacht hat, weil sie »sie selbst« waren. »Es ist nicht einfach, grün zu sein«, würde Kermit sagen – vielleicht wissen sie gar nicht, dass ich dank ihrer sein kann, wer ich wirklich bin. Auf der Bühne kann ich immer die sein, die ich wirklich bin.

Jenseits der Bühne eher weniger. Niemand hat mich je verstanden, nicht einmal ich selbst, wenn ich nicht gesungen habe.

Aber ich hoffe, dass dieses Buch Sinn ergibt.

Wenn nicht, dann versuchen Sie doch mal, es sich vorzusingen. Vielleicht hilft das ja.

ERSTER TEIL

Prolog: Hey, Hey, We're The Monkees!

Bevor wir beginnen und um etwas Klarheit zu schaffen, erläutere ich hier die Architektur meiner Familie und wann ich mit wem gelebt habe.

Meine Mutter Marie und mein Vater John heirateten 1960 und richteten sich ein Zuhause in Crumlin ein, einem Vorort Dublins, in dem sie aufgewachsen waren. Drei Jahre später kam mein Bruder Joe zur Welt und sie zogen ins mittelständische Glenageary, ganz am anderen Ende der Stadt. 1965 kam dann meine Schwester Éimear. Vierzehn Monate später, im Jahr 1966, folgte ich. Und 1968 schließlich mein Bruder John.

1975 traf mein Vater die vernünftige Entscheidung, meine Mutter zu verlassen – aus Gründen, die sich in diesem Buch nachlesen lassen. Ihm wurde das Sorgerecht für uns zugesprochen und wir wohnten bei ihm und seiner neuen Liebe, meiner (wunderbaren) Stiefmutter Viola. Mein kleiner Bruder und ich blieben jedoch nur etwa sechs Monate dort, weil wir unsere Mutter vermissten.

Damals war ich neun Jahre alt. Ich blieb bei meiner Mutter, bis ich dreizehn war, und dann zog ich aus freien Stücken wieder zu meinem Vater. Nach dem, was sich im Haus meiner Mutter zugetragen hatte, gelang es mir nicht, mich dort anzupassen, deshalb ging ich gegen Ende meines dreizehnten Lebensjahres in eine Einrichtung, die man, will man höflich bleiben, als »Rehabilitationszentrum für verhaltensauffällige Mädchen« bezeichnen würde. (Ich glaube, die ganze Welt weiß, dass meinem Vater dafür eine Rückvergütung zusteht, denn ganz offensichtlich hat mein Aufenthalt dort nichts gebracht.)

Mit fünfzehn Jahren zog ich von besagtem Zentrum in ein Internat in Waterford. In jenem Sommer schloss ich mich einer Band an, und als ich wieder zur Schule zurückkehrte, vermisste ich die Band. Also lief ich im Dezember, nachdem ich sechzehn geworden war, von der Schule fort und besorgte mir ein möbliertes Zimmer, sehr zum Schrecken meines mittellosen Vaters. Er willigte schließlich ein, mich dort bleiben zu lassen, nachdem ich eingewilligt hatte, das Nasenpiercing zu entfernen, das ich mir ebenfalls besorgt hatte. Er zahlte meine Miete, aber sonst nichts, also musste ich arbeiten. Er ist ein Genie.

Die zweite Frau meines Vaters, Viola, hat drei Töchter aus einer früheren Ehe. Daher habe ich drei Stiefschwestern. Viola und mein Vater haben ebenfalls einen Sohn namens Eoin. Auch er ist also mein Bruder.

Meine Mutter kam 1985 bei einem Autounfall ums Leben. Da war ich achtzehn. Etwas später im selben Jahr, nachdem man mir bei Ensign Records einen Plattenvertrag angeboten hatte, zog ich nach London.

Mein erstes Kind kam zur Welt, als ich zwanzig war, drei Wochen vor der Veröffentlichung meines ersten Albums. Ich habe noch drei weitere Kinder und bisher zwei Enkelkinder.

Das Klavier

Es ist Weihnachten und ich bin in der guten Stube meiner Großmutter väterlicherseits, die meistens nach Kohl stinkt (die Stube, nicht die Oma).

Die Lichter rund um den Baum bedeuten, dass die anderen Lichter im unteren Stockwerk nicht brennen. Die Erwachsenen verschwinden in den dunkelblauen Schatten, miteinander beschäftigt und der Stube abgewandt, alle Nase lang laufen sie die Treppen rauf und runter. Ich bin klein genug, um nicht bemerkt zu werden, wenn sie nur geradeaus und nicht nach unten blicken. Ohne Aufsicht eines Erwachsenen ist die Stube meiner Großmutter für mich tabu. Hier drinnen befindet sich der Weihnachtsbaum. Ich konnte mich unbemerkt hineinschleichen, um die Geschenke zu begutachten, aber was mich wirklich lockt, ist etwas anderes.

An der Wand steht ein altes Klavier. Die Tasten sind gelb, so wie die Zähne meines Großvaters. In den Tönen liegt ein Echo, ein seltsamer Klang, wie die Geisterglocken eines versunkenen Schiffes. Ich schleiche mich hier oft allein rein, weil das Klavier nach mir ruft. Es bringt die Luft um sich herum in breiten Wellen zum Vibrieren, mit einem nur vagen Anklang von Farben, gerade genug, um meine Aufmerksamkeit zu erregen.

Es klingt so betrübt, wenn ich die Töne spiele. Das Ding ist traurig. Einmal, als der Abend dämmerte, habe ich es nach dem Grund gefragt. *Weil es in mir spukt*, sagte es, und es forderte mich auf, mein Ohr auf seinen Bauch zu legen – jene flache Holzplatte, die sich vor den Schienbeinen befindet, wenn man das Klavier spielt. Ich drückte meine rechte Wange auf das Holz und das Klavier sagte: *Jetzt spiele ein paar Töne*. Das tat ich, indem ich mit meinem linken Arm nach oben griff, sodass mein Gesicht bleiben konnte, wo es war. Unter den Tönen hörte ich viele wirre Stimmen, die alle gleichzeitig flüsterten. Ich konnte nicht verstehen, was sie sagten, so viele waren es.

Ich schoss wieder nach oben und sagte: »Was sind das für Stimmen?« Das Klavier antwortete: *Geschichten.* Und es fuhr fort: *Sie sitzen dort fest. Sie können nicht hinaus, wenn niemand auf mir spielt, und ich kann nicht atmen, wenn sie alle in mir sind.* Dann sagte es: *Es ist mir egal, wenn du mich schlecht spielst, ich brauche nur die Berührung. Spiel mich ganz leise, sachte, sachte, so als spieltest du kaum, denn ich bin ein zartbesaitetes Ding, und die Geister in mir sind sehr verstimmt.*

Ich sagte: »Du hast mir immer noch nicht gesagt, wessen Stimmen das sind.« Das wolle es mir nicht verraten, erwiderte das Klavier. Ich fragte nach dem Grund. *Wegen des Krieges,* sagte es. *Ein Kind sollte vom Krieg nichts wissen.* Es sagte: *Die Menschen sprechen nicht, deshalb fliegen ihre Gefühle in musikalische Dinge.* Und es sagte: *Die Geister, das sind Sachen, an die die Menschen sich nicht erinnern wollen.*

Am Weihnachtsabend knieten wir vor der Krippe in der Diele, um das Jesuskind hineinzulegen, weil es ja nicht vor Mitternacht dort sein konnte, und wir sangen all die Lieder, die mich zum Weinen brachten. Mein Vater musste helfen, mich wieder aufzurichten und die Treppe hoch ins Bett zu kriegen. Ich konnte nicht richtig laufen, weil die Weihnachtslieder in meinem Körper waren. Sie verbogen und verdrehten mich, sodass ich nicht gerade stehen konnte. Mein Vater versteht, dass Lieder mich zum Weinen bringen. Er findet das nicht seltsam. Ich mache mir immer Sorgen, dass ich seltsam bin, weil Lieder mich zum Weinen bringen und zum Krüppel machen und ich doch nur ein Kind bin. Nachdem er mich gut zugedeckt hat, singt er »Scarlett Ribbons« für mich. Seine Stimme klingt sehr traurig. Er ist oft traurig. So wie ich.

Lovely ribbons, scarlet ribbons
Scarlet ribbons for her hair

Das Lied bringt mich fast um den Verstand. Dass es so etwas wie Engel gibt und diese Engel Schleifen für das Haar zurücklassen, dass die Gebete von Kindern erhört werden und dass der *capo di tutti capi* höherrangig als die eigenen Eltern sein kann.

Ich will aber keine Schleifen für das Haar, ich will mich von Liedern in diese andere Welt tragen lassen. Ich mag die Realität nicht. Ich möchte mich nicht nach drei Minuten in ihr wiederfinden, nur um dort verweilen zu müssen, bis sich die nächste Chance auftut, sie zum Verschwinden zu bringen.

Meine Großväter

Der Vater meines Vaters ist ein Möbelschreiner. In einer selbstgebauten Voliere, die sich über die untere Seite seines Gartens erstreckt, hält er Kanarienvögel und Brieftauben. Ich habe ihn wirklich gern. Verglichen mit dem Vater meiner Mutter ist er pummelig, und er kichert viel, hat ein rauchiges Lachen.

Ich habe oft meine ganze Hand um seinen Zeigefinger geschlungen und ihn zum Vogelhaus gezerrt, damit ich dabei zusehen konnte, wie er die Tauben fliegen ließ – mit Nachrichten, die in kleinen, an ihren Füßen festgebundenen Röhrchen steckten –, nur damit sie später wieder zurück zu ihm fliegen konnten, mit leeren Krallen. Einmal fragte er mich, ob ich wolle, dass ein fetter Vogel eine Nachricht für mich überlieferte, also ließ ich ihn schreiben: *Hallo, Gott, von Scamp.*

Als ich einmal nachfragte, sagte mein Großvater, dass das mein Spitzname sei, weil *scamp* das Wort für ein Schlitzohr ist, eine Spitzbübin, ein freches Ding, und dass ich von allen Kindern meiner Mutter das frechste sei. Aber er warf seinen Kopf in den Nacken und keckerte mit rauchiger Stimme, nachdem er es gesagt hatte. Sah selbst wie ein großes Kind aus, so glücklich leuchteten seine Augen. Er mag mich, weil ich frech bin. Vielleicht war er unter den Kindern seiner Mutter auch das frechste.

An den Abenden gehen er und meine Großmutter zusammen auf ein Glas Porter aus, Dunkelbier, weil sie verliebt sind. Ich mag es, ihnen nachzusehen, wie sie die Straße hinunterlaufen, wenn ich im Sommer auf ihrem Eingangstor schwinge. Sie haben sich kennengelernt, als sie beide in derselben Straße wohnten, der Francis Street in den Liberties, einem innerstädtischen Viertel Dublins, einer historischen Arbeitergegend, in der Guinness und andere Brauereien beheimatet sind. Aber als mein Vater zwölf Jahre alt war, musste seine Familie die Liberties verlassen und nach Crumlin ziehen – eine gewöhnliche Wohngegend nahe dem Stadtzentrum. So kam es, dass die Eltern meines Vaters in derselben Straße wohnten wie die Eltern meiner Mutter, nämlich in der Keeper Road. Also haben meine Eltern sich ebenfalls kennengelernt, weil sie in derselben Straße lebten, genau wie die Eltern meines Vaters.

Der Vater meiner Mutter liefert Brote aus und trägt eine altmodische Weste mit Taschenuhr sowie einen langen schwarzen Mantel und schwarze Hosen. Er ist sehr lang und dürr, sodass er mehr oder weniger aussieht wie der irische Politiker Éamon de Valera auf Diät.

Das Haus von ihm und meiner Oma sieht aus wie die meisten Häuser alter Leute. An der Wand hängen überall vergilbte Bilder von Päpsten, von Pater Pio, dem italienischen Nationalheiligen, und von Maria und Jesus. Auf halber Treppe hängt über schmalen Stufen eine leuchtend rote Herz-Jesu-Lampe an der Wand. Das ist richtig gruselig; niemand will die Treppe hinaufgehen, wenn alle anderen Lichter aus sind.

Der Vater meiner Mutter mag Frauen nicht, die Make-up tragen. Sagt, sie seien »Jezebels«, liederliche Weibsbilder. Seine Beleidigungen haben meist einen biblischen Bezug. »Judas!«, ruft er, wenn dieser oder jener Name fällt. Oder: »Pharisäer!« Er will vom Leben nicht mehr als seine Ruhe, kann aber das Wort »Ruhe« nicht richtig aussprechen, weil er mit einem harschen, abgehackten Dialekt spricht. Wenn wir zu laut sind, schnauzt er uns über seine Zeitung hinweg an: »Rruh! Rruh!« Das bringt uns zum Kichern, und dann muss er noch mal laut werden.

Um wiedergutzumachen, dass ich ihn gequält hatte, stehe ich an den Abenden, wenn er und ich allein sind, hinter seinem Schaukelstuhl und wippe ihn ganz behutsam, damit er einschlafen kann. In meinem Kopf mache ich Musik zum Rhythmus des Stuhls, damit meine Bewegungen sachte bleiben und ihn nicht aufwecken. Es geht *eins-zwei, drei, eins-zwei, drei, eins-zwei, drei*, wieder und wieder.

August 1977

Elvis ist tot. Ich weine so verdammt viel, dass ich mein Bett nicht machen kann. Mein Körper will nicht funktionieren. Ich versuche immer wieder, das Laken über das Bett zu werfen, aber es gelingt mir nicht, meine Arme wollen nicht mitmachen. Ich versuche, über das Bett zu krauchen, in jeder Hand eine Ecke des Lakens, aber auch das gelingt nicht, meine Beine funktionieren nicht. Ich werde Ärger mit meiner Mutter kriegen, weil ich das Bett nicht gemacht habe. Es ist mir zu peinlich, ihr zu erklären, warum ich die sauberen Laken mit Rotze und Tränen besudle oder warum ich ständig auf die Knie falle und wieder aufstehe. Ich glaube, sie mag Elvis auch. Vermutlich weiß sie insgeheim, weshalb ich so ein Häufchen Elend bin. Sie ist nicht allzu sauer wegen des Betts. Eigentlich ist sie gar nicht sauer, was höchst ungewöhnlich ist.

Jetzt, da Elvis tot ist, brauche ich einen Vater. Mein Vater ist nicht tot, ich habe ihn nur sehr lange nicht gesehen, weil meine Mutter ihn nicht mag. Tatsächlich kann man sagen, sie können einander nicht ausstehen. Es ist schrecklich, wenn sie zusammen sind. Allein mit unserem Dad ist es nicht sonderlich schrecklich. Aber sie ist anders.

Ich halte nach keinem Vater Ausschau, weil ich Gott habe. Und Gott schickt mir Zeug, weil ich zu Ihm spreche. Natürlich ist Er der beste aller Väter. Aber ich bin ein Kind. Ich brauche die Stimme eines Vaters, und der arme Gott hat keine Stimme. Aus irgendwelchen Gründen mag ich Stimmen. Keine Ahnung, wieso. Die Stimmen mancher Leute machen, dass ich sie knuddeln will. Aber vor dieser Art von Nähe habe ich richtig Angst.

Mein Körper funktioniert nicht, wenn jemand versucht, mich zu knuddeln. Ich mag meine Tante Lily, und es verletzt sie, dass ich nicht mit ihr kuschle. Ich möchte wirklich. Aber ich erstarre und in meinem Kopf sehe ich einen Berg aus blutüberströmten Wölfen; es ist so viel Blut, dass sie sich nicht bewegen können, und nur ein Wolf läuft herum, nämlich der, der ganz unten im Wolfshaufen lag, als passierte, was auch immer passiert ist – und dieser Wolf hat kein Blut an sich. Er sucht nach Hilfe.

Meine Oma, die Mutter meiner Mutter, habe ich auch seit einer Weile nicht gesehen. Sie hat eine sanfte, liebe Stimme. Sie mag mich. Sie sagt, ich sei ehrlich, und dass ich mich nie entschuldigen solle, wenn ich es nicht ernst meine. Bei ihr darf ich alles haben, was ich eigentlich nicht essen darf. Wenn ich bei ihr unter der Bettdecke liege, dann kann sie mich nur durch einen Blick in meine Augen zum Einschlafen bringen. Ich mag das Ticktack ihrer Uhr. Das lässt mich Musik hören. Ich habe meine Oma seit sechs Jahren nicht gesehen. Da kam sie mit all den Bussen die ganze Strecke von der Keeper Road, mit meinem Geburtstagsgeschenk. Meine Mutter hat sie nicht reingelassen. Meine Oma weinte und stand in der Tür, sah mich auf der Treppe sitzen. Meine Augen waren vor Angst weit aufgerissen. Sie flehte meine Mutter an. Sie wollte zu mir. Sie trug ihren hellbraunen Mantel. Sie gab meiner Mutter das Geschenk. Meine Mutter sagte, ich könne es auf der Treppe öffnen, aber dann müsse meine Oma wieder gehen. Sie durfte noch immer nicht aus der Dezemberkälte hinaus in unser Haus treten. Meine Oma mag meinen Geburtstag, weil es auch ein heiliger Feiertag ist und weil sie Gott so sehr liebt, wie sie mich liebt.

Es war ein weißer Schlafanzug mit ganz vielen Tigern darauf. Ich liebte ihn. Ich ließ meine Augen für meine Oma lächeln, weil ich wusste, dass es mir nicht erlaubt war, mit dem ganzen Gesicht zu lächeln. Sie machte es ebenso. Aber über ihr Gesicht liefen Tränen. Und seitdem, wie gesagt, habe ich sie nicht mehr gesehen. Richtig mit dem Rauchen habe ich angefangen, weil sie auch raucht und ich mag, wie sie riecht. Ich bete viel, so wie sie es mir gesagt hat. Ich liebe Gott, so wie sie es mir gesagt hat. Ich bitte Ihn immer nur darum, bei mir zu sein.

Eines Morgens, nach Elvis, komme ich die Treppe herunter und höre die Stimme eines freundlichen Mannes ein Mädchen ansingen, dem er sagt, dass es nicht mehr weinen müsse. Ich gehe zum Plattenspieler. Ich lasse meinen Bruder Joe das Lied noch einmal spielen. »Wer ist das?«, frage ich. »Bob Dylan.« Auf dem Albumcover sehe ich, dass er so wunderschön ist, als wäre ein Atemhauch Gottes aus dem Libanon Mann geworden.

Ich darf die Platte nicht anrühren, wenn mein Bruder nicht zu Hause ist. Ich warte jeden Tag am Fenster, weil er einen Job für die Sommerferien hat.

Ich renne hinaus auf die Straße und um die Ecke, um nach ihm Ausschau zu halten. Ich weiß nie, wann er heimkommen wird. Es ist absolut nicht sicher für mich, wenn er nicht da ist. Meine Mutter mag kleine Mädchen nicht.

Ich mag, wie dieser Dylan-Mann singt. In meinem Kopf nenne ich ihn Libanon-Mann. Vor seinem Brustkorb hängt eine leere Babytrage. Da lasse ich mich reingleiten. Seine Stimme ist wie eine Decke. Er ist sehr zärtlich und er liebt Mädchen. An seiner Brust schlafe ich ein.

Also habe ich damit aufgehört, in ganz Glenageary an Türen zu klopfen, um die Leute zu fragen, ob ich ihr Kind sein kann. Was ich immer mal wieder getan habe, seit ich etwa sechs Jahre alt war. Diese Leute bringen mich ohnehin immer nur nach Hause, in der Annahme, dass meine Mutter wie anderer Leute Mütter wäre. Dylan würde sich nie von ihr täuschen lassen. Aber manche von ihnen haben mir Cheese Balls und so was gegeben. Eine Familie veranstaltete gerade eine Tupperparty, als ich klopfte. Die nette Frau bat mich hinein, weil ich weinte. Sie sagte, sie könne mir nicht helfen, aber ich könne eine Weile bleiben. Also habe ich beschlossen, mich unter den Tisch zu setzen, weil so viele Menschen im Haus waren. Sie gab mir jede Menge Essen. Ich wäre gerne bei ihr geblieben. Als sie mich dann nach Hause brachte, tat meine Mutter ganz freundlich an der Tür. Bob ist eh ein viel besserer Vater als Elvis. Daran dachte ich die ganze Zeit, während ich gegen die Wand gedrückt war und ihr Knie in meinen Bauch stieß.

Lourdes

Wir sind gerade von Lourdes zurückgekommen, vor fünf Tagen. Bisschen dramatisch. Sagen wir einfach, es gab eine »Episode« seitens meiner Mutter, nach der ein Priester von mir beschwatzt und an seinem Arm herbeigezerrt wurde, um ihr zu helfen, denn wegen nichts anderem sind wir hingefahren.

Na ja, ich bin deswegen hingefahren; die anderen mussten mitkommen, weil der Ausflug das Konfirmationsgeschenk war, um das ich gebeten hatte. Jesus' Mutter, so mein Deal, möge doch mal sehen, ob sie meiner helfen könne. Ich sagte niemandem, dass ich so etwas dachte. Sie schoben es einfach darauf, dass ich von der ganzen Lourdes-Sache besessen war, weil ich seit Jahren darüber gelesen hatte. Meine Oma hat mir davon erzählt, wegen meines Geburtstags und weil mein zweiter Vorname, Bernadette, auch der Name des jungen Mädchens war, das dort die Jungfrau Maria gesehen hatte.

Am Tag vor unserer Rückkehr von Lourdes nach Dublin hatte sich immer noch keine Heilung für den Wahn meiner Mutter gefunden, also beschloss ich gegen vier Uhr nachmittags, auf Priesterfang zu gehen. Mein auserwähltes Opfer wurde unter (meinem) Protest an seinem Ärmel mitgeschleift und war nicht so erpicht darauf, sich ans Werk zu machen, wie ich das von ihm erwartete. Er bummelte mit seiner Zeitung durch den Sonnenschein an der Pforte der Basilika vorbei. Schließlich gab er klein bei, weil ich ihm zu viel war (ich präsentierte die Kulleraugen); er glotzte mich an, als wäre ich verrückt, zu glauben, in Lourdes könnten Wunder geschehen, obwohl seine Chefs ihn angeheuert hatten, genau das zu verkaufen.

Ich hatte meiner Mutter gesagt, dass ich mir ein Eis holen wolle, deshalb erzählte ich ihm, während ich ihn die Straße hinaufschob – eine Hand auf seinem Rücken, die andere noch immer an seinem Ärmel, damit er nicht entkommen konnte –, die Bullshit-Geschichte darüber, wie wir uns getroffen hatten, in der Hoffnung, dass er sie besser verkaufen würde als die Lourdes-Geschichte.

Er geht also rauf in ihr Zimmer. Ich sitze in der kleinen Hotellobby und beobachte die hübschen französischen Damen, die sich richtig anstrengen, nicht hübsch auszusehen, weil sie ja schließlich in Lourdes sind.

Nach einer Weile kommt er wieder hinunter, seine Zeitung unterm Arm, seinen cowboyartigen schwarzen Hut auf dem Kopf, der Blick aus seinen grünen Augen feucht und auf den Boden geheftet. Als er an meinem Stuhl vorbeigt, gibt er mir mit dem Kopf ein Zeichen, ihm nach draußen zu folgen. »Ich kann nichts für sie tun«, sagt er, und dass ich beten solle, bis ich achtzehn sei und dann von Zuhause weggehen könne, es sei denn, es sei mir möglich, früher zu gehen.

Na wunderbar, denke ich. *Ein Priester ohne Hoffnung. Wie zur Hölle ist der denn gerade hier gelandet?*

Ein paar Jahre zuvor hatte ich nämlich selbst so ein Lourdes-Wunder erlebt. Ich hatte eine Dornwarze, eine Fußsohlenwarze, links, neben dem kleinen Zeh. Ein großes schmerzhaftes Ding mit einem schwarzen Punkt in der Mitte. Es war wie das Mädchen in diesem alten Folksong, das Anachie Gordon liebt – ihr Herz wollte auch nicht klein beigeben.

Ich hatte also einen Termin im Krankenhaus, um die Dornwarze operativ entfernen zu lassen. Eine glorreiche Angelegenheit, denn das bedeutete, dass man mich mindestens zwei Tage lang bis zum Gehtnichtmehr verwöhnen und mit einer Tonne Mitgefühl überschütten würde; jeder würde ausgesprochen nett zu mir sein müssen und natürlich würde ich auch ein paar schöne schulfreie Tage haben, und im Krankenhaus würde es Eis und Wackelpudding geben.

In der Nacht vor meiner Aufnahme ging meine Mutter mit mir ins Badezimmer und gab etwas Weihwasser aus Lourdes auf meine Dornwarze, das ihr meine Oma Jahre zuvor gegeben hatte. Am Morgen war die Dornwarze weg. Vollständig verschwunden. Niemand hätte je geahnt, dass sie einmal da gewesen wäre; es gab keine Spur mehr von ihr. Also weiß ich, dass es Lourdes-Wunder gibt – anders als mein Freund, der Priester.

Wir waren über ein Reisebüro nach Lourdes gekommen. Am Flughafen holte uns ein Reisebus ab. Wir fuhren zusammen mit etwa zwanzig anderen Leuten, die dieselbe Tour gebucht hatten. Es ging nicht nur nach Lourdes; zuerst besuchten wir eine Stadt namens Nevers, um das Kloster zu sehen, in dem die Heilige Bernadette nach den Heimsuchungen durch Unsere Liebe Frau gelebt hatte und verstorben war.

Man hatte ihren winzigen Körper in einem gläsernen Schneewittchensarg ausgestellt, und die Leute standen jeden Tag Schlange, um sich das anzusehen – ein groteskes Bild. Es erinnerte mich an den Dubliner Zoo. Dort gab es ein Krokodil in einem Glasgehege, das genauso lang und breit wie der Körper des Tieres war, sodass es sich nicht bewegen konnte, und darin war gerade genug Wasser, um es so weit zu bedecken, dass nur noch der Rücken frei lag. In der Glasdecke befand sich eine Lücke. Die Erwachsenen warfen Münzen durch die Lücke und auf den Rücken des Krokodils, um zu sehen, ob sie es auf diese Weise ärgern konnten, denn es konnte sich ja nicht bewegen. Ich frage mich, was die Zoo-Leute mit all den Münzen gemacht haben.

Bernadette starb 1879, und in den ersten dreißig Jahre danach wurde ihr Körper dreimal wieder ausgegraben, damit Menschen Teile ihrer Knochen für Altare verwenden konnten. Ein Altar ist scheinbar erst dann heilig, wenn er irgendeinen Körperteil der Toten enthält. Klingt für mich eher teuflisch als göttlich.

Im Reisebus hatten wir einen Tourguide namens J. Er arbeitete für das Reisebüro unserer Heimatstadt und war sehr freundlich zu mir. Er saß vorn und hatte ein Mikrofon, um den Leuten zu sagen, was sie sehen konnten, wenn sie links oder rechts aus dem Fenster blickten. Er stimmte indes einige Lieder zum Mitsingen an, und meine Mutter schlug ein paar Mal vor, mich »Scarborough Fair« singen zu lassen, was ich auftragsgemäß tat – mit viel Gefühl, denn ich hatte mich heimlich in J. verliebt. Ich war traurig, als wir alle wieder zu Hause waren, weil ich es vermisste, ihn jeden Tag zu sehen.

Ganz allein schmachtete ich und sang das Lied. Aber heute war ich es leid, und ich beschloss, die rund drei Kilometer bis zum Reisebüro zu laufen, um ihm meine Liebe zu gestehen und ihn zu bitten, mich zu heiraten.

Ich kam zur Mittagszeit dort an, aber J. saß an seinem Schreibtisch, telefonierte. Mein Herz begann vor Angst zu hämmern. Mir war nie in den Sinn gekommen, dass er eine Frau haben könnte. Vielleicht sprach er gerade mit ihr. Er beendete das Telefonat und sah mich im Eingang stehen. Er winkte mich hinein; er schien überrascht zu sein, dass ein Kind allein ins Reisebüro gekommen war, um womöglich irgendeinen Ausflug buchen zu lassen.

Ich sagte ihm, dass ich ihn unter vier Augen sprechen müsse. J. brachte mich in eine kleine Küche, setzte mich an den kleinen runden Tisch, goss mir ein Glas Milch ein und fragte mich, ob ich Kekse wolle. Aber ich konnte nicht essen, weil ich so liebeskrank war.

Da ich nicht den Mut hatte zu sprechen und auf diese Möglichkeit vorbereitet war, präsentierte ich ihm eine schriftliche Erklärung. Er las sie, lächelte dabei die ganze Zeit über, während die Sonne durch das offene Fenster auf seine herrlichen braunen Bartstoppeln fiel. Als er mit dem Lesen fertig war, faltete er meinen Brief behutsam zusammen und fragte mich, ob er ihn behalten könne. Er sagte, dass es das Schönste sei, was er je gelesen habe, dass er aber viel zu alt sei, um mich zu heiraten oder auch nur mein Liebster zu sein, weil er schon dreißig sei, dass ich aber eines Tages einen Jungen in meinem Alter kennenlernen würde und dass das viel besser sei.

Er sagte mir auch, dass er einer von den Männern sei, die andere Männer lieben. Von so etwas hatte ich noch nie gehört, also musste er es ein wenig erläutern. Er sagte, dass Gott manchmal eben Männer mache, die sich in Männer verlieben, oder Frauen, die sich in Frauen verlieben. Er fragte, ob es mir was ausmache, für mich zu behalten, was er mir da gerade erzählt habe, weil die Leute, sagte er, mit Männern, die Männer liebten, nicht einverstanden seien. Er sagte, dass die Menschen oft nicht erkennen, was Gott liebe, und er sagte, dass sie manchmal nicht das lieben würden, was Gott liebe.

J. sagte mir auch, dass ich niemals glauben solle, dass irgendeine Art von Liebe falsch sei, wenn es wahre Liebe sei, und dass ich immer mutig genug sein solle, es jemandem zu sagen, wenn ich ihn liebe. Er sagte, dass ihn das sehr glücklich gemacht habe und dass es falsch sei, wenn ein Erwachsener sich einem Kind gegenüber so verhalte, als sei er sein Geliebter, darum solle ich ab heute keinem mehr sagen, dass ich ihn liebe, weil nicht alle so ungefährlich seien wie er.

Als er mich fragte, warum ich ihn liebe, sagte ich, weil er so sanftmütig sei. Also sagte er, dass ich mich vergewissern solle, dass jeder, den ich liebe, sanftmütig sei. Ich könne ihn jederzeit auf ein Glas Milch und Kekse besuchen, und dass er mein Freund sei.

Ich war nicht traurig. Ich hatte ihn zum Lächeln gebracht und er war so nett zu mir gewesen. Ich lief nach Hause, stolz darauf, so mutig gewesen zu sein, und in Gedanken damit befasst, wie mein künftiger Geliebter sein würde. Es gab einen Jungen namens Gary, der bei mir in der Nähe wohnte und mich immer fragte, ob ich mit ihm in die Rollschuh-Disco gehe. Ich habe meine Mutter noch nicht gefragt, weil sie sehr streng ist, aber vielleicht mache ich das noch.

Meine Tante Frances

Sie ist sechzehn und ich sechs. Sie hat das Down-Syndrom. Sie lebt die ganze Woche über bei den Nonnen, in einem Pflegeheim in der Navan Road, weil meine Oma und mein Großvater zu alt sind, um sich richtig um sie zu kümmern. Aber jedes Wochenende kommt sie nach Hause und ich liebe sie. Sie ist ein großes Herz auf zwei Beinen; sie liebt alles und jeden. Es ist absolut nichts Böses in ihr, nur Gutes. Sie ist sehr zierlich und damenhaft. Sie hat winzige Hände, wie ihre Schwester – meine Mutter –, und sie ist der einzige Mensch, den meine Mutter heiß und innig liebt.

Wenn Frances über das Wochenende nach Hause kommt, bin ich auch oft bei meiner Oma. Die nimmt den Plattenspieler meines Opas, der aussieht wie ein gelber Koffer, schleppt mich nach oben in Frances' Zimmer und schließt uns dort ein. Frances hat einen Stapel Schallplatten, allesamt von den irischen Popsängern Danny Doyle und Luke Kelly. Frances ist in Danny Doyle verliebt. Sie sagt dann zu mir: »Ist er nicht wunderschön? Ist er nicht wunderschön?«, wobei sie so lustig durch die Nase spricht. Ich muss zustimmen, dass er wunderschön ist, sonst schlägt sie mir auf den Kopf. Er ist aber überhaupt nicht wunderschön. Er hat einen Bart und er sieht aus, als würde er zu viel Bier trinken.

Sie stellt den Plattenspieler auf das Bett, und immer, wenn sie ein Album abspielt, lässt sie mich die Plattenhülle halten und ich muss ihr jedes Wort laut vorlesen; alles was auf der Hülle und den Labels steht, vorne und hinten, außen und innen. Wenn ich kein Wort herausbringe, hilft sie mir, indem sie im Zimmer auf und ab läuft wie eine Lehrerin. Sie lässt mich die Hülle der Platte auch fühlen, jeden Millimeter, mit meinen Fingern und Handflächen und sogar mit meinen Wangen. Wenn ich es nicht langsam mache und wirklich jeden Millimeter berühre, dann haut sie mich.

Sie hat eine Menge Babypuppen, die sie liebt. Sie macht ihnen Kleidchen. Meine Mutter hilft ihr, weil meine Mutter eine Damenschneiderin gewesen ist, bevor sie heiratete; als verheiratete Frau kann man in Irland aber nicht mehr arbeiten.

Frances' liebste Puppe heißt Brenda. Aber meine Schwester und ich haben Brenda aus Versehen kaputtgemacht und Frances hat uns das nicht vergeben. Jedes Mal, wenn sie uns sieht, sagt sie: »Ihr habt Brenda kaputtgemacht.« Ich kann nachvollziehen, wie sie sich fühlt, weil mein Cousin den Schnabel von meinem Lieblingskuscheltier abgebissen hat – ein Pinguin namens Charlie, den mein Vater mir von irgendeinem Arbeitseinsatz mitgebracht hat. Jetzt mag ich meinen Cousin nicht mehr und werde nie wieder mit ihm sprechen. Frances ist da viel netter als ich.

Der Zug

Nach drei Monaten Pausen ging ich diese Woche wieder in die Schule. Und dann tat ich an meinem Pult ein paar Mal so, als würde ich ohnmächtig werden, damit die Nonnen mich wieder nach Hause schickten. Nach dem, was passiert ist, machen sie sich solche Sorgen um mich, dass ich schon mit Golden-Globe-würdigen Darbietungen durchgekommen bin – es musste gar kein Oscar-Niveau sein.

Himmlisch! Ich brauchte nur ein paar Mal zu oft zu blinzeln, und sie hätten mich wohl am liebsten nach Hause geschickt. Normalerweise bin ich das böse Mädchen, weil ich immer wieder klaue: den anderen die Pausenbrote (insbesondere die mit Erdnussbutter) oder Kleider aus dem Bekleidungsgeschäft oder Geld für das Süßwarengeschäft aus den Handtaschen der Lehrerinnen im Lehrerzimmer.

Schwester Clothilde bringt mich regelmäßig in die Kapelle, um mit mir zu beten, dass der Drang zu stehlen mich verlassen möge. Bisher hat das nicht funktioniert. Das liegt aber daran, dass meine Mutter möchte, dass ich klaue.

Mrs. Sheils, eine Lehrerin, hat mich immer gefragt, ob meine Mutter dahinterstecke, was ich jedoch verneinte. Sie fragte mich dann, woher die Striemen auf meinen Beinen kämen oder was es mit dem dick geschwollenen blauen Auge auf sich habe, mit dem ich einmal in die Schule kam.

»Das macht deine Mutter, nicht wahr?«, fragte sie. Aber ich stritt es ab.

Würde ich meine Mutter verpetzen und sie fände es heraus – sie würde mich umbringen. Es fühlte sich schlecht an, Mrs. Sheils anzulügen, weil sie so wunderbar ist. Ich weiß nicht, warum sie mich mag, aber so ist es. Ich wäre gerne ihr Mädchen. Ich würde gerne jeden Nachmittag mit zu ihr nach Hause gehen. Sie sah jedes Mal aus, als würde sie gleich weinen, wenn ich ihr sagte, dass es nicht meine Mutter gewesen sei. Ihr Gesicht wurde dann ganz rot und sie griff tief in ihre Handtasche, um mir Geld für Süßigkeiten zu geben, und dann tätschelte sie ganz sachte mein Gesicht, so wie meine Oma es machte.

Ich bin eifersüchtig, wenn ich nach der Schule sehe, wie die anderen Mädchen am Arm ihrer Mutter die Merrion Avenue hinunterlaufen. Weil ich nämlich das Kind bin, das am letzten Schultag vor den Sommerferien vor Angst weint. Ich muss so tun, als hätte ich meinen Feldhockeyschläger verloren, weil ich weiß, dass meine Mutter mich den ganzen Sommer über damit schlagen wird, wenn ich ihn mit nach Hause bringe. Aber sie wird stattdessen einfach die Stange des Klopfsaugers nehmen. Ich werde mich dann nackt ausziehen und auf den Boden legen müssen, Arme und Beine von mir gestreckt, damit sie mit der Kehrbürste meine Scham schlagen kann. Sie wird mich immer und immer wieder »Ich bin ein Nichts« sagen lassen, und wenn ich es nicht tue, dann wird sie nicht aufhören, auf mir herumzustampfen. Sie sagt, dass sie meine Gebärmutter zum Bersten bringen will. Sie lässt mich um ihre »Gnade« betteln. Im Kindergarten habe ich einen Preis gewonnen, weil sich niemand so klein zusammenkauern konnte wie ich, aber die Erzieherin wusste nie, warum ich so gut darin war.

Ich liebe Jesus, weil Er eines Abends in meinem Kopf erschien, als meine Mutter mir befahl, mich auf den Küchenboden zu legen. Ich war nackt und am ganzen Körper mit Frühstücksflocken und Kaffeepulver besudelt. Meine Mutter sagte dieses ganze schreckliche Zeug, und ich kauerte mich seitlich zusammen, damit sie mir in den Hintern treten konnte. Und plötzlich war da Jesus in meinem Kopf, auf einem kleinen Felshügel, an Seinem Kreuz.

Ich hatte Ihn nie gebeten, zu kommen; Er war einfach erschienen. Er trug eine lange weiße Robe und aus Seinem Herzen floss Blut, über Seine Robe und den Hügel hinunter und auf den Grund und dann auf den Küchenboden und in mein Herz hinein. Er sagte, Er würde mir alles Blut zurückgeben, das meine Mutter mir nahm, und dass Sein Blut mein Herz stark machen würde. Also konzentrierte ich mich einfach auf Ihn. Als meine Mutter mit mir fertig war, lag ich weiter am Boden, bis ich wusste, dass sie die Schlafzimmertür hinter sich geschlossen hatte. Dann räumte ich das ganze Zeug auf, das sie durch die Gegend geworfen hatte, und deckte den Tisch für das Frühstück.

Einmal kam auch der Heilige Geist und setzte sich zu mir, obwohl ich ihn nicht darum gebeten hatte. Und das geschah so: An meinem Kleid, das früher einmal das Kleid meiner Schwester gewesen war, fehlte ein Knopf. Und wir sollten über das Wochenende wegfahren, in das Haus des Freundes meiner Mutter. Ich musste mich wieder nackt ausziehen und wurde geschlagen, und dann entfernte meine Mutter die Glühbirne aus meinem Zimmer, sperrte mich ein und ging mit den anderen fort. Wenn ich Angst habe, suche ich mir Papierfetzen, auf die ich etwas schreiben kann, weil es mir nicht erlaubt ist zu sagen, dass ich wütend auf meine Mutter bin. Also schreibe ich etwas und reiße das Papier in winzig kleine Stückchen, und die esse ich dann, damit sie sie nicht finden kann. Das war an einem Freitag. Als es dunkel wurde, tastete ich im Zimmer herum, bis ich etwas Papier und einen Bleistift gefunden hatte. Ich schrieb an Gott. *Hilf mir, bitte,* sagte ich. Ich kniete am Boden, das Gesicht auf mein Bett gerichtet. Dann sah ich aus dem Augenwinkel eine kleine weiße, sehr verschwommene Wolke, die sich links hinter mir niederließ und die ganze Nacht über dort blieb.

Aber der Geist kam an keinem der anderen Tage wieder.

Ich aß das ganze Wochenende über nicht und pinkelte auf den Fußboden. Als meine Mutter wieder nach Hause kam, war sie darüber verärgert und schlug mich. Später am selben Tag musste ich ins Krankenhaus gebracht werden, weil ich furchtbare Bauchschmerzen hatte. Der nette junge Doktor sagte: »Das Kind hat nichts gegessen.« Meine Mutter sagte, ich habe Gulasch gehabt, aber das stimmte nicht.

Sie hatte mich davor schon einmal eingesperrt und war weggegangen, aber in der Nacht kam mein Vater, brach die Tür auf und brachte mich zum Doktor. Ich weiß nicht, woher er wusste, dass ich allein zu Hause war. Er wurde wütend, als er das trockene Blut in meinem Gesicht sah. Im Auto redeten wir nicht viel.

Unter der Treppe hat sie mich auch oft eingesperrt.

Wenn ich zu Hause bin, kann ich in meinem Kopf die Stimme von Mrs. Sheils meinen Namen rufen hören.

Ich höre auch Schwester Clothilde, wie sie einfach nur meinen Namen ruft. Ich weiß nicht, ob sie mich mag. Ein bisschen schon, glaube ich. Sie lächelt bloß nicht – sie ist die Rektorin, daher darf sie vermutlich nicht lächeln. Es muss so deprimierend sein, wenn man eine Nonne ist. Ich habe echt Angst davor, dass Gott macht, dass ich auch eine sein möchte. Ich bete regelmäßig, Er möge das nicht tun, auch wenn ich mich schon irgendwie berufen fühle, für Ihn zu arbeiten, weil Er so gut zu mir ist.

Als ich Clothilde das letzte Mal in meinem Kopf sprechen hörte, war ich am helllichten Tage ins Bett geschickt worden, weil ich gesagt hatte, dass Prinzessin Anne »trächtig« sei. Ich war richtig wütend darüber, ins Bett zu müssen. Aber plötzlich hörte ich Clothildes Stimme, und als ich zufällig auf meine geschlossene Zimmertür blickte, ging die Klinke bis ganz nach unten und die Tür öffnete sich, aber da war niemand. Ich ging in die Wohnstube und fragte meine Mutter, ob sie die Tür geöffnet habe. Sie sagte, sie sei gar nicht oben gewesen, also weiß ich nicht, wer die Tür geöffnet hat. Vielleicht ist es tatsächlich Clothilde gewesen.

Nicht lang darauf stand ich nach der Schule mit meiner Schwester an der Blackrock Station, wo wir auf unseren Zug Richtung Glenageary warteten. Ein anderer Zug fuhr mit voller Geschwindigkeit durch den Bahnhof und ein blonder Junge von etwa vierzehn Jahren, der eine graue Schuluniform trug, öffnete eine Tür des fahrenden Zuges, die mich rechts am Kopf streifte.

Ich blutete so heftig, dass mein grauer Schulmantel von der Schulter bis zum Knie blutdurchtränkt war, aber als unser Zug kam, stiegen meine Schwester und ich einfach ein, als wäre nichts gewesen; an unserer Haltestelle stiegen wir dann aus und liefen den langen Weg nach Haus, gut anderthalb Kilometer den Hügel hinauf. Meine Mutter war sauer, weil ich meine Fahrkarte nicht aufgehoben hatte, damit wir die Leute von der Bahn verklagen könnten. Der Doktor kam und nähte die Wunde an meinem Kopf, während ich auf der Couch lag. Ich hatte sehr langes Haar, das blutverkrustet war, als er fertig war, aber aus irgendeinem Grund sagte er, ich dürfe es einen Monat lang nicht waschen. Deshalb stank es bald sehr. Er sagte außerdem, dass ich im Zimmer meiner Mutter schlafen solle, damit sie aufpassen könne, dass ich nicht ohnmächtig werde. Ich hatte dann eine schöne Zeit mit ihr. Sie richtete mir ein Bett auf dem Boden her. Und tagsüber, wenn die anderen in der Schule waren, brachte sie mir den Deckenstich bei und machte mir Bananen-Milkshakes.

Deshalb habe ich dann, als ich wieder in die Schule musste, die Nummer mit dem Ohnmächtig-Werden angefangen. Damit sie mich zu Hause behalten und lieb haben würde.

Versunken in der Musik

Ich habe den Doktor meiner Mutter gebeten, sie in die Klinik zu stecken – wegen dem, was passierte, nachdem mein Bruder Joe weggelaufen war. Sie rief die Polizei und die veranlasste einen Fahndungsaufruf, und Joe willigte ein, sie in der Nähe unseres Hauses zu treffen. Sie nahm mich mit, als sie mit dem Auto zum Treffpunkt fuhr. Joe stieg ein und sagte ihr, dass er nie wieder nach Hause zurückkommen würde. Sie sagte ihm, wenn er nicht zurückkomme, würde sie mich auf den Beifahrersitz des Wagens setzen und in den Gegenverkehr fahren. Um mich zu verletzen und ihn zu zwingen, wieder nach Hause zu kommen. Er glaubte ihr nicht. Und er stieg aus dem Auto und lief davon.

Dann tat sie es. Setzte mich auf den Beifahrersitz und krachte absichtlich in ein Auto, das uns entgegenkam. Zum Glück passierte uns beiden nichts. Aber ich habe sie angeschrien.

Als wir wieder daheim waren, rief ich ihren Doktor an. Und der kam und sagte, dass er sie in die Klinik schicken würde, uns zuliebe.

Meine Geschwister und ich dürfen meine Mutter nicht in der Klinik besuchen. Ich bin froh darüber, weil das bedeutet, dass ich ihr nicht erzählen muss, dass mich das Café, in dem ich arbeite, gefeuert hat. Sie haben mitbekommen, dass ich 54 Cent geklaut habe, aber sie wussten schon immer, dass ich Geld stehle. Ich kann nicht mit dem Klauen aufhören. Im Kleidungsgeschäft hatte man mich gefeuert, weil ich Röcke und Strickjacken für meine Mutter geklaut habe. In den Oster- und Sommerferien haben wir alle Jobs. Meistens in Restaurants. Wir lügen, wenn man uns fragt, wie alt wir sind.

Wir sind jetzt schon fast den ganzen Sommer allein zu Hause. Seit man sie in die Klinik gebracht hat, hat keine Menschenseele nach uns gesehen –

niemand, nicht einmal der Doktor. Für uns ist es die beste Zeit unseres verdammten kleinen Lebens.

Ich möchte eine Balletttänzerin sein. Ich liebe das Ballett so sehr. Rund um die Uhr bin ich damit beschäftigt, Füße in pinken oder roten Spitzschuhen zu zeichnen. Ich tanze in Spitzschuhen, aber ich habe zu früh damit angefangen; meine Lehrerin war besorgt deswegen. Es ist richtig schlecht für die Füße, aber ich liebe es so sehr, ich kann nicht damit aufhören. Ich bin zu schüchtern, um vor anderen zu tanzen, aber allein kann ich alles machen, was ich will. Ich habe pinke Schuhe mit Satinschleifen, und es gibt nichts in der Welt, was ich mehr liebe. Meine Schwester und ich sind ins Rotunda Hospital gegangen, um nach Gips zu fragen, weil wir einen Abdruck von unseren Slippers machen wollten. Aber der Doktor dort sagte uns, dass ins Rotunda nur Leute kommen, die Babys zur Welt bringen, und deshalb gebe es keinen Gips.

Margot Fonteyn liebe ich so sehr. Sie ist so wunderschön. Ich zeichne ihren Feuervogel mit Buntstiften. Ich liebe Rudolf Nurejew. Und wenn die beiden gemeinsam tanzen, dann ist es, als wären sie ein Vogel – und zwar eine Taube.

Einmal hat meine Mutter mir zu Weihnachten ein dickes Buch über Margot Fonteyn geschenkt. Mit Pauspapier und einem Bleistift zeichne ich die Fotos darin ab, um sie anschließend auf echtes Papier zu übertragen und mit Filzstiften auszumalen.

Aber meine Ballettlehrerin hat gesagt, dass ich mit dem Unterricht nicht weitermachen kann, bevor ich nicht meinen Rücken in Ordnung bringen lasse. Sie sagte, es gäbe Leute, die das machen könnten. Schon mein ganzes Leben lang ist mein Rücken krumm und schief. Ich kann meine Wirbelsäule nicht durchstrecken. Seit dem Unfall mit dem Zug sei es schlimmer geworden, sagt meine Lehrerin. Sie hat mir einen Brief für meine Mutter mitgegeben.

Wenn ich Ballettmusik höre, dreht sich in mir das ganze Universum, wie diese wirbelnden Derwische, die ich im Fernsehen gesehen habe. Nur dass das Universum so schnell wirbelt, dass ich kaum etwas sehen kann. Alles, was ich erkennen kann, sind Planeten und der weite Raum und Pink und Grün, helles und dunkles Blau und Rot und Funken. Aber es sind Farben, durch die man hindurchsehen kann, so dunstig sind sie.

Wie ich als Kind geschrieben habe:

Auch in der Musik ist jemand, es ist keine Person
Hände strecken sich nach meinen aus, es ist kein Mensch
Es ist dunkelblau und grün und aus Raum gemacht
Es will seine Arme um meine Taille legen
Es will mit mir tanzen und mich herumwirbeln
Es scheint mich zu kennen, doch warum weiß ich nicht

Discomusik liebe ich auch, Sister Sledge und all diesen Kram. Ich habe viele Songs im Autoradio gehört und wir schauen immer *Top of the Pops*. Ich liebe »54-46 Was My Number«. Den Reggae-Song »Israelites« liebe ich auch, genau wie »Uptown Top Ranking«. Ich habe außer diesen drei Liedern noch nie irgendwelchen Reggae gehört, und ich liebe sie.

Ich würde so gerne wissen, was sie in »Uptown Top Ranking« meinen, wenn sie »*strictly roots*« singen.

Die Impressions habe ich auch gehört; sie haben ein Lied namens »Fool for You«, das von einem Mann handelt, der eine Frau liebt, die fies zu ihm ist. Ein cleverer Song, denn sie haben die Musik so klingen lassen, als würde ein Narr durch die Gegend straucheln.

David Bowie liebe ich auch. Ich habe seinen Auftritt in Marc Bolans TV-Show gesehen. Was ich von Marc Bolan halten soll, weiß ich nicht, weil er wirkt, als würde er jemand sein wollen, der er nicht ist. Aber Bowie ist echt. Er ist nicht langweilig oder gewöhnlich, und er singt nicht so, wie die Lehrer es einem immer beibringen wollen. Er hat seine eigene Stimme. Marc Bolan hat die Stimme von jemand anderem. Ich glaube, er kann sich selbst nicht leiden, denn er würde ja nicht die Stimme von jemand anderem brauchen, wenn er seine eigene mögen würde.

Im Fernsehen habe ich noch einen anderen Reggae-Mann gesehen, der Bob Marley hieß. Er trug ein blaues Hemd und hatte richtig langes Haar, das in dicken einzelnen Strähnen von seinem Kopf abstand. Ich war sehr spät noch wach. Er sang darüber, etwas »umzurühren«, aber ich wusste nicht, was er damit meinte.

Mein Bruder Joe zeigte mir einige Songs, die der irische Sender Radio Nova spielte, »Stairway to Heaven« und »Free Bird«. Ich liebe sie, ganz besonders »Free Bird«. »Stairway to Heaven« verstehe ich nicht, weil der Sänger singt, dass die Lady die Treppe in den Himmel kauft, was aber gar nicht geht.

Joe und ich waren auf dem Garagendach und haben dort zu »Freebird« gerockt – und zu einem Lied über Huskys, die in den gelben Schnee pinkeln. Wir tun so, als wären wir eine Band. Wenn die anderen nicht da sind, steige ich allein auf die Garage und rocke zu »Honky Tonk Women«. Ich schüttle einfach nur mein langes Haar, sodass es mir ganz übers Gesicht fällt, wie die Headbanger das machen.

Ich liebe die Sex Pistols. Ich liebe »Anarchy in the UK«. Und »Pretty Vacant« und »God Save the Queen«. Und die Boomtown Rats liebe ich und Stiff Little Fingers. Das ganze Geschreie, das liebe ich.

Im echten Leben darf man nicht sagen, dass man wütend ist, aber in der Musik, da darf man alles sagen. Mein Bruder hat mir einen Song von Bob Dylan vorgespielt, der »Idiot Wind« heißt. Es ist ein richtig wütender Song, und Dylan wirft irgendjemandem eine Menge fiese Sachen an den Kopf. Das ist wirklich mutig. Er tut nicht so, als wäre er immer nur nett.

Vor einer Weile habe ich in der Garage ein altes kaputtes Transistorradio gefunden. Ich glaube, es könnte meinem Großvater gehören. Sicher bin ich mir da nicht, aber es ist ziemlich alt. Ich habe es komplett auseinandergenommen und wieder zusammengesetzt und es funktioniert! Keine Ahnung, wie ich das geschafft habe. Ich verstecke es nachts unter meinem Kopfkissen und höre ganz leise Musik. Ich mag das Lied über Sonnenschein an einem bewölkten Tag und das über die Tränen eines Clowns und eines, das »Just My Imagination« heißt. Die Supremes mag ich auch. Und Ray Charles. Und Elvis Costello und die Dire Straits.

Bei meiner Mutter läuft immer RTÉ, Irlands staatlicher Radiosender. Das ist richtig langweilig und deprimierend. Die spielen nie fröhliche Musik, und sie reden auch nie über fröhliche Sachen. Immer nur so richtig traurige Lieder, wie das über die Kunstlehrerin, die einem Jungen erzählt, dass Blumen immer rot sein müssen, oder eines, das »Tears on the Telephone« heißt. Und die Showbands spielen sie auch. Showbands sind so was von entsetzlich. Es sind irische Bands, aber sie spielen schreckliche Coverversionen von Country- und Westernsongs, und sie tragen furchtbare Glitzeroutfits und machen völlig dümmliche Tanznummern, wie die von den Shadows.

Aber meistens hört man auf RTÉ den ganzen Tag nur Gerede. Langweiliges, dummes, trauriges oder gewöhnliches Zeug. In den Nachrichten hört man auch viel über den Krieg oben im Norden. Ich habe schreckliche Angst, wenn ich von Bomben und Feuer und alten blutenden Leuten höre, von

Panzern und Soldaten, von Leuten, die Sachen werfen, und davon, dass alle schreien und selbst kleine Kinder sich das Ganze in den Straßen ansehen.

Und dann dieser fürchterliche Ian-Paisley-Mann in seinem Priestergewand, der immer schreit, bis seine Augen hervortreten. Ich bin mir sicher, dass er der Teufel ist, denn meine Mutter sagt, dass der Teufel immer als Priester verkleidet daherkommt. Wenn ich ihn im Fernsehen sehe, kann ich mich nicht bewegen. Ich mag es gar nicht, wenn er auf dem Bildschirm auftaucht und mein Vater nicht da ist. Vor Jahren, als ich noch klein war, musste ich mal meinen Vater holen, weil ich Laurel und Hardy guckte und Laurel im Abfluss der Badewanne verschwand, was mich wirklich wütend machte. Ich wünschte, es wäre nicht Laurel gewesen, sondern der Paisley-Mann.

Jeden Abend direkt vor Sendeschluss spielt RTÉ Television die Nationalhymne, und wir sollen dabei alle stehen.

Im Radio gibt es eine richtig elendige Show: eine Dame namens Frankie mit einer ganz tiefen, heiseren Stimme, die Briefe von Mädchen vorliest, die mit schlechten Jungs zusammen sind. Schlechte Jungs sind diejenigen, die vor der Ehe Sex mit ihrer Freundin haben wollen oder nicht um ihre Hand anhalten. Sie liest auch Briefe vor von jungen Männern, die nicht um die Hand ihrer Freundin anhalten, weil sie zu schüchtern dafür sind. Und Briefe, in denen es um gebrochene Herzen und Todesfälle oder tragische Verluste geht.

Der Sender spielt auch andauernd diesen jämmerlichen Song von Marianne Faithfull, in dem sie »*someday I'll get over you*« singt. Meine arme Mutter hat sich die Platte gekauft. Wenn ich die Nummer jemals wieder höre, werde ich den Verstand verlieren. Meine Mutter mag über meinen Vater hinweggekommen sein, aber ich werde niemals darüber hinwegkommen, dass man mich solch einem schauerlichen Lied ausgesetzt hat.

Dasselbe gilt für Mariannes Version von »The Ballad of Lucy Jordan«, ein Lied von Shel Silverstein über eine Frau, die den Verstand verliert.

Ich habe jetzt einen Job. In einem Nachtklub. Weil der Freund meiner Mutter mir erzählt hat, dass ein Nachtklub ein Ort ist, wo die Leute hingehen, um zu Discomusik zu tanzen, und nicht zu der öden irischen Tanzmusik, die die Langweiler hören. Ich bin dreizehn, aber ich habe mich mit einer Menge dickem Make-up, Rouge, Mascara und Lippenstift aufgedonnert. Bin reingelaufen und habe dem Manager erzählt, dass ich sechzehn sei, und er hat mir geglaubt!

Bisher ist es der beste Job meines Lebens. Immerhin kann ich eine weiße Bluse zu einem schicken schwarzen Rock tragen. Ich habe beides bei Dunnes geklaut, einer großen Kaufhauskette.

Mein Job ist es, die pinken Dinner-Tickets zu verteilen. Die Männer dürfen nicht einfach Getränke ordern, kaum dass sie drin sind; sie müssen ein Dinner bestellen. Also stellen sie sich erstmal an, um von mir eines der nummerierten Tickets zu bekommen, und dann stellen sie sich für das Essen an. Meist ist es irgendein widerliches Curry-Gericht, ganz anders als das Curry meiner Mutter, das das Beste ist, was man überhaupt essen kann. Ich liebe es, weil mein Gesicht noch Ewigkeiten später brennt. Wenn sie es zubereitet, hacke ich immer die Zwiebeln, weil ich von Zwiebeln nicht weinen muss.

Die Männer sind nett und ich es mag es, wenn der Laden verraucht ist und alle Gäste schon ein klein bisschen betrunken sind. Ich mag, wie die Discolichter von der riesigen Discokugel, die in der Mitte der Tanzfläche von der Decke hängt, überall in den Raum geworfen werden. Ich mag es, wenn man wegen des Rauchs und der Säulen auf der Tanzfläche die anderen nicht richtig sehen kann.

Anderthalb Stunden bevor der Laden öffnet, komme ich zur Arbeit, weil der DJ mir gesagt hat, das sei okay. Er ist auch immer zu früh da, noch vor mir. Er muss sein Set üben, und während er das bei voller Lautstärke macht, macht er für mich die Discolichter und die Nebelmaschine an und ich schlüpfe in meine Ballettschuhe und meine glitzernd blaue Disco-Hose aus Stretch-Stoff. Meine Mutter würde mich umbringen, wenn sie mich darin sähe, so eng sitzt sie. Ich habe sie ebenfalls geklaut.

Gute anderthalb Stunden lang habe ich die Tanzfläche für mich selbst; sonst ist nur der DJ da, und der muss mir versprechen, dass er nicht guckt. Er ist nett zu mir. Er guckt nicht. Ich weiß das, weil ich ihn im Auge behalte. Er verschanzt sich hinter seinem Mischpult und taucht in seinen Listen ab.

Will You Still Love Me Tomorrow?

Na gut, ich habe etwas Schlimmes getan. Aber ich wusste nicht, dass es böse ist, deshalb ist es auch keine Sünde. Das sagt zumindest die Bibel. Wenn ich es noch einmal tun würde, obwohl ich jetzt weiß, dass es eine Sünde ist, dann wäre es eine Sünde. Aber wenn ich es niemals wieder tue, dann ist alles in Ordnung.

Ich saß mit meiner Freundin im »Pizzaland« und führte ihr lustige Fingerzeig-Tricks vor, die mein Vater mir Jahre zuvor beigebracht hatte. Ein Kellner dachte, dass ich ihn zu uns heranwinken wollte. Wollte ich nicht. Aber es wurde deutlich, dass er annahm, ich würde mit ihm flirten. Und er fing an, so richtig zurückzuflirten. Das war ziemlich schmeichelhaft, denn er war Amerikaner und folglich umwerfend. Blondiertes Haar, lose zu Dreadlocks geflochten, und dann noch der coole Akzent. Ich bin gerade erst vierzehn, aber als er mich fragte, wie alt ich sei, sagte ich: »Achtzehn.« Ich hatte eine Tonne Schminke im Gesicht, deshalb glaubte er mir.

Amerikanische Männer sind cool; sie sind niemals Spießer. Irische Männer sind absolute Spießer. Nichts an ihnen ist sexy. Meine Schwester und ich haben immer mit all den Mormonen in der Stadt geredet, einfach nur, weil es Amerikaner waren, obwohl unsere Mutter uns gesagt hatte, dass wir das nicht tun sollten. Sie sahen so gut aus in ihren Anzügen, wie Filmstars. Sie arbeiteten in Zweierteams, standen auf den Gehwegen und versuchten, die irischen Leute dazu zu bringen, zu konvertieren. (Wie süß, dass sie glaubten, sie könnten damit jemals Erfolg haben.) Wen sie aber konvertierten, waren Teenager-Mädchen, die statt nach Teenager-Jungs nun nach erwachsenen Männern lechzten, insbesondere nach erwachsenen Männern in Anzügen.

Meine Schwester und ich erzählten zwei der Mormonen, dass wir gerne bei ihnen zu Hause über die Bibel sprechen würden. Das war nur teilweise eine Lüge, denn ich spreche tatsächlich gern über die Bibel. Sie machten uns Popcorn, und während sie dasaßen, ohne Sakkos und in ihren weißen Hemden, erzählten sie uns ausführlich, was bei den Mormonen anders war als bei den Katholiken. Ich kann mich an keines ihrer Worte mehr erinnern. Ich stellte mir vor, mit einem der Herren herrlich glücklich verheiratet zu sein und dass wir gemeinsam auf einer Farm lebten, wo es am Ende des Tages nach getaner Arbeit nichts anderes mehr zu tun gäbe, als mit ihm über die Heilige Schrift zu sprechen und mich auszuziehen, um mich über ihn in seinem Anzug herzumachen.

Wie dem auch sei, dieser arme Kellner – Paul hieß er – flirtete mit mir, was das Zeug hielt, in der Annahme, ich wäre achtzehn Jahre alt. Ich hatte noch nie zuvor Sex gehabt, darum dämmerte mir gar nicht, dass es ihm um Sex gehen könnte, als er mich fragte, ob ich mit nach Smithfield kommen würde, in seine Wohnung. Wirklich nicht. Ich dachte, wir würden rumknutschen und so, was Leute in meinem Alter eben so machten, aber nicht, dass wir Sex haben würden.

Als wir erst mal eine Weile geküsst hatten, wurde allerdings deutlich, dass es »ans Eingemachte ging«. *Tja, nun,* dachte ich mir, *irgendwann muss ich die Unschuld ja verlieren.* Die meisten meiner Freundinnen hatten es bereits hinter sich gebracht. Ich galt so gar nicht als cool, weil ich es noch nicht getan hatte, und das hier war meine große Chance. Ich stieg zu ihm ins Bett, aufgeregt und gleichzeitig auch richtig nervös, entzückt darüber, dass mein Deflorist ein Amerikaner sein würde. Nervös war ich, weil ich nicht den Hauch einer Ahnung hatte, was jetzt von mir erwartet wurde. Ich hatte in meinem ganzen Leben erst eine einzige Stunde Sexualkunde gehabt. Eine dralle alte Nonne war eines Nachmittags in unser Klassenzimmer gestampft – keiner von uns hatte sie je zuvor gesehen, wir wussten überhaupt nicht, weswegen sie da war. Ohne auch nur ein einziges Wort zu sprechen, nahm sie ein Stück Kreide in die Hand und malte in einer einzigen schwungvollen Bewegung einen riesigen erigierten Penis, der in Richtung Decke zeigte. Er muss gut dreißig Zentimeter groß gewesen sein und unten befanden sich zwei gewaltige Eier.

Noch bevor sie mit dem Zeichnen fertig war, lagen wir vor Lachen am Boden. Wir mussten an uns halten – im wahrsten Sinne des Wortes –, damit wir uns nicht ins Höschen machten. Als sie sich dann endlich zu uns drehte, um ihre Ansprache zu halten, wie auch immer die hätte aussehen sollen, da war die ganze Sache längst zum Scheitern verurteilt. Sie hatte die Kontrolle über den Raum verloren. Wir kamen gar nicht mehr hoch. Und ihr kam nie in den Sinn, den Penis abzuwischen. Stattdessen stand sie vor ihrem Werk und rief uns ein ums andere Mal zur Ruhe, ohne Erfolg. Irgendwann rannte sie aus dem Klassenzimmer. Das war das Ende der Sexualkunde.

Ich habe mir bei meiner Stiefmutter ein Buch namens *The Joy of Sex* angeschaut. Es ist irgendwie furchtbar, weil darin schwarze Bleistiftzeichnungen von Mann und Frau sind. Und beide sind so richtig hässlich. Er hat einen entsetzlichen Bart. Sie haben mir die ganze Sache mit dem Sex madig gemacht, deshalb habe ich das Buch gar nicht wirklich gelesen. Gelernt habe ich überhaupt nichts.

Eine Zeichnung in dem Buch machte mir richtig Angst. Sie gehörte zu einem Kapitel darüber, was Frauen können müssen. Die Zeichnung illustriert, wie eine Frau fallengelassen wird, wenn sie diese Dinge nicht perfekt beherrscht. Ein Mann liegt im Bett und zeigt verärgert auf die Tür, während die Frau beschämt ihre Sachen zusammensucht und geht. Er sagt: *Raus mit dir, und lass dich nie wieder auf meiner Türschwelle blicken.*

Ich bin also im Bett mit Paul, dem Amerikaner, und denke mir: *Oh Gott, was mache ich jetzt?* Aber ich hatte kaum Zeit, mich zu sorgen. Sobald er versuchte, in mich einzudringen, wurde ihm klar, dass ich noch nie Sex gehabt hatte, weil es nicht beim ersten Versuch klappte. Schließlich blutete ich.

Hinterher fand er heraus, dass ich gar nicht achtzehn war. Als ich zugab, dass ich gerade mal vierzehn sei, hatte er beinahe einen Herzinfarkt. Ich solle mich sofort anziehen, und dann brachte er mich im Dunkeln an die Bushaltestelle, während er mir ununterbrochen einschärfte, niemals wieder über mein Alter zu lügen, da es anscheinend illegal war, mit Personen unter achtzehn Sex zu haben, und er keinen Ärger mit der Polizei wollte.

Im Bus fragte ich mich, ob ich nun anders aussähe. Würden die anderen Fahrgäste sich denken: *Das ist ein Mädel, das keine Jungfrau mehr ist,* und würden sie mich deswegen für cool halten?

Die Plattensammlung meiner Mutter

Meine Mutter liebt nichts so sehr wie Musik, vom Kochen und insbesondere vom Backen mal abgesehen. Sie hat die Cordon-Bleu-Kochschule in der Stadt besucht. Sie macht großartige Torten mit kunstvollem Dekor. Sie nimmt uns mit in das Haus einer seltsamen alten Dame, der sie Puppen abkauft, die dann oben auf die Torten kommen. Ich glaube, dass diese Dame so alt ist, dass sie eigentlich schon tot sein müsste, wenn nicht der ganze Zucker in ihrem Körper sie am Laufen halten würde. Alles im Haus liegt unter einer Schicht von Staub und Spitzendeckchen.

Den großen Esstisch in unserer Stube nutzen wir nur an Ostern oder Weihnachten, wenn die herrlichen Torten präsentiert werden. Aber an allen anderen Tagen im Jahr ist darauf die Plattensammlung meiner Mutter ausgebreitet, wie die Karten eines Kartenspiels.

Sie hat John Lennon, Johnny Cashs St.-Quentin-Album, Waylon Jennings, die *Porgy and Bess*-Platte von Ella Fitzgerald und Louis Armstrong, Simon and Garfunkels *Bridge Over Troubled Water* und *Sound of Silence*. Sie hat das Woodstock-Album, Van Morrisons *Moondance*, The Velvet Underground, Lou Reed, jede Menge Beatles-Platten und den Soundtrack zum *Dschungelbuch*. Eine Menge Elvis-Platten hat sie auch; das erste Album, das ich mir je gekauft habe, war ein Elvis-Doppelalbum namens *Le Roi du Rock 'n' Roll*. (Die Elvis-Filme liebe ich ebenfalls.)

Meine Mutter hat auch viel von Frank Sinatra, aber irgendwas an ihm gefällt mir nicht. Sie hat auch was von einem Typen namens Donovan und Platten von Otis Redding. Und dann ist da noch so ein alter Typ mit einer riesigen Nase: Jimmy Durante. Er singt ein Lied über einen verlorenen Akkord; ich liebe diese Nummer, sie ist lustig.

Sie hat Platten von Nick Drake, Dusty Springfield, Joni Mitchell, Cat Stevens, Stevie Wonder, Mike Oldfield und ein seltsames Album von Rick Wakeman, das *The Six Wives of Henry VIII* heißt. Dann hat sie noch eine Tonne Platten von dem berühmten irischen Tenor John McCormack. Wenn sie ihn singen hört, sagt sie, fühle sie sich, als sei sie gestorben und in den Himmel gekommen. Ich fühle mich, als wäre ich in der Hölle gelandet, wann immer er den Mund öffnet.

Meine Lieblingssängerin aus ihrer gesamten Sammlung ist Barbra Streisand. Ich liebe es, ihre Filme anzuschauen. Ich liebe *Hello, Dolly!* und *Funny Girl*. Sie ist so wunderschön; ihre Fingernägel sind ganz lang und sie trägt einen tollen Eyeliner. Ich liebe ihre Sprechstimme und ihre Gesangsstimme. Sie klingt so gar nicht wie all die anderen Sängerinnen, die ich kenne – ihre Stimme ist viel befreiter, ein bisschen so wie bei David Bowie, nur anders natürlich. Die beiden klingen wie Wildvögel. Alle anderen klingen zahm. Eines Tages würde ich gerne in Musicals singen und so sein wie Barbra. Ich würde auch gerne meine Fingernägel wachsen lassen, aber ich knabbere sie immer ab, bis das Nagelbett blutet. Meine Mutter hat sehr lange Nägel. Auf meine macht sie immer dieses widerlich schmeckende Zeug, damit ich nicht daran knabbere, jetzt landet es auf meinen Sandwiches.

John Lennon liebe ich auch. Ich habe das Gefühl, er ist mein Bruder. Er hat in meiner Stube gesungen, solange ich denken kann. Er hat die Stimme eines Engels. Kühn ist er auch, so wie ich. Und er ist wütend, so wie ich. Ich mag seine wütende Stimme. Er ist auch traurig, und er traut sich, es zu sagen. Ich mochte die Aktion, bei der er das Bett nicht verlassen hat. Ich wünschte, ich könnte das tun. Ich mag seine Frau; sie ist so süß wie ein kleines Kätzchen und ich liebe Kätzchen. Bestimmt war es ihre Idee, im Bett zu bleiben, denke ich mir, weil sie ihn liebt und den ganzen Tag lang mit ihm kuscheln will. Ich wünschte, ich könnte mit allen beiden kuscheln. Ich frage mich, ob sie ein kleines Mädchen mögen würden.

Weshalb ich singe

Der Polizei-Sergeant sieht, dass ich mich übergeben möchte. Aber er wird mich nicht gehen lassen. Ich will die Straße hinaufrennen zu Harvey Proctor – einem uralten Mann, der Schweine hält. Manchmal spaziere ich bei ihm vorbei, weil er mich die Ferkel streicheln lässt. Ich weiß nicht mehr, wie ich ihn kennengelernt habe. Er ist sehr nett zu mir. Die Mutterschweine riechen übel, genau wie die fetten großen Väter; den ganzen Tag lang liegen sie nur im stinkenden Mist herum. Ich wäre auch gerne ein Schwein. Ich liebe die Ferkel und ihre kleinen quietschenden *Oinks*. Ich würde wirklich gern eines mit nach Hause nehmen, aber Harvey sagt, das gehe nicht, weil es so groß werde, dass es nicht mehr aus dem Haus rauskomme.

Man hat mich erwischt. Letzte Woche habe ich mit einem blauen Textilmarker ein großes Gesicht mit Schielaugen und schiefen Zähnen auf die Toilettentür eines Pubs in Dalkey gemalt, nur um ein paar Tage darauf mit meiner Sammelbüchse wieder dort aufzuschlagen, woraufhin der Besitzer mir nachgejagt ist. Er sagte, er wisse, dass ich aus den Sammelbüchsen klaue und dass er die Polizei rufe. Ich rannte in die Toilettenkabine und stieg durch ein winziges Fenster nach draußen. Seitdem saß ich völlig verängstigt zu Hause, bis ich beschloss, dass es besser wäre, mit dem Sergeant zu sprechen und ihm zu sagen, was passiert ist, denn wenn meine Mutter herausfindet, dass die Polizei mich geschnappt hat, dann werde ich sowieso Polizeischutz brauchen.

Meine Mutter ist selbst eine chronische Kleptomanin. Das ist sie gewesen, solange ich denken kann. Wenn während der Messe der Spendenteller rumgeht, dann nimmt sie sich lieber Geld, als dass sie welches rauflegen würde. Als auf der Avondale Road der neue Kreisverkehr gebaut wurde, fuhr sie mitten in der Nacht mit Pflanzkellen und schwarzen Müllbeuteln hin, um die frischgepflanzten Büsche zu klauen. Als man daraufhin neue Büsche pflanzte, fuhr sie gleich wieder hin und nahm auch die mit. Ich habe keine Ahnung, was sie mit den Büschen gemacht hat. Als sie in der Klinik war, schnappte sie sich die Kruzifixe von den Wänden. Sie schickte mich sogar mit der Personenwaage aus ihrem Krankenzimmer nach Hause, die ich unter dem Mantel meiner Schuluniform verstecken musste. Sie besichtigt Häuser, die zum Verkauf stehen – einfach nur, um dort Krimskrams mitgehen zu lassen. Sie hat eine Unmenge von Büchern, die sie in Stapeln von etwa einem Meter in jeder Ecke ihres Schlafzimmers hortet. Und sie hat jedes Einzelne gestohlen. Sie klaut einfach alles.

Ich bin ebenfalls süchtig danach zu klauen. Darum singe ich auch so gerne die Kirchenlieder. Es ist kaum auszuhalten, ein so schlechter Mensch zu sein. Ich muss wenigstens eine heilige Sache machen, um mir selbst noch in die Augen sehen zu können.

Ich klopfe bei den Leuten zu Hause an und verkaufe ihnen Blumen, die ich aus ihrem eigenen Garten geklaut habe. Über Wochen hinweg habe ich massig viel Geld aus den Taschen der Kleidungsstücke im Umkleideraum des Yachtklubs gestohlen; man hat mich erwischt, weil ich einen Milchmann in einem Van gebeten habe, mir meine Münzen gegen Scheine einzutauschen, und er misstrauisch wurde. Aus einer Handtasche im Personalraum des Schuhladens habe ich ein Portemonnaie gestohlen, als die Dame mich dort hineinließ, um Ballettschuhe anzuprobieren. Ich bin dann ein weiteres Mal hin, um zu schauen, ob ich das noch einmal machen könnte, und sie haben mich dabehalten und die Polizei verständigt, aber der Polizist war wirklich nett zu mir. Ich habe ihn angefleht, meiner Mutter nichts zu sagen, und er hat es auch nicht getan.

Vor etwa einem Jahr habe ich einen Erste-Hilfe-Kurs angefangen. Die Leute, die den Kurs anleiten, sagten uns, dass sie eine Kollekte für den Flag Day abhalten würden. Man bekommt eine Büchse und Abzeichen und dann klappert man die Häuser der Leute ab und bittet um Geld und das Geld wird dann für gute Sachen verwendet. Sie sagten uns, es würde einen Preis geben für denjenigen, der bis zum nächsten Sonntag das meiste Geld gesammelt hätte, und dieser Preis war ein edler silberner Kugelschreiber von Cross. Den wollte ich unbedingt gewinnen, weil schicke Stifte mich an meinen Vater erinnern. Ich bin die ganze Strecke von Blackrock bis Glenageary heimgelaufen und habe an alle Türen geklopft, und als ich zu Hause ankam, war meine Büchse beinahe halbvoll. Ich war ganz aufgeregt, weil ich meiner Mutter erzählen konnte, dass ich etwas Gutes getan habe und dass ich vielleicht einen Kugelschreiber gewinnen würde.

Wir haben ein raues rotes Sofa mit verblichenem Goldmuster. Meine Mutter legte die Kissen vom Sofa weg, holte ein Messer aus der Schublade in der Küche und entfernte den Deckel von der Büchse. Darunter war dicke Alufolie. Sie fuhr mit dem Messer die runde Kante entlang und entfernte auch die Folie. Dann gab sie mir die Büchse zurück und sagte, ich solle das Geld auf das Sofa kippen. Wir sortierten die Münzen nach Fünfzig-, Zehn-, Fünf-, Zwei-, Ein- und Halber-Pence-Münzen. Sie nahm die ganzen Silbermünzen und sagte, ich solle die Kupfermünzen behalten.

Ich war entsetzt. Aber ich machte mit, weil sie zufrieden mit mir war. Sie war froh, dass ich Geld besorgt hatte. Ich sah, dass ich auf der sicheren Seite war, wenn ich weiterhin Geld mit nach Hause bringen würde.

Draußen vor dem großen Bankgebäude der Stadt stellen die Wohltätigkeitsorganisationen ihre Trailer auf und laden die Leute ein, in ihrem Namen Geld für sie zu sammeln. Sie geben dir eine Büchse und Abzeichen, und wenn sie dich fragen, wer du bist, dann gibst du einfach irgendeinen Namen und eine Adresse an. Die überprüfen das nicht mal. Mama und ich haben von allen möglichen Organisationen alle möglichen Sammelbüchsen bekommen. An jeder Einzelnen davon haben wir uns zu schaffen gemacht. Wir klingen ganz vornehm, darum vertrauen uns alle. Wir machen das, seit ich damals mit der Erste-Hilfe-Spendenbüchse nach Hause kam. In den Abendstunden sind wir durch Dublin gefahren, von Pub zu Pub, um Geld zu sammeln. An den Wochenenden sind es ein paar hundert Pfund, manchmal so viel, dass wir die Büchse im Auto leeren und dann erst zum nächsten Pub fahren. Unter der Woche machen wir etwa halb so viel.

Jetzt sitzt Mama hier und gibt eine beinahe-aber-nicht-ganz oscarreife Performance für den Sergeant. Tut so, als ob sie von den Büchsen überhaupt nichts wisse und empört sei. Deshalb möchte ich mich übergeben, aber der Polizist lässt mich nicht gehen. Er will, dass ich mitansehe, wie sie mich ans Messer liefert. Sie weiß nicht, dass er mir versprochen hat, mich nicht einzusperren, weil ich ihm die Wahrheit gesagt habe. Ihr ist es egal, ob ich ins Gefängnis komme. Der Polizist sieht aus, als würde er ihr gerne eine reinhauen.

Ich glaube, ich liebe sie nicht mehr.

Es gibt ein großes Haus voller Priester, in derselben Straße wie meine Schule. Eines Morgens habe ich dort an die Tür geklopft, statt in die Schule zu gehen. Eine Dame, nur ein bisschen älter als meine Mutter, öffnete mir die Tür und ich sagte, ich wolle allein mit einem Priester sprechen. Sie brachte mich in eine große, sonnige Stube mit einem niedrigen Tisch aus dunklem Holz. Sie ging hinaus und kam mit einem Tablett wieder, auf dem sie Tassen und Kännchen aus geblümtem Porzellan und einen Biskuitkuchen brachte. Sie sagte mir, dass gleich ein Priester käme und dass ich mich benehmen und etwas essen solle. Während ich wartete, dachte ich über die Chorlieder für die Konfirmation nach, weil sie in meinem Kopf erklangen. Ich mag sie nicht mal, außer eines. Da heißt es, dass Gott dich vielleicht in etwas Gutes verwandeln kann, wenn du etwas Schlechtes bist.

Er war ein leiser, freundlicher Priester mit dunklem Haar. Er war noch nicht sonderlich alt und hatte eine ruhige Stimme. Wir haben uns ewig unterhalten. Ich habe ihm gesagt, dass ich eine Diebin sei und dass Gott mich sehen könne. Und dass ich ein schrecklicher Mensch sei, was stimmt. Ich erzählte ihm alles, was ich heute dem Polizisten erzählt hatte. Und ich erzählte ihm, wie ich zu Hause meine Holzstelzen in das Feuer gehalten habe und dann versuchte, mit den brennenden Stelzen über den Teppich zu laufen.

Er hörte mir aufmerksam zu und nach einer Weile fragte er mich, was für einen Job ich mir für mich vorstellen würde, wenn ich erst mal erwachsen sei. Ich sagte ihm, dass ich gerne singe.

»Ah!«, sagte er, »Derjenige, der singt, betet zweimal, hast du das gewusst?«

Ich antwortete: »Das habe ich nicht gewusst, Vater, aber ich glaube, das muss auch für Mädchen gelten, denn mit ›Don't Cry for Me Argentina‹ kann ich meine Mutter in den Schlaf singen.«

Er sagte: »Und weißt du denn nicht mehr, dass ein Dieb an Jesus' Seite gestorben ist und mit dem Paradies belohnt wurde, weil er bußfertig war?« Er fragte mich, welche Sängerinnen ich mochte. Ich sagte ihm, dass ich Randy Crawford liebe. Ich musste ihm versprechen, dass ich all das Geld, das ich genommen hatte, wieder zurückgeben würde, wenn ich einen Job habe; dann sei zwischen Gott und mir alles wieder in Ordnung. Ich könne mich auch an die Straße stellen und Musik machen, wenn ich nicht so lange warten wolle, sagte er, aber Gitarre spielen kann ich ja nicht. Ich trage nur den leeren Gitarrenkoffer meines Bruders in Blackrock spazieren, damit die Leute denken, dass ich cool bin.

Aber ich werde mich an mein Versprechen halten.

The House of the Rising Sun, erster Teil

Ich sitze auf der Rückbank im Auto meines Vaters und schaue in die Spiegelung meiner Augen in der Fensterscheibe. Ich denke mir, dass es immer dieselben Augen sein werden, die meinen Blick erwidern, mein ganzes Leben lang. Ich lasse ihn am Plattenladen Halt machen, damit ich mir ein Exemplar von Bob Dylans *Desire* kaufen kann. Das Haus meiner Mutter habe ich schon vor Monaten verlassen, eine kleine Weile, nachdem man uns mit den Sammelbüchsen erwischt hat. Seitdem wohne ich bei meinem Vater.

Bei ihm ist es irgendwie chaotisch. Als ob dort drei Familien wohnen würden: die von meinem Vater, die von meiner Stiefmutter und die, die die beiden zusammen gegründet haben. Meine Stiefmutter hat drei Töchter. Die älteste ist so alt wie meine Schwester, die zweite ist so alt wie ich und die dritte ist so alt wie mein kleiner Bruder, der aber nicht hier ist, sondern immer noch bei meiner Mutter. Außerdem haben mein Vater und meine Stiefmutter einen Sohn, der fast fünf Jahre alt ist. Es gibt nur vier Leute, die sich gut benehmen: meine Schwester, mein fünfjähriger Halbbruder, meine jüngste Stiefschwester und meine Stiefmutter. Der Rest von uns, mein Vater eingeschlossen, ist komplett außer Rand und Band.

Ich mag Viola, meine Stiefmutter. Sie ist sehr schlank. Sie kommt aus dem Norden Irlands, hat einen weichen Akzent, eine weiche Stimme und ein breites Lächeln, bei dem man all ihre Zähne sieht. Sie hat kurzes, dunkelblondes Haar und sie kann fließend Französisch sprechen. Sie mag Kalligrafie und bringt mir ein bisschen was davon bei. Ganz selten mal trinkt sie ein Glas Sherry, und dann muss man ihr ins Bett helfen. Sie ist so unschuldig. Sie betet den Boden an, auf dem mein Vater läuft. Ich wünschte so sehr, sie wäre meine Mutter. Manchmal bin ich wütend auf sie, weil sie es nicht ist. Ich war sauer auf sie, weil sie meinen Vater nicht früher getroffen hatte.

Meine Mutter hat gesagt, dass wir unsere Stiefmutter nicht mögen dürfen. Wenn wir durch die Stadt fuhren, dann zeigte sie immer auf die Läden, wo meine Stiefmutter angeblich ihre Kleidung kaufte, und sagte: »Da gehen nur Nutten rein.« Das Gleiche machte sie auch mit Hotels und Bars. Meine Schwester und ich mussten darüber lachen, und wir wollten jetzt erst recht in diese Läden gehen. »Nur Nutten lassen sich Ohrlöcher stechen«, sagte meine Mutter, und deshalb ließ ich mir Ohrlöcher stechen, ein paar Tage nachdem ich bei ihr ausgezogen war. Und ich habe mir auch das Haar richtig kurz schneiden lassen, weil »nur Nutten« so etwas tun.

Viola mag Gott so sehr wie ich. Wir reden viel über Gott. Sie ist sehr sanftmütig und sie ist wirklich in meinen Vater verliebt. Ich habe keine Ahnung, wie sie es mit ihm aushält. Er ist ein wenig streitlustig. Vielleicht funktioniert es, weil sie so übersanftmütig ist. Sie könnte die Geduld selbst dann nicht verlieren, wenn sie es drauf anlegen würde. Wenn sie mit mir und meinen Stiefschwestern böse wird, dann lachen wir über sie.

Als ich fast neun Jahre alt war, haben meine Geschwister und ich neun Monate oder so bei meinem Vater gewohnt. Wie schon erwähnt habe ich alles geklaut, Süßigkeiten und so aus dem Laden, und ich war ganz allgemein eine Pest, stritt die ganze Zeit nur, weil ich fand, dass ich gar nichts tun müsse, was Viola mir sagte. Die arme Frau. Musste mit mir und meiner großen Klappe klarkommen.

Sie nahm meine Hand, und in dem Glauben, dass sie so richtig wütend wirkte, schlug sie mir auf die Finger, allerdings so sachte, dass ich gar nichts spürte. Mit jedem Schlag betonte sie mit ihrem nordirischen Akzent eine Silbe des folgenden Satzes: »Du machst hier nicht die Ansagen, das lasse ich nicht zu«, wobei sie verzweifelt versuchte, die Zähne zu blecken, was ihr aber nicht gelang, da kein Funken Boshaftigkeit in ihr steckte.

Damals lebten meine Geschwister und ich bei ihr, weil meine Mutter das Sorgerecht über uns verloren hatte, nachdem sie uns – am Tag, an dem mein Vater sie verließ – in eine Hütte im Garten gesteckt hatte, die er für uns gebaut hatte. Kaum dass er fort gewesen war, hatten wir angefangen zu weinen. Sie sagte, wenn wir ihn so sehr liebten, dann könnten wir ja in der Hütte wohnen. Ich kniete am Boden vor der Giebelwand und weinte zum Fenster hinauf, dass sie uns reinlassen solle, als es dunkel wurde. Sie antwortete gar nicht erst; in ihrem Schlafzimmer ging das Licht aus und das ganze Haus war nun dunkel. In dem Moment habe ich offiziell den Verstand verloren und fing an, mich auch vor der Größe des Himmels zu fürchten.

Wenn ich mich an diesen Augenblick zurückerinnere, dann wird in meinem Verstand alles dunkel und ich weiß nicht mehr, was als Nächstes passierte, gar nichts; bis zu dem Moment, in dem ich im Garten des Richters herumlief, meine Hand in seiner, darauf bedacht, nichts zu sagen, womit ich die Dinge noch schlimmer machen könnte.

Als unsere Mutter uns damals verlor, wollte ich nicht weg von ihr. Sie legte solch eine Trauerszene hin, als unser Vater mit uns davonfuhr, und sie weinte einfach weiter, wann immer wir sie an den ungeraden Samstagen besuchten, deshalb hatte ich richtig Mitleid mit ihr. Im Haus meines Vaters lag ich unter dem Bett meines Bruders John und heulte ganz genauso wie ein Wolf, von morgens bis abends, bis man uns wieder nach Hause schickte. Ich verbrachte außerdem viel Zeit damit, »Bohemian Rhapsody« zum Klang der Platte mitzusingen, richtig laut, weil Freddie Mercury darin seine Mutter ansang.

Mein Vater ist kein zufriedener Mensch. Ich kann ihm das nicht wirklich vorwerfen. Wenn er morgens im Badezimmer singt, dann klingt seine Stimme traurig, wie die eines Opernsängers. Nach dem Mittagessen wird er oft trübsinnig und legt sich ins Bett. Ich sitze am Esstisch neben ihm und kann sehen, wie die Traurigkeit in seinen Augen aufsteigt, aus seinem Bauch heraus. Er will nicht, dass ich das sehe.

Er erinnert mich ein bisschen an jemanden, der sich verbrüht hat und auf der Suche nach kaltem Wasser ist, unter das er sich stellen kann. Er kann nicht stillsitzen. Er ist süchtig nach Arbeit. Er kann uns wilde Bande ohne Konsequenzen allein meiner Stiefmutter aufbürden, einfach weil er ein Mann ist. Ich kann nicht sagen, dass ich ihm das vorwerfe. Wäre ich er, würde ich auch versuchen, damit durchzukommen.

In seiner Nähe fühle ich mich immer sehr unwohl. Ich sitze mit gekreuzten Beinen am äußersten Rand meines Stuhls und schüttle meine Füße ganz schnell, ohne dass ich das beabsichtige. Ich kenne ihn nicht wirklich, und er kennt mich nicht wirklich. Das ist nicht seine Schuld oder meine, es ist die Schuld meiner Mutter, weil sie so lang verboten hat, dass wir ihn sehen. Aber sie sagte uns nicht, dass sie ihn von uns fernhielt, also dachte ich, er würde eben einfach nicht kommen wollen, und die ganze Zeit über war ich innerlich richtig sauer auf ihn. Ich werde stinkig, wenn er mir sagt, was ich machen soll, und dann sage ich wirklich fiese Sachen, zum Beispiel, dass er überhaupt nicht das Recht hat, jetzt noch den Vater zu spielen. Ich bin kein netter Mensch. Ich bedeute Ärger. Ich bringe ihn zum Wahnsinn.

Der arme Kerl setzt mich an der Schule ab und ich gehe geradewegs über den Hof und zum anderen Schultor wieder raus. Ich gehe in die Kegelhalle und spiele Pac-Man; ich warte darauf, dass die Jungs vom Oatlands College in der Mittagspause vorbeikommen, weil ich in B. verliebt bin. Der will aber keine Freundin, also gehe ich mit Jerome Kearns. Die Schule ist mir scheißegal. Was soll das alles? Mein wichtigstes Anliegen ist, mich umarmen zu lassen, und Jerome ist total lieb zu mir. Die ganze Zeit über reden wir über Bob Dylan und Pink Floyd und liegen uns in den Armen. Seine Schultern sind auf genau der richtigen Höhe für meinen Kopf und er denkt sich liebe Namen für mich aus.

Im Englischunterricht lasse ich mich sehen, wenn ich weiß, dass wir über ein Gedicht von Yeats schreiben. Ich liebe die Gedichte von Yeats, sie sind wie Musik, aber sie öffnen einen anderen Himmel – den, der in mir ist. Weil er Grenzen hat, habe ich keine Angst vor diesem Himmel. Es fühlt sich an, als hätten die Gedichte alle Fenster geöffnet und den Garten nach drinnen gebracht. Jetzt kann ich Szenerien im Inneren betrachten, und die Farben der Außenwelt sind verschwunden.

Es gibt kein furchteinflößendes, sich drehendes Universum außerhalb von mir; in mir gibt es eine diesige Stube aus früheren Zeiten, mit einem großen Kamin aus grauem Marmor. Dort drinnen hat Yeats den Verstand verloren; er schreibt »Easter, 1916«, ein Gedicht über den tragischen Aufstand von Mitgliedern der Irish Republican Brotherhood gegen die Briten. *Jetzt lacht verdammt noch mal keiner mehr*, habe ich in meiner Klassenarbeit als Antwort auf die Frage »Was wollte der Dichter uns sagen?« geschrieben.

Yeats hat mich dazu gebracht, Lieder schreiben zu wollen, aber ich bin noch nicht so weit. Ich habe mich noch nicht so oft verliebt wie er, dieser dumme alte Scheißer. Fragte ständig irgendeine, ob sie ihn heiraten wolle, raffte es nicht, wenn die Antwort »Nein« lautete und fragte anschließend die Tochter der Angebeteten, was einen ahnen lässt, warum die Mutter so oft abgelehnt hat. Er ist ein Freak. Er sieht ein bisschen so aus wie ein Walross. Er ist ziemlich abstoßend. Aber seine Gedichte sind Gemälde. Mein liebstes ist »No Second Troy«, obwohl ich es eigentlich leid bin, wenn Leute auf *desire* entweder *fire* oder aber *pyre* reimen. Es muss doch noch irgendeine andere Option geben.

In den letzten neun Monaten bin ich tatsächlich von etwa drei Schulen geflogen. Und ich werde immer noch beim Klauen erwischt. Wenn irgendwas nicht festgenagelt ist, dann klaue ich es. Ich weiß nicht mal, warum. Es ist so schlimm geworden, dass meine Stiefmutter eine Sozialarbeiterin namens Irene um Hilfe gebeten hat. Ich hasse sie. Ich bin erwischt worden, als ich gerade ein goldenes Paar Schuhe für eine Freundin geklaut habe, damit sie die auf einem Pretenders-Konzert tragen kann. Ich habe Klamotten für meine Freundinnen geklaut, weil ich die zweitschnellste Läuferin in der Klasse bin. Ich ziehe die Sachen einfach im Laden an und renne los. Irene hat meinem Vater und meiner Stiefmutter vorgeschlagen, mich an diesen Ort zu schicken, zu dem ich jetzt im Auto meines Vaters unterwegs bin, während ich im Fenster in meine eigenen Augen blicke. Wissend, dass das die Augen sind, die ich mein ganzes Leben lang sehen werde.

Der Ort heißt An Grianán – »Der Sonnenaufgang«.

The House of the Rising Sun, zweiter Teil

Wenn man durch die Tore von High Park nach An Grianán hineinfährt, dann steht dort eine riesige Statue in lebensechten Farben, die Jesus in Seiner rot-weißen Robe darstellt. Er hat Seine Arme weit geöffnet, um alle willkommen zu heißen. Er tut mir leid – Ihm muss eiskalt sein. Und ich frage mich, warum Er immer aussieht, als käme Er aus Kerry, nicht aus Bethlehem. Seine Haut und Seine Augen müssten doch sicherlich dunkler sein.

Das hier ist ein trister Ort, an dem ein Haufen Nonnen leben. Und eine Menge alter Damen schlurfen in ihren Pantoffeln durch die Gegend, das Kinn auf der Brust. Aber wir dürfen nicht mit ihnen sprechen. Sie leben in einem anderen Teil des Gebäudes.

Es ist ein riesiges Gebäude in L-Form. Es gibt einen kleinen Garten und eine große Kirche. Ich habe mich da einmal während einer Beerdigung reingeschlichen, um zu sehen, wie eine tote Nonne aussieht. Die Halbmonde ihrer Fingernägel waren dunkelviolett.

Die Mädchen behaupten immerzu, dass im Garten der Geist einer Weißen Dame sei; sie sagen, dass sie die kleine Brücke in Richtung Kirche überquerte, aber ich habe sie nie gesehen. Sie behaupten auch, dass es jede Menge von Unkraut überwucherter Gräber gäbe und auf jedem einzelnen Grabstein würde MAGDALEN stehen. Aber wie kann es sein, dass so viele Menschen mit demselben Namen an einem Ort gestorben sind?

Ich frage mich, ob die alten Nonnen das wissen.

Was die Musik anbelangt, so gilt hier die Regel, dass man in seiner freien Zeit zwei Lieder auf dem Plattenspieler hören darf, aber man muss den Angestellten schon am Morgen sagen, ob man das tun möchte, um sich vorab seinen Platz in der Reihenfolge zu sichern. So kommt jede von uns an die Reihe, wenn sie will. An dem Morgen, als ich hier ankam, spielten die Mädchen in der Stube wieder und wieder »Don't Cry Out Loud« von Elkie Brooks. Da konnte ich nur in der Ecke kauern und lamentieren.

Meine Schlafzelle hat drei blassblau gestrichene Holzwände. Es gibt einen kleinen Frisiertisch, einen Stuhl und ein kleines Bett. Wo eigentlich die vierte Wand sein sollte, weht ein orangegeblümter Vorhang. Wenn ich im Bett liege, kann ich die kleine weiß-blaue Statuette der Jungfrau Maria sehen, die jemand hier vergessen hat. Sie klemmt im Gitterwerk über der Brüstung.

Als ich neu hier war, lugte das Mädchen aus der Schlafzelle nebenan immer über die Trennwand zwischen uns und lächelte wie eine neugierige Fee über blauem Himmel. Sie wollte alles über mich wissen. Die Fragen schossen aus ihr raus wie das *Rat-tat-tat* eines Maschinengewehrs. Sie konnte gar nicht schnell genug alles in Erfahrung bringen. Sie mag mich. Sie ist sehr damenhaft. Sie ist siebzehn. Sie hat zierliche kleine Hände und sie hat sich immer die Nägel gemacht. Ihre Nägel waren perfekt. Sie hat dunkle Haut und große, braune Augen und ihr schwarzes Haar ist ganz kurz geschnitten. Sie sieht aus wie Audrey Hepburn, nur dass sie braune Haut hat. Sie hat sich auch immerzu die Augenbrauen gezupft und ein bisschen Lipgloss aufgetragen. Und sie sprach wie eine echte Dame. Wenn man ihr sagte, dass sie wunderschön aussehe, dann antwortete sie manchmal: »Ich weiß!«

Ich glaube, alle Mädchen sind hier, weil ihre Familien sie nicht wollen. Eine spielt immer und immer wieder »The Logical Song« von Supertramp. Wenn ich ihre Mutter oder ihr Vater wäre, dann wäre sie nicht hier und würde auch sonst nirgends so ein trauriges Lied hören. Eine hat eine kaputte Hüfte; sie muss operiert werden. Sie ist schon etliche Male operiert worden, aber nun wartet sie, bis sie noch ein wenig gewachsen ist, bevor sie die nächste große Operation haben kann. Ich weiß nicht, warum sie nicht mit ihrer Familie wartet. Sie ist erst zwölf und ein Zigeunermädchen. Ihre Cousine ist auch hier. Sie ist wirklich schön. Auch sie ist eine Zigeunerin. Sie hat herrliches schwarzes Haar und einen dunkelgelben Hautton. Sie ist etwa siebzehn, schätze ich. Sie ist das allerschönste Mädchen, das Gott je erschaffen hat. Ich liebe es, wie die beiden reden; sie haben einen so schönen Akzent und ihre Stimmen sind so tief. Sie benutzen Worte nicht wie gewöhnliche Leute. In meiner Schlafzelle übe ich, wie sie zu sprechen, weil ich so sehr liebe, wie sie reden. Wenn ich es hinkriege, dann fühlt es sich genauso an, als würde ich singen.

Eines der Mädchen ist zweiundzwanzig. Es heißt, sie sei hier, seit sie so alt gewesen sei wie ich jetzt – vierzehn. Das macht mir Angst; ich will nicht mehr hier sein, wenn ich zweiundzwanzig bin. Sie wirkt, als wäre sie »nicht ganz da«. Sie hat den gleichen Ausdruck in ihren Augen wie die alten Damen, und sie schlurft auch genauso in ihren Pantoffeln durch die Gegend.

Sie redet ein wenig mit sich selbst, wie alte Frauen das tun. Und sie leckt sich zu oft über die Lippen. Niemand kommt sie je besuchen. Tatsächlich kriegt kaum jemand von seiner Familie Besuch. Wenn die Eltern von einem der Mädchen kommen, dann geht es nach unten in die kleine Stube neben der Eingangstür; dort gibt es Tee und alles geht sehr gesittet zu. Manchmal gehen die Eltern mit ihrer Tochter nach draußen, aber jedes Mal bringen sie das Mädchen wieder zurück. Ich hoffe immer, dass sie es nicht tun. Ich hoffe, dass sie sich mit ihrem Kind aus dem Staub machen und diesen tristen Ort für immer vergessen, aber das tun sie nicht.

Ein dürres Mädchen ist richtig wütend, aber ich mag sie, obwohl sie super unheimlich ist, weil sie einem immer sagt, dass man sich ficken soll und dabei wie ein Wolf aussieht, mit Reißzähnen und allem Drum und Dran. Sie lacht oft über mich, auf eine böse Art. Ich mag das nicht, aber trotzdem ist da etwas an ihr, das ich bewundere. Ich wünschte, ich wäre mutig genug, so unhöflich zu sein, wie sie es ist. Sie sagt all die üblen Sachen, die ihr so in den Sinn kommen. Aus mir platzen sie nur heraus, wenn ich wirklich verletzt bin und die Beherrschung verliere.

Sie kriegt einen Bürojob. Man hat uns mitgenommen, um ihr ein paar Kleidungsstücke zu kaufen, die nach Büro aussehen. Sie tat mir leid, als sie ihr Gesicht wegdrehte, um sich an die Tür des altmodischen Gresham Hotels zu lehnen, während wir eine Pause vom Einkaufen machten, nachdem ich etwas gesagt hatte, mit dem ich sie versehentlich etwas anderes als Wut hatte fühlen lassen. Sie brauchte ewig, bis sie es schaffte, wieder gewalttätig auszusehen. Dabei ist sie ganz und gar nicht gewalttätig; sie ist ein Kanarienvogel in einem Tigerpelz.

Oben bringen sie uns an den Nachmittagen das Schreiben an der Schreibmaschine bei, aber morgens machen wir Mathe und Englisch und andere Fächer mit John. Ich mag ihn richtig gern. Genau genommen bin ich mächtig verknallt in ihn, weil er sanftmütig ist und ich den Klang seiner Stimme mag. Trotzdem passe ich im Unterricht nicht auf, es sei denn, wir nehmen gerade Gedichte oder Kurzgeschichten durch. Dann bin ich mir ziemlich sicher, dass ich sehen kann, wie er heimlich denkt: *Hmm, vielleicht ist dieses Mädchen ja gar nicht vollkommen nutzlos.* Das ist wie ein kurzer Heureka-Moment für ihn. Der verschwunden ist, kaum dass die Mathebücher ausgepackt werden und ich mich wieder als unmöglich erweise.

Freitagabends kommen manchmal Leute vorbei, um mit uns zu singen – Priester in der Ausbildung und so. »Gute Menschen«, die sich ein paar Pluspunkte bei Gott verdienen, indem sie Zeit mit uns schlimmen Kindern verbringen. Ich habe mich in einen dieser Ausbildungspriester verliebt, ebenfalls ein John. (Ich verliebe mich immer in Leute, die John heißen.) Dieser John ist sanftmütig, wie unser Lehrer John. (Wie ich schon sagte, verliebe ich mich immer in sanftmütige Menschen.) Dieser John liebt Gott genauso sehr wie ich, und er spricht am liebsten nur über Gott und Lieder, weshalb ich mir dachte *Er ist perfekt*, und ich bat ihn, die Sache mit dem Priester-Werden zu vergessen und stattdessen mich zu heiraten, aber er lehnte ab.

Wenn das so weitergeht, werde ich niemals heiraten. Immer wieder werde ich abgewiesen.

Eines Abends gab es unten in unserer kleinen Konzerthalle einen Gig von einer Band namens The Fureys. Wir Mädchen durften es uns ansehen. Sie spielten mein Lieblingslied, »Sweet Sixteen«, das mich immer an meine erste Liebe denken lässt: B. Ich musste ihn verlassen, als ich hierhergekommen bin – ihn und all meine anderen Freunde. Aber dann spielten sie ein Instrumentalstück auf einer Art hochtönenden irischen Pfeife, von dem sie sagten, dass Finbar Furey, der Leadsänger, es im Alter von zwölf Jahren geschrieben hatte. Das Stück hieß »The Lonesome Boatman«. Die schönste und ergreifendste Melodie, die ich je gehört habe. So viel Traurigkeit aus der Feder eines Kindes. Es war, als würde er mein eigenes Herz kennen. Und niemand an diesem Ort hier hatte je mein Herz gekannt.

Ich blieb zurück, als das Publikum den Saal verließ und die Band die Bühne abräumte. Ich ging zu Finbar und sagte ihm, dass ich seinetwegen jetzt auch eine Musikerin werden wollte.

Heute (mit Mitte fünfzig) bin ich mit ihm befreundet und er erinnert sich nicht mehr daran, mich damals getroffen zu haben. Aber ich werde mich immer daran erinnern. Und bis zum heutigen Tag muss ich weinen, wenn ich auch nur seinen Namen an einer Garderobentür sehe, was manchmal vorkommt, wenn wir auf denselben Festivals spielen. Einfach nur, weil seine Lieder und seine Musik so wunderschön sind.

⋯

Wenn du beinahe achtzehn bist, fangen sie an, dich auf einen Job vorzubereiten. Sie haben uns Maschinenschreiben beigebracht, damit wir Jobs in Schreibzimmern oder Büros kriegen können. Ab und an lassen sie einen rausgehen, damit man sich an die Arbeitswelt gewöhnen kann. Gelegentlich absolviert man einen Tag in dem Büro oder Schreibzimmer, in dem man arbeiten wird. Als das Mädchen aus der Schlafzelle neben mir, das aussieht wie eine dunkelhäutige Audrey Hepburn, mit diesem Prozedere anfing, traf sie einen Jungen aus Glenageary, wo ich herkomme. Sie und der Junge verliebten sich ineinander und sie wurde schwanger.

    Sie war sehr froh darüber. Und richtig aufgeregt und stolz. Natürlich hatte sie sich aber Ärger mit den Nonnen eingehandelt. Das Baby war ein Junge, so blass, dass seine Haut bläulich wirkte, und sein Haar war schwarz wie die Nacht. Sie machte viel Aufhebens um ihn, kümmerte sich um ihn und all seine kleinen Anziehsachen, genauso wie sie vorher um sich selbst viel Aufhebens gemacht hatte. Sie betete ihn an.

    Ich liebte es, ihn zu halten. Ich liebte die sanften Laute, die er machte. Ich liebte den Geruch auf seinem kleinen Köpfchen. In seine blau-weiße Decke eingewickelt, sah er aus wie Baby Moses, bereit, in seinem Weidenkörbchen den Nil entlangzutreiben.

    Ich weiß nicht, ob sie wusste, dass sie ihn ihr wieder wegnehmen würden. Ich weiß nicht, ob wir es wussten. Ich glaube aber, wir wussten es nicht. Ich erinnere mich nicht mehr daran, wie sie ihn ihr aus den Armen nahmen und er auf einmal weg war, so geschockt war ich. Irgendwer erzählte mir, dass man in Irland sein Baby nicht behalten darf, wenn man unter achtzehn und nicht verheiratet ist.

    Nun ist auch sie fort, obwohl ihr Körper noch hier ist.

    Sie macht sich nicht mehr die Nägel. Sie schminkt sich nicht mehr. Sie zieht sich nicht mehr hübsch an. Sie lächelt nicht mehr und sie spricht nicht mehr. Sie weint sich nur noch den ganzen Tag lang das Herz aus dem Leib. Sie sagt, dass sie den Jungen nicht seinem Vater gegeben haben, und dass sie nicht weiß, wem sie ihn gegeben haben. Sie haben ihn einfach genommen und jetzt ist er fort. Armer, einsamer kleiner Moses.

The House of the Rising Sun, dritter Teil

An jeder Wand standen etwa vier Krankenhausbetten, jeweils mit Vorhängen drumherum. Genau wie in einem echten Krankenhaus. Alles hatte die Farbe von Buttermilch – das Linoleum, die Vorhänge, die Wände. Die Beleuchtung war sehr schwach und dunkelgelb und es schien, als käme sie von hinter den Wänden, als würde sie aus dem hinteren Bereich der Schlafzellen sickern. Da niemand von der Belegschaft da war, stand ich wartend im Raum, in der Annahme, dass jemand kommen würde, um mir zu sagen, wo ich schlafen sollte. Ich hörte ein Stöhnen aus einem der Betten, jemand rief: »Schwester, Schwester!« Nach zehn Minuten war noch immer niemand gekommen, daher riskierte ich einen schnellen Blick in die Schlafzellen. In jedem der Betten lag eine uralte Dame, die schlief. Ich war zuvor schon in Krankenhäusern gewesen und hatte ein paar Leute gesehen, die im Sterben lagen, deshalb erkannte ich, dass das hier ein kleines Hospiz war. Und ich sah, dass diese Damen zu denen gehörten, die ich gelegentlich über das Grundstück schlurfen sah – die Damen, mit denen wir uns nie unterhalten durften.

Ich war von Schwester Margaret zum Schlafen hier hochgeschickt worden, als Strafe für den letzten einer Reihe erfolgreicher Fluchtversuche, während derer ich jedes Mal für Geld auf der Straße sang und an Talentshows in Hotels in ganz Dublin teilnahm, wo ich immer einen Fünf-Pfund-Schein gewann, wenn ich »Don't Cry for Me Argentina« sang. Als ich das letzte Mal weglief, machte ich einen großen Fehler – ich nahm eines von den anderen Mädchen mit. Eines von den älteren. Das endete darin, dass sie sich, an die Wand eines Wohnblocks gelehnt, von einem Typen bumsen ließ, während seine Freunde sich mit unserem ganzen Zeug davonmachten, sodass ich es mit der Angst zu tun bekam und zurück nach Grianán ging. Das andere Mädchen kam etwa zwei Wochen lang nicht zurück. Meine Sachen sah ich nie wieder, aber zum Glück hatte ich meine neue Gitarre noch, weil ich die nie aus der Hand gelegt habe.

Die alten Damen heben ihre Füße kaum, wenn sie um die Ecken des Gebäudes schlurfen, wie eine Reihe von Entenküken, die keiner Mutter hinterherlaufen. Es wirkt alles auf unnatürliche Weise verkehrt, denn hinter ihnen ist immer eine Nonne. Die Pantoffeln der Damen machen ein *Schh-Schh*-Geräusch. Mir wird so komisch zumute, wenn ich sie sehe; mich ängstigt der Hof, den ich nicht überqueren darf, um sie auszufragen. Sie haben alle das Kinn auf der Brust liegen und mit ihren Händen greifen sie ihren Bauch. Das lässt sie aussehen, als ob sie jemanden umgebracht hätten und um Vergebung beteten, oder als wären sie eine Reihe von Sklavinnen in gespenstisch stillen Ketten, unterwegs zum Sklavenmarkt.

Ich verbrachte diese Nacht in dem einzigen Bett, das ich leer vorgefunden hatte. Die ganze Nacht über rief die Dame neben mir mit ängstlicher Stimme. Auch die anderen Damen riefen manchmal etwas, aber niemand kam. Ich drehte mich hin und her, halb schlafend, halb wach, und versuchte zu verstehen, warum Schwester Margaret solch drastische Maßnahmen ergriffen hatte. Normalerweise besteht die Strafe darin, dass sie dich links liegen lassen – du musst mit deiner Matratze auf dem Boden vor deinem Zimmer schlafen und allein essen. Du bist erst wieder aus dem Schneider, wenn alle Mädchen ihre Kleidung in der Waschküche gewaschen haben, bevor das Mittwochabendtreffen beginnt.

In der Waschküche ist es ein wenig seltsam. Zunächst mal ist weit und breit keine Waschmaschine zu sehen. Es gibt eine Menge Leitungen, vielleicht dreißig riesige weiße Waschbecken und eine Tonne Spinnen. Alles ist aus Beton, und der Boden ist zerfurcht von unzähligen Schritten. Sieht aus wie die Grotte von Lourdes, deren Felsen abgenutzt sind von hundertdreißig Jahren, in denen sich Hände daran rieben – immer, weil sich jemand Hoffnungen auf ein Wunderbaby gemacht hat.

Irgendwann bin ich dann eingeschlafen und habe geträumt, dass die alte Dame aus der Schlafzelle nebenan auf meinem Bett saß, in besserer Verfassung und um Jahre jünger wirkend. Sie machte sich die Nägel und sang »I Don't Know How to Love Him«. Und dann verschwanden die Wände und die Vorhänge der Schlafzellen und die Betten der alten Damen wurden zu einer Reihe von Grabsteinen, auf denen MAGDALEN stand.

...

Nach meiner Nacht im Hospiz lief ich nie wieder fort. Als ich am Morgen aufwachte, wusste ich, was Schwester Margaret mir hatte sagen wollen. Das Schlimmste war, dass ich begriff, dass sie nicht gemein zu mir gewesen war. Sie war eine Nonne, wie ich sie nie zuvor gesehen hatte. Sie hatte mir absichtlich nicht gesagt, warum ich in einen Teil des Gebäudes geschickt wurde, von dem ich gar nicht gewusst hatte, dass er existierte, warum ich Treppen hinaufsteigen musste, auf die ich nie einen Fuß hätte setzen dürfen, wenn ich gefragt hätte, um an eine Tür zu klopfen, die ich vorher nicht hätte anfassen dürfen, und in ein solches Szenario hineinlaufen musste, ohne dass jemand von der Belegschaft anwesend war.

Sie ließ mich selbst darauf kommen: Wenn ich weiterhin ständig von hier fortliefe, dann würde ich eines Tages eine von diesen alten Damen sein.

Ein paar Monate nach meiner Ankunft in Grianán fiel mir auf, dass eines der älteren Mädchen eine Schule außerhalb besuchen durfte, weil sie ihre Abschlussprüfungen machte. Sie hatte also ein Leben. Es gelang mir, meinen Vater und Schwester Margaret zu überreden, mich die Schule auf der anderen Straßenseite besuchen zu lassen, um meine Zwischenprüfungen abzulegen. Es war nicht komplett gelogen, als ich sagte, dass ich gern über die Gedichte und Geschichten schreiben wolle und dass wir mit John nie genug Zeit hätten, uns ausführlich damit zu befassen. Aber mein eigentliches Anliegen war es, nicht wie eine der Nonnen oder der weggesperrten alten Damen zu enden; genauso wenig wollte ich in einer Schreibstube oder als »Hausfrau« arbeiten.

Es war zum Teil auch Schwester Margarets Schuld, dass ich immer wieder weggelaufen bin; sie hätte mir die Gitarre nicht kaufen sollen. Als sie mit mir in den Laden ging, suchte ich mir eine Akustikgitarre mit Stahlsaiten aus, weil ich wie mein großer Bruder Joe sein wollte. Während sie zahlte, schaute ich mich um und entdeckte ein Buch mit Songs von Bob Dylan, mit den Liedtexten und Bildern, die die Gitarrengriffe zeigten. Das ließ ich sie auch noch kaufen. Sie sagte, dass sie mir einen Lehrer besorgen könne, wenn ich das wolle, und eines Tages kam dann diese reizende Dame namens Jeanette, die mit einem sehr englischen Akzent sprach und deshalb weder gewöhnlich noch langweilig war. Sie zeigte mir, wie ich anhand der Griffbilder sehen konnte, wohin meine Finger mussten. Das erste Lied, das ich zu spielen lernte, war »To Ramona«.

Ramona, come closer	*Ramona, komm näher*
Shut softly your watery eyes	*Schließ sanft deine tränenden Augen*
The pangs of your sadness	*Der Schmerz deiner Trauer*
Will pass as your senses will rise	*Vergeht mit dem Aufgang der Sinne*
The flowers of the city	*Die Blumen der Stadt*
Though breathlike,	*Wie Atem doch*
Get deathlike at times	*Manchmal dem Tod gleich*
And there's no use in tryin'	*Und was bringt jedes Mühen*
T' deal with the dyin'	*Lass die Sterbenden ruhen*
Though I cannot explain that in lines	*Meine Zeilen können das nicht erklären*

Ich hielt es nur zwei oder drei Unterrichtsstunden aus, dann fing ich wieder an fortzulaufen. Ganz das dramatische Kind, flatterte ich mit wunden Fingern durch die Gegend und spielte in den Parks Musik anhand der Abbildungen in meinem Buch. Ab und an machte ich auch einen Abstecher zu meiner Mutter. Einmal haben sie mich bei meiner Mutter erwischt. Nach vierundzwanzig Stunden oder so musste ich immer zurück. Konnte nirgends sonst hin. Wenn ich ausnahmsweise mal nicht zurückgebracht wurde, dann fuhr ich per Anhalter und log nach meiner Rückkehr viel – wenn ich meine Mutter nicht hätte sehen dürfen oder wenn ich während meiner Abwesenheit Sachen geklaut hatte (was ich natürlich getan hatte) oder wenn ich jemanden beschützen musste, wie den Freund meines Bruders zum Beispiel, der mich die Nacht auf dem Fußboden in seinem Büro hatte verbringen lassen und den sie dafür geschlachtet hätten, hätte es jemand herausgefunden.

Schwester Margaret versuchte mich der Kontrolle meiner Mutter zu entziehen. Das war ein absolut harter Job für sie, weil sie einfach nicht zu mir durchdringen konnte. Ich sprach dann kein Wort, sondern weinte nur ganz still und mit hochrotem Gesicht eimerweise Tränen. Nach einer Weile trat sie dann hinter dem Schreibtisch hervor und nahm mich in den Arm, als wäre ich eines ihrer Babys aus Afrika, sodass ich in ihre hübsche blaue Nonnenbluse schluchzen und meinen Schnodder daran abwischen konnte, was mich zum Kichern brachte. Und dann sagte sie mit sanfter Stimme: »Ach, Sinéady.«

In der Stube sang sie oft ein Lied aus Afrika, »Malika«. Ich glaube, sie hat gesagt, dass das »Engel« heißt. Sie sang gerne. Als junge Nonne war sie viele Jahre lang in Afrika. Aber wenn du eine Nonne bist, sagen sie dir, wo du hingehen sollst, und ihr sagte man, dass sie zurück nach Irland kommen solle. Wenn sie davon erzählt, werden ihre Augen dunkelblau von dem Bemühen, die Tränen zurückzuhalten. Ihr Gesicht wendet sich zum Fenster, als würde sie nach Vögeln Ausschau halten. Es ist ihr Job, sich um traurige Mädchen zu kümmern, und sie ist selbst ein trauriges Mädchen.

Ich überredete sie, mir bei »No Romance« auf der George's Street einen roten Parka zu kaufen; das ist ein Laden für Punk-Klamotten. Sie hat ihn mir gekauft, weil ich bald gehe. Ich habe meine Zeit abgesessen, wie es so schön heißt, ich bekomme mein Leben zurück. Vielleicht formuliere ich das besser anders: Ich bekomme ein Leben, und für diesen festlichen Anlass hat sie mir den Parka gekauft. Er ist so cool. Ich sehe jetzt wie ein richtiges Punkermädchen aus. Ich glaube, sie könnte mich vermissen. Sie schnieft so ein bisschen vor sich hin.

Außer mir selbst ist mir gerade jeder scheißegal, und ich muss kein bisschen schniefen. Ich will einfach nur raus hier, weil ich möchte, dass B. mich in meinem Parka sieht. Nur deswegen wollte ich ihn und habe ihn mir von Schwester Margaret kaufen lassen. Der schlimmste Verlust, als ich hierher kam, war die Hoffnung auf ihn. Er hat einen grünen Parka. Der wärmte, wenn wir gemeinsam darin steckten. Nur dort und bei meiner Oma habe ich mich je zu Hause gefühlt.

Ich darf gehen, weil ich mich bereit erklärt habe, ein Internat zu besuchen. So lautet die Abmachung. Ich werde den Sommer bei meinem Vater verbringen und dann auf das Internat in Waterford wechseln. Anschließend darf ich die Schulferien sowie jedes zweite Wochenende bei meinem Vater verbringen. Meine Freundin sagt, dass man im Zug nach Waterford drei Pfund und zehn Pence für zwei gekochte Eier zahlt. Von dem Geld könnte man eine ganze verdammte Hühnerfamilie kaufen.

Grianán war voller wilder Kinder. Da gab es keine einzige Langweilerin. Die anderen haben mir viel über den Ort beigebracht, an dem wir wohnten, und darüber, was man im Allgemeinen so über uns Bewohnerinnen dachte. Mehr Zeit als im Unterricht habe ich in Toilettenkabinen verbracht, wo ich mit Mädchen rauchte und schwatzte, die genauso punk waren wie ich (was durchaus nicht viel war). Rauchen war der einzige Lebenssinn für diejenigen von uns, die keine Freude am Leben hatten, und nie in unserem Leben war die Schule ein Ort der Bildung gewesen. Sie war ein Zufluchtsort. Ich hatte eine Drei in Kunst, eine Vier in einigen anderen Fächern und die üblichen

Fünfen und Sechsen und NT in allen anderen. NT bedeutet »nicht teilgenommen«. Ist mir aber völlig egal.

Letztendlich gab es aber doch ein bisschen was an meiner Zeit in Grianán, das gut war. Ein süßer Junge namens David verliebte sich in mich – und ich mich in ihn. Er war ein richtiger Punk. Mit dem entsprechenden Haar, mit Sicherheitsnadel und allem Drum und Dran. Mein Vater sagte, dass er nicht auf unseren Polstermöbeln und Stühlen sitzen dürfe. Ich bin oft bei David zu Hause gewesen. Seine Mutter war richtig nett zu mir; was für eine sanftmütige Person. Er ebenso. Ein Lamm. Irgendetwas machte ihn richtig traurig, und niemand konnte herausfinden, was es war. Seine Mutter sagte mir, dass sie sich Sorgen um ihn mache. Aber er und ich alberten viel herum; auf mich wirkte er nie traurig. Er war wirklich glücklich und seine Augen leuchteten wie die eines Raumfahrers, und er küsste mich schrecklich sanft; und seine Eltern saßen in der Küche neben der Stube, und David und ich legten die A-Seite des *Let's Dance*-Albums auf und liebten uns.

Ich weiß bereits, dass das Singen etwas ist, das mich von den Menschen wegbringen wird. Bevor ich Grianán verließ, habe ich auf der Hochzeit meiner Gitarrenlehrerin Jeanette gesungen. Mir schlotterten die Knie. Jeanettes Bruder Paul Byrne ist der Schlagzeuger einer Band namens In Tua Nan. Er und der Gitarrist Ivan O'Shea gaben mir eine Kassette mit ein paar Instrumentalstücken. Fragten mich, ob ich ein paar Wörter dazu schreiben wolle, weil sie auf der Suche nach einer Sängerin seien. Schwester Margaret hat mir an ein paar Tagen Ausgang gewährt und sie sind mit mir in die Eamonn-Andrews-Studios gefahren, wo ich zum ersten Mal mit Hall und mit Kopfhörern gesungen habe. Ich liebe den Halleffekt so sehr – es klingt wie in der Kirche. Es war ziemlich cool von Schwester Margaret, mich das machen zu lassen. Ich glaube, es lag daran, dass sie versprochen haben, mich zu bezahlen. Sie war froh, dass ich etwas anderes als Klauen machen konnte, um mir was dazuzuverdienen. Sie haben das Lied – es hieß »Take My Hand« – behalten, aber sie sagten, dass ich zu jung sei, um in ihrer Band zu singen. Ich war so eifersüchtig auf das Mädchen, das sie anheuerten, dass ich zunächst losheulen wollte, als ich sie meinen Text singen hörte. Und sie war so wundervoll und schön, und fairerweise muss ich zugeben, dass sie das Lied besser sang als ich. Ich klang wie ein Kind. Sie klang wie eine Frau. Und ein Kind kann kein Lied singen, in dem der Tod der Erzähler ist. Ich weiß auch nicht, wie ich auf den Text kam.

Song to the Siren

Ich liebe meine Stiefmutter. Sie ist das gutmütigste Wesen auf dieser Welt. Was ich jetzt sage, sage ich also mit Liebe: Die Frau wird den Teufel tun, dich irgendwo hinzufahren. Insgeheim glaube ich, dass das klug von ihr ist. Wenn sie bei einem von uns Kindern anfängt, dann werden sieben andere das Gleiche von ihr erwarten. Sie ist Protestantin. Die sind per se pragmatischer. Sie haben nicht diesen Schuldkomplex. Es ist ihr wirklich egal. Egal, wie groß die Kulleraugen sind, egal, wie sehr man mit den Wimpern klimpert oder weint oder stampft oder lamentiert – nichts wird dazu führen, dass man von ihr irgendwo hingebracht oder abgeholt wird. Niemals. Man kann entweder schwimmen oder verflucht noch mal untergehen. Als ich in der Beechwood Avenue ihr Auto auf mich zukommen sah, meine weinende Stiefschwester auf dem Beifahrersitz neben ihr, wusste ich deshalb gleich, dass meine Mutter tot war.

Ich hatte gerade meine Einraumwohnung verlassen und war die Straße zum Haus meines Vaters hochgelaufen, so wie jeden Sonntag. Ich teile mir die Wohnung jetzt mit meiner Freundin C., die letztes Jahr den Preis für das schickste Halloween-Outfit gewonnen hat, obwohl sie sich gar nicht in Schale geworfen hat. Sie hat eine Affäre mit dem Sänger der Fine Young Cannibals. Anscheinend ist er ein feiner, junger Mann, der sie zum Frühstück, zum Abendessen und zum Nachmittagstee vernascht.

Sie hatte sich am Abend zuvor schon schlafen gelegt, während Kevin und ich noch wachblieben, um uns zu unterhalten. Kevin und ich waren mal ein Paar, aber jetzt sind wir nur noch beste Freunde. Er spielt die Conga. Er ist hübsch und lieb zu mir. Er ist sogar so lieb zu mir, dass ich es gar nicht in Worte fassen kann. Egal, ob wir nun ein Paar sind oder nicht. Wir sind aber eh nur beste Freunde. Also sitzen wir am Samstagabend rum, schwatzen und lästern.

Irgendwann drifteten wir in eine Diskussion darüber ab, was wir tun würden, wenn unsere Eltern oder einer von ihnen sterben würde. Auch deshalb wusste ich gleich Bescheid, als ich das Auto meiner Stiefmutter sah. Ich fand es unglaublich, dass wir am Abend zuvor eine Eingebung gehabt hatten und ich es erst jetzt begriff.

Mein jüngerer Bruder John war auch in dem Auto gewesen. Im Auto meiner Mutter, nicht im Auto meiner Stiefmutter. Zum Glück war er körperlich unversehrt und konnte aus dem Krankenhaus in die Obhut meines Vaters entlassen werden. Er war sechzehn Jahre alt.

Er hatte auf der Rückbank gesessen; auf dem Beifahrersitz hatte noch ein anderer Mann gesessen. Auch er war dankenswerterweise körperlich unversehrt. Mein Bruder hatte das Bewusstsein verloren und war im Krankenhaus wieder zu sich gekommen, wo man ihm sagte, dass seine Mutter tot sei. Als ich im Haus meines Vaters ankam, war er bereits dort und lag im Bett. Oder auf einem Sofa – ich weiß es nicht mehr genau. Wir hatten ihn alle ewig nicht gesehen. Er war bei meiner Mutter geblieben. Wir anderen nicht.

In den Augen meiner Mutter hatte jeder von uns vieren, der das Haus meiner Stiefmutter betrat, sie aufs Äußerste verraten. Es war ihr nie in den Sinn gekommen, dass der Verrat, den wir an unserem Bruder geübt hatten, in irgendeiner Weise von Belang sein könnte. Aber für ihn war die Vorstellung, Verrat an der eigenen Mutter zu üben, die reinste Qual, weil er so sehr auf ihre Liebe angewiesen war. Und es warf ihn völlig aus der Bahn, dass er jetzt hier bei uns war.

Mein Vater und mein jüngerer Bruder haben leider eine schreckliche Beziehung zueinander. Daran sind meine Mutter und mein Vater gleichermaßen schuld. Sie haben meinen Bruder übel eingespannt. Das führte zu einer Reihe schrecklicher Ereignisse, für die mein Bruder die Schuld zugewiesen bekam, während mein Vater das Opfer spielte.

Zwischen meinen Eltern hatte es einen Krieg um bestimmte Gegenstände gegeben, die mein Vater auf sehr aggressive Weise eingefordert hatte, seit die Ehe meiner Eltern vor zehn Jahren offiziell geschieden wurde. Es ging insbesondere um Schmuck. Um Capodimonte-Porzellanfiguren. Porträts. Ein paar andere Dinge. Es hatte zahlreiche Versuche gegeben, die Sachen aus dem Besitz meiner Mutter abzuziehen, von denen keiner erfolgreich gewesen war.

Auf dem Kaminsims stand ihr Hochzeitsbild. Mein Vater hatte es in der Mitte auseinandergerissen und es wie ein Puzzle wieder in den Bilderrahmen gesteckt.

Alle ihre irdischen Besitztümer vererbte sie meinen Brüdern, weshalb mein Vater in dieser Angelegenheit kein Mitspracherecht hatte. Sie ist tot, aber der Krieg geht weiter. Cleveres Miststück. Sie hatte meinen Brüdern die Sachen nicht vererbt, weil sie die beiden mochte; sie hatte es getan, um den Krieg zu gewinnen. Wir alle waren nur Kollateralschäden für sie. Mehr sind wir nie gewesen. Zumindest fühlt es sich für mich so an.

Man fragt sich, wie um alles in der Welt diese beiden Menschen je genug Sex haben konnten, um vier Kinder in die Welt zu setzen, obwohl sie einander so sehr gehasst haben.

Es war Glatteis. Auf der neuen Straße, die sie in Shankhill bauen und die zur Kirche führt. Sie war auf dem Weg zur Messe. Ein Bus kam ins Schleudern, oder sie selbst kam ins Schleudern. Ich weiß es nicht. Ich werde meinen Bruder nicht wegen der Einzelheiten behelligen. Sie ist tot. Und wir vier Kinder erhielten Anweisungen vom Bestattungsinstitut – über meinen Vater und über meine Stiefmutter – sowie fünfzig Pfund, um bei Dunnes ein Kleid für ihre Beisetzung zu kaufen; etwas »mit einem Kragen, den man zuknöpfen kann«.

Wir vier Kinder gingen in ihr Haus. Unter Schock. Wie die Krähen durchstöberten wir alles. Im Vorgarten verbrannten wir einen regelrechten Berg aus Valium in einer Keksdose. Überall im Haus hatten wir kleine Valium-Döschen und -Ampullen gefunden. Als hätte sie sich jahrelang von nichts anderem ernährt. Sie brauchte nicht einmal mehr ein Rezept. Der Apotheker hat ihr das Zeug einfach so gegeben.

Ich habe mich noch nicht daran gewöhnt, in der Vergangenheitsform über sie zu sprechen. Im Dunnes-Bekleidungsgeschäft haben wir hysterisch gelacht. Geweint vor Lachen haben wir. Wir fanden es irrsinnig witzig, dass die reizende junge Verkäuferin, die uns behilflich war, nicht wusste, dass wir ein Kleid kaufen wollten, das unsere Mutter bis in alle Ewigkeit tragen würde. Mit jeder hilfreichen Frage, die sie uns stellte, mussten wir mehr an uns halten, um uns nicht einzupinkeln. Das arme Mädchen muss gedacht haben, wir wären aus dem Zoo entflohen.

Vermutlich waren wir das auch.

In der Kirche habe ich mich richtig geärgert, als all die Menschen auf uns zukamen, um uns die Hände zu schütteln. Es war der Morgen vor dem Tag der Beerdigung. Wir saßen in der ersten Reihe. Wir hatten diese Leute nie zu Gesicht bekommen, als sie noch am Leben war. Ich war wütend darüber, dass sie uns nicht geholfen hatten. Oder ihr. Ich kannte die Hälfte von ihnen nicht. Und diejenigen, die ich kannte, ließen mich noch wütender werden. Sie hatten Bescheid gewusst. Nicht über die Details. Aber sie hatten Bescheid gewusst. Und sie hatten nichts unternommen, außer dass sie jetzt ankamen, um uns die Hände zu schütteln und uns zu sagen, wie leid ihnen unser Verlust tat. Ich hätte gerne gefragt: *Welchen Verlust meinen Sie denn genau?* Aber ich wollte meinen großen Bruder Joe nicht noch mehr aus der Fassung bringen, als er es ohnehin schon war. Die Wahrscheinlichkeit, dass wir unsere Mutter an irgendeinem Ostersonntag von den Toten auferstehen lassen, ist größer als die, dass wir jemals zurückbekommen, was wir tatsächlich verloren haben. Nämlich uns selbst, und das schon vor Jahren.

Letzte Nacht habe ich Gott im Himmel angeschrien. Ich belegte Ihn mit allen erdenklichen Flüchen, bis ich kotzen musste. Es hat wirklich wehgetan, Ihm all diese abscheulichen Dinge an den Kopf zu werfen. Ich habe es nicht zum ersten Mal getan.

Seine Antworten sind immer stumm. Ich habe eine Weile gebraucht, um damit klarzukommen. Anfangs hat es mich immer aufgeregt. Ich dachte, die Stille würde bedeuten, dass es Ihm egal ist. Also schrie ich umso mehr, bis ich mich leergeschrien hatte und selbst nur noch stumm sein konnte. Ich hatte immer geglaubt, dass man Seine Stimme hören können sollte, so wie in all den Geschichten. Ich habe herausgefunden, dass Er nicht sprechen kann, weil Er selbst so viel weinen muss. Wer kann schon gleichzeitig sprechen und weinen?

Im Bestattungsinstitut weinte mein Vater über den Leichnam meiner Mutter gebeugt. Sagte immer und immer wieder: »Es tut mir leid, Marie.« Das machte mich auch wütend. Warum tat es ihm jetzt leid? Warum nicht schon früher? Warum hat keiner der beiden einem von uns vieren gesagt: »Es tut mir leid«? Wozu einen Krieg führen und dann um Entschuldigung bitten, wenn jemand tot ist? Ich rannte davon, raus aus dem Bestattungsinstitut. Die Straße durch Glasthule entlang und bis nach Dún Laoghaire. Ich glaube nicht, dass ich je aufhören werde, zu rennen. Ich weiß nicht, wie ich jemals nicht wütend sein soll. Nichts wird jetzt jemals wieder in Ordnung sein.

Als wir am nächsten Tag auf die Autos zur Beerdigung warteten, beschloss ich, mich zu Tode zu rauchen. So viele Zigaretten zu rauchen, wie es brauchen würde, um mich zu meiner Mutter zu bringen. Ich erinnere mich nicht mehr an die Beerdigung, nur noch an Füße, die rund ums Grab standen. Ich habe zu Boden geschaut. Das haben wir alle gemacht. Und dabei geweint.

Schwestern

Meine Schwester Éimear (man spricht den Namen »Iiimär«) ist kaum vierzehn Monate älter als ich. Aber sie ist mir immer auch eine Mutter gewesen, nicht bloß eine Schwester.

Als Kinder haben wir uns ein Bett geteilt. Wir hatten eine imaginäre Grenze in der Mitte des Bettes. Und Gott bewahre, eine von uns überquerte diese Grenze – ob nun versehentlich oder mit Absicht. Dann kickten wir einander die Scheiße aus dem Leib. So was haben wir oft gemacht, wie zwei Jungs.

Aber wenn die Kacke am Dampfen war, dann wechselte Éimear sofort in den Muttermodus. So zum Beispiel an einem Weihnachtsmorgen im Haus meines Vaters, wo wir uns ein Zimmer mit zwei Einzelbetten teilten. Wir hatten einen Streit und sie zertrampelte meinen Schokoladenweihnachtsmann, also habe ich ihr – durchaus berechtigt – einen gnadenlosen Tritt in den Arsch verpasst und bin zur Tür gerannt. Sie jagte hinter mir her. Allerdings verrenkte ich mir den Knöchel, bevor ich entkommen konnte, und stürzte schreiend zu Boden. Eine Millisekunde später kniete Éimear neben mir am Boden: »Oh mein Gott, alles in Ordnung mit dir?« Der Streit war vergessen. Sie liebt mich. Keine Ahnung warum. Aber das tut sie.

Es gab nur einen einzigen Grund, weshalb es die Hölle war, sich das Zimmer im Haus meines Vaters mit ihr teilen zu müssen: Sie war verliebt in Barry Manilow. Deshalb war ihre Seite des Zimmers mit Postern von ihm tapeziert, während bei mir überall Siouxsie and The Banshees hingen. Ich kann mir vorstellen, dass wir beide jeden Morgen in der Hölle aufwachten. Zumindest, wenn meine Poster sie in der Nacht so sehr verängstigten, wie ihr romantisches Gerede über Barry Manilow mich ängstigte.

Zuvor ist sie in Daniel Boone verliebt gewesen. Das konnte ich ja verstehen. Aber doch nicht in Manilow. Dann wiederum haben sie und ich Gott sei Dank nie die gleichen Männer gemocht. Ich mag Punks und böse Jungs. Sie mag die langweiligen guten Jungen.

Sie hatte nie Ärger mit unserem Vater. Was mich richtig angepisst hat. Ich hatte immerzu Ärger mit ihm. Manchmal rief ich meinen Vater an und tat so, als wäre ich Éimear, weil er unsere Stimmen nicht auseinanderhalten konnte; so konnte ich herausfinden, was für Konsequenzen Sinéad drohten, wenn sie sich zu Hause sehen ließ.

Wegen der Sache damals lieben Éimear und ich es auch heute noch, Schokolade zu zertrümmern, weshalb wir jedes Jahr zu Weihnachten auf zwei Schokoladenweihnachtsmännern herumstampfen, und an Ostern zerschlagen wir wunderhübsche Schokoladenhühner mit einem Hammer. Diese Tradition haben wir angefangen, als sie gerade eine Trennung durchlebte. Sie saß weinend in meiner Küche und es war Ostern; irgendwer hatte von irgendwem ein Schokoladenhuhn in einem Körbchen bekommen, also habe ich ihr einfach einen Hammer gereicht. Sie lachte unter Tränen, während sie das Ding in Tausend Stücke schlug.

Auch wenn Éimear niemals Ärger bekam, heißt das nicht, dass sie keinen Blödsinn anstellte. Aber im Gegensatz zu mir hat sie sich nicht erwischen lassen. Sie war Aufsichtsschülerin, was mir und meiner kleinen Bande das Leben zur Hölle machte, denn wir waren die »bösen« Mädchen. Sie jagte hinter uns her, und ich blieb dann immer stehen und hielt mir gähnend die Hand vor den Mund, was so viel hieß wie: »Wie langweilig!« Das machte sie verrückt. Aber verglichen mit mir ist sie langweilig. Und ich bin neidisch. Insgeheim wäre ich gerne langweilig. Das Leben ist nicht gerade gemütlich, wenn man kurzweilig ist.

Heute ist sie Kunsthistorikerin, inklusive Doktortitel. Eine sehr kluge Frau. Und Dummheit erträgt sie nicht eine Minute lang. Vor Jahren hatte sie einen Laden, in dem sie ihre eigenen Gemälde verkauft hat, die herrlich waren. Die Ladentür hat sie selbst eingesetzt. Eine riesige Tür, und sie hat es allein geschafft, das Ding in die Angeln zu setzen. Dabei wiegt sie gerade mal die Hälfte von mir. Sie hält sich immer für fett. Aber das ist sie kein bisschen.

Was uns voneinander unterscheidet, sind ihr rotes Haar und ihr Selbstbewusstsein. Ich habe beides nicht. Sie lässt mich selbstbejahende Botschaften vor dem Spiegel aufsagen: »Ich habe Liebe in mir. Ich bin liebenswert. Ich liebe und ich akzeptiere mich« und so weiter. Es funktioniert nicht, aber mit ihr in meiner Nähe kann ich mich selbst besser leiden. Weil sie mich mag, und weil sie niemanden mag, der mich nicht mag. Sie hat keine psychische Erkrankung. Sie ist nie eine Zumutung gewesen. Der Umgang mit ihr ist nicht schwierig und sie ist auch nicht so übermäßig emotional wie ich. Sie ist nicht so rachsüchtig wie ich. Sie hat keine böse Ader. Sie kann der Misshandlung entkommen, ohne selbst misshandelnd zu werden. Ich wünschte, ich wäre in diesen Belangen wie sie. Weiß Gott, ich arbeite daran.

Es ist noch nicht lange her, da kam sie mich im Krankenhaus besuchen. Sie hielt meine Hand, lief mit mir durch den Krankenhausgarten und sagte: »Ich liebe dich.« Plötzlich fühlte es sich an, als wären wir wieder kleine Kinder. Als Kinder sind wir gemeinsam durch die Straßen von Dublin gestreift – Moore Street, Parnell Street. Und mit dem Geld, das wir von Fremden erbettelt hatten, indem wir ihnen sagten, dass wir Geld für den Busfahrschein nach Hause brauchten, gingen wir dann in die Kingfisher-Pommesbude. In Wirklichkeit taten wir einfach, was immer wir tun konnten, um *nicht* nach Hause zu müssen. (Damals lebten wir bei unserer Mutter.) Wir trieben uns draußen rum, so lange es nur ging, weil ja zu Hause nur Prügel auf uns warteten. An manchen Abenden fuhren wir mit dem Bus von der ersten bis zur letzten Haltestelle und wieder zurück, in der Hoffnung, dass unsere Mutter schlafen würde, wenn wir nach Hause kämen. Wir waren eine seltsame Erscheinung: bettelnde Kinder des Mittelstands in schmutzigen, seit Jahren nicht gewaschenen Klamotten. Im Betteln waren wir gut. Wir mussten es sein, sonst wären wir verhungert. Zu Beginn der Sommerferien, wenn alle Kinder sich freuten, dass sie nach Hause konnten, versteckten wir unsere Feldhockeyschläger in der Schule und weinten. Wir wussten, dass uns Wochen der Gewalt bevorstanden. Auf die anderen Kinder warteten freudvolle Wochen, Mütter mit einem Lächeln im Gesicht. Unsere Mutter hatte Schaum vorm Mund. Keine Rettung in Sicht. Keine Atempause. Sicher war nur das Unheil.

Any Dream Will Do

Zu meinem Bruder Joseph habe ich ein ähnliches Verhältnis wie zu meinem Vater: Wir kommen nur gut miteinander aus, wenn wir uns über Musik unterhalten. Ansonsten kann mein Bruder mich nicht leiden. Weil ich eine Zumutung bin – und zu emotional. Aber als wir Kinder waren, war er mein Held. Ich lief immer mit seinem leeren Gitarrenkoffer durch die Gegend, weil ich so cool wie er aussehen wollte. Obwohl er eine Zeit lang Priester werden wollte, hat er sich klugerweise für ein Leben als Schriftsteller entschieden. Tatsächlich hat er sogar einen meiner beiden absoluten Lieblingsromane geschrieben: *Wo die Helden schlafen*. (Mein zweiter Favorit ist *Mistaken* von Neil Jordan.)

Seit unsere Mutter starb, als ich achtzehn war, habe ich insgesamt vielleicht eine Stunde mit ihm verbracht. Für Kinder, die misshandelt wurden, ist es schwierig, Zeit miteinander zu verbringen. Zu vieles, was triggert und Erinnerungen weckt. Außerdem bin ich ihm gegenüber vielleicht einmal zu oft ausgerastet. Und er ist mir gegenüber einmal zu oft ausgerastet. Wir O'Connors haben eine kurze Lunte. Es ist wirklich ein Jammer. Niemand hat uns vorgelebt, dass Blut dicker als Wasser ist. Ich bin mir sicher, dass Wasser durch unsere Adern fließt, kein Blut.

Joe spielt Gitarre. Er sagt, er könne nicht gut spielen, aber das kann er sehr wohl. Meine Schwester spielt die Harfe und mein jüngerer Bruder spielt Schlagzeug. Ich war immer der Meinung, dass es eine großartige Idee wäre, gemeinsam ein Album aufzunehmen und es *Fuck the Corrs* zu nennen. Aber unsere Streitereien würden Liam und Noel Gallagher wie Schmusekätzchen aussehen lassen.

Lustig ist er, mein Bruder Joe. So lustig, dass man sich vor Lachen einpissen könnte. Ich vermisse ihn sehr. Und ich fühle mich beschissen, weil wir einander so entfremdet sind. Aber mein Held ist er noch immer. Und ich liebe ihn aus tiefster Seele.

John, I Love You

Mein kleiner Bruder John ist zwei Jahre jünger als ich. Er hatte eine sehr schwere Zeit mit meiner Mutter. Die Nächte, in denen ich mit anhören musste, wie er (auf Geheiß meiner Mutter) um Gnade schrie, ohne dass ich ihn hätte retten können, haben wesentlich zu meinem Aktivismus und meinen Aggressionsbewältigungsproblemen beigetragen. Ich konnte ihn nicht in Sicherheit bringen. Ich konnte ihn nicht beschützen. Meine Muskeln weigerten sich, mich auch nur von meinem Zimmer in seines zu tragen. Mein ganzes Leben lang bin ich wütend auf meine Mutter gewesen. Aber ich habe es verdrängt. Ich konnte mir nicht eingestehen, dass sie diejenige war, der diese Wut galt, also habe ich mich am Rest der Welt abreagiert. Und habe fast nichts als verbrannte Asche zurückgelassen.

Könnte ich die Zeit zurückdrehen und meine Mutter umnieten oder sie wegsperren lassen, ich würde es tun. Aber das kann ich nicht. Weder John noch ich haben das, was uns zugestoßen ist, so gut weggesteckt wie meine älteren Geschwister. Wir haben nicht die Lektionen in Sachen Selbstbewusstsein gelernt, die Joe und Éimear gelernt hatten. Unsere Mutter hat uns lediglich gelehrt, wie sehr wir ihr Leben ruiniert haben. Sie hat John vor unser aller Augen erniedrigt und uns vor seinen. Wie oft habe ich etwas gestanden, das ich gar nicht getan hatte, damit nicht John die Prügel dafür einstecken musste. Stattdessen habe ich mich von ihr schlagen lassen.

Ich weiß, dass es Éimear mit mir genauso geht. Dass sie nicht in der Lage war, mich zu retten, hat ihr wehgetan. Genauso wie es mir wehgetan hat, dass ich John nicht retten konnte.

Als Teenager gingen John und ich mal ins Kino, wo wir uns einen Film aus der *Freitag der 13.*-Reihe anschauten. Der Mörder trug die weiße Torwartmaske eines Hockeyspielers. Anschließend jagte mich John die ganze

O'Connell Street hinunter, wobei er seinen weißen Motorradhelm verkehrt herum aufgesetzt hatte. Ich werde nie verstehen, wie es möglich ist, dass er nicht irgendwo gegen geknallt ist. Jedenfalls hat er mir eine Scheißangst eingejagt.

Einmal biss ich ihm während eines Scheinkampfes in die Nase. Der clevere Pisser mir hat mir dann seinen Schnodder in den Mund geprustet.

Wir sind wirklich eine sehr kaputte Familie. Das Wort passt nicht mal zu uns: *Familie*. Es sollte ein tröstliches Wort sein. Aber das ist es nicht. Es ist ein schmerzliches, stechendes Wort. Zerschneidet das Herz in kleine Stücke. Umso mehr, weil es nicht möglich ist, die Zeit zurückzudrehen und irgendetwas anders zu machen.

Über meinen Vater

Als ich etwa fünfzehn war, habe ich versucht, mir etwas Hasch zu besorgen, aber es kam nie bei mir an. Was größtenteils daran lag, dass der Kerl, dem ich dafür einen Fünfer gegeben hatte, ums Leben kam. Und nein, mein Vater war nicht derjenige, der ihn umgebracht hat.

Der Typ war ein Kumpane meiner Stiefschwester, und mein Vater wusste, dass er nichts Gutes im Schilde führte. Eines Abends lungerte er auf dem Gehweg vor dem Vorgarten meines Vaters herum, spähte über die Hecke und wartete darauf, dass meine Stiefschwester rauskam. Mein Vater entdeckte ihn und lockte ihn mit einem »Sie braucht noch eine Minute, komm doch rein« in den Garten, nur um ihn dann mit einem Schlag gegen die Stirnseite niederzustrecken, sodass er der Länge nach auf den Rasen fiel. Er war groß und hager. Mein Vater ist einsfünfundsechzig groß, genau wie ich.

Der Typ war dämlich genug, an einem anderen Abend wiederzukommen, als er glaubte, mein Vater wäre nicht zu Hause. (Ich rede hier von der Art von Dämlichkeit, die zu einem Zusammentreffen von Bill Clinton, einer Zigarre und Monica Lewinsky im Oval Office führte.) Damals war mein kleiner Bruder noch jung genug, um ein Dreirad zu haben. Ich saß auf der kleinen rotgekachelten Veranda vor der Haustür. Kaum dass mein Vater den Kerl erblickt hatte, schnappte er sich das Dreirad, rannte damit zum offenen Gartentor, schwang sich drauf und jagte den Typen die Straße hinunter, wobei er sich bei jedem Tritt in die Pedale beinahe die Knie ins Gesicht stieß. Der arme Kerl rannte kilometerweit um sein Leben; alle paar Sekunden warf er einen Blick über die Schulter, auf seinem Gesicht ein Ausdruck solch blanken Entsetzens, dass man denken konnte, Freddy Krueger wäre ihm auf den Fersen.

Als mein Bruder noch klein war, wurde er auf dem Schulhof immer von einem Hund angegangen. Nachdem sich ein paar Wochen lang nichts an der

Situation geändert hatte, begleitete mein Vater meinen Bruder zur Schule, um den Hund ausfindig zu machen. Der Hund knurrt Joe an. Mein Vater verpasst ihm einen ordentlichen Tritt. Der Hund hat sich nie wieder auch nur in die Nähe von Joe gewagt. Mit meinem Vater möchte man sich *nicht* anlegen. Ich schätze, da bin ich wie er.

Einmal in der Schule, als meine Schwester und ich etwa sechs beziehungsweise fünf Jahre alt waren, trieben wir ein armes Mädchen in die Enge, das es gewagt hatte, zu behaupten, ihr Vater würde besser aussehen als unserer. Da unser Vater der schönste Mann auf der Welt war, ließen wir uns ihren Blödsinn nicht gefallen und zwangen sie, es zurückzunehmen. Nicht, dass wir ihr hätten wehtun wollen, und wir haben auch keine bestimmte Androhung gemacht oder so; wir stellten lediglich klar, dass wir partout nicht willens waren, ihrer Einschätzung der Situation zuzustimmen, und wir bauten uns bedrohlich schweigend vor ihr auf, bis sie ihrer Lüge abschwor. Stolz informierten wir unseren Vater hinterher darüber, dass wir seine Ehre und seinen Ruf verteidigt hatten.

Falls ich es nicht bereits getan habe, sollte ich erwähnen, dass mein Vater ein Mann von beeindruckender und inspirierender Bescheidenheit ist. Wovon ich hoffe, mindestens ein winziges Bisschen abbekommen zu haben.

Mit zweiundachtzig Jahren ist er natürlich im Ruhestand und arbeitet nicht mehr in seinem Beruf als Bauingenieur. Aber er baut mich noch immer auf, wenn ich am Boden bin. Wenn ich mich klein fühle, macht er, dass ich mich wieder groß fühle. Ich liebe ihn sehr, und ich bereue, dass ich jahrelang nicht mit ihm gesprochen habe, weil ich jung und dumm gewesen bin. Ich würde jedem jungen Menschen raten, nicht zu tun, was ich getan habe. Die Zeit vergeht so schnell, und man kriegt sie nie zurück.

Aber heute sind wir wieder füreinander da, er und ich, und das ist für unser beider Leben ein großer Segen.

Gedicht aus meiner Jugend

The child who has been speaking
isn't speaking now
If you dance with me I let you fall
asleep
Further when you sleep with me
you don't need dreams
If you don't know who to be, you
can be me

I am the one whose hand she took
but I don't like labels.
Some call me music, some the great
absolver
I sat with her when she thought
I was a cloudy spirit
I took for myself because
I love her

Das Kind, das gesprochen hat, es spricht
jetzt nicht
Wenn du mit mir tanzt, geleite ich dich
in den Schlaf
Mehr noch, wenn du bei mir schläfst,
dann brauchst du keine Träume
Wenn du nicht weißt, wer du sein
sollst, dann kannst du ich sein

Ich bin die, deren Hand sie nahm, doch
ich möchte nicht festgelegt werden.
Manche nennen mich Musik, manche
die große Absolution
Ich saß bei ihr, als sie dachte, ich wäre
ein trüber Geist
Ich blieb für mich selbst, weil ich sie
liebe

*Why? A sensitive girl, we don't
   want to lose her.
Rarely has somebody got faith like
   her.
She asked for help and I did
   overhear
her say, "I only want to disappear"*

*I put my hands about her little
   waist
Dark blue and green and red
   sparkles my face
I flung her and I spun her round
   the place
I shone upon her and she vanished
   into space*

*Warum? Ein sensibles Mädchen,
   wir wollen sie nicht verlieren.
Kaum je steht jemand so fest im
   Glauben wie sie.
Sie bat um Hilfe, und zufällig habe ich
   sie sagen hören:
»Ich möchte einfach nur verschwinden.«*

*Ich lege meine Hände um ihre zierliche
   Taille
Dunkelblau und grün und rot funkelt
   mein Gesicht
Ich warf sie und ich wirbelte sie
   umher
Ich ließ mein Licht auf sie scheinen und
   sie verschwand spurlos im Raum.*

ZWEITER TEIL

Who Are You?

Der beste Tag meines Lebens war der Tag, an dem ich Irland das erste Mal verließ, und jeder weitere Tag, an dem ich Irland verließ, war der nächstbeste.

Irgendwer da oben schien mich zu mögen, denn 1985, etwa zwei Wochen, nachdem wir meine Mutter beerdigt hatten (keine Sorge, wir haben uns vorher vergewissert, dass sie tot war), nahm das Plattenlabel Ensign Records Kontakt zu mir auf, über einen Typen namens Ciaran Owens, den ich während meiner Zeit als Sängerin von Ton Ton Macoute kennengelernt hatte – eine Band, der ich im Sommer des Vorjahres beigetreten war. Sie hatten sich nach der Geheimpolizei Haitis benannt. Ein furchtbarer Name, den der Bandleader und Bassspieler Colm Farrelly ausgewählt hatte, der sich einbildete, eine Art Hexer zu sein.

Ich hatte eine Anzeige in der *Hot Press* geschaltet, der einzigen Musikzeitschrift Irlands, in der stand, dass ich eine Sängerin auf der Suche nach einer Band sei. Per Anhalter war ich durch die Vororte Dublins getingelt, hatte in den Garagen und Wohnstuben fremder Leute vorgesungen und mich schließlich für Ton Ton entschieden, weil sie im Gegensatz zu den anderen Bands nicht den Eindruck machten, als würde es eine langweilige Angelegenheit werden – wofür Colms blanker Wahnsinn der ausschlaggebende Faktor war.

Außerdem willigte er ein, auch ein paar meiner eigenen Lieder ins Programm zu nehmen, was die anderen Bands nicht getan hatten. Bei den anderen Bands hätte ich für den Rest meines Lebens »Summertime« singen müssen, und lieber hätte ich mir die Augen ausgestochen.

Ton Ton brachten es auf etwa ein Jahr. Nigel Grainge, eine große Nummer im irischen Musikbusiness, und Chris Hill waren entschlossen, für Ensign Records nach Bands aus Irland zu suchen, weil sie bereits die Boomtown Rats und Thin Lizzy unter Vertrag genommen hatten. Ciaran Owens war eine ihrer Anlaufstellen, wenn sie wissen wollten, wer das Zeug zum Star hatte und von wem sie besser die Finger lassen sollten. Ein halbes Jahr zuvor hatte er die beiden zu einem Konzert von uns mitgeschleppt.

Nun hatten sie mich dank Ciaran ausfindig gemacht und meldeten sich telefonisch bei mir. Sagten, dass sie mich gerne nach London holen würden, um ein paar Demos mit Karl Wallinger von den Waterboys aufzunehmen, und wollten wissen, wie schnell ich dort sein könne. Sie sagten, dass sie nicht an der Band interessiert seien, sondern nur an mir. Das passte mir gut in den Kram, denn ein paar Wochen zuvor hatten wir herausgefunden, dass Colm alles Geld, das wir verdienten, für sich selbst hamsterte, weshalb die Band sich aufgelöst hatte. Keine achtundvierzig Stunden nach dem Anruf von Ensign saß ich in einem Flieger, dank der freundlichen Unterstützung in Form von einhundert Pfund, die mir der liebenswerte Besitzer des Restaurants gegeben hatte, in dem ich jobbte: Das »Bad Ass Café« in Dublin, wo wir Kellnerinnen allesamt weiße T-Shirts trugen, auf denen NICE PIZZA ASS stand. (Ich habe allen Ernstes erst mit etwa achtundzwanzig Jahren begriffen, dass die eigentliche Lesart *»nice piece o' ass«* lauten sollte.)

Ich nahm mit Karl Demos zu vier Songs auf, von denen drei es schließlich auf mein erstes Album *The Lion and the Cobra* schafften. Das erste Lied hieß »Drink Before the War«. Ich hatte es ein Jahr zuvor geschrieben, und es handelte von meinem verkniffenen Direktor, der es hasste, dass ich Musik machte, und meinen Vater überreden wollte, mir nicht zu erlauben, meine Gitarre ins Internat mitzunehmen – ungeachtet der Tatsache, dass es außer der Musik nichts gab, was ich konnte. Ich habe immer direkt vor seinem Fenster geraucht, in der Hoffnung, dass er mich der Schule verweisen würde. Auf diese Weise protestierte ich gegen seinen Protest, mit dem er verhindern wollte, dass ich weiterhin meine Musik machte. Ich hatte keinen Erfolg. Eines Morgens stauchte er mich vor den Augen der gesamten Schulversammlung zusammen. Er war ein gnadenloser Snob. »Wenn du dich für die Musik entscheidest«, jammerte er aufgeblasen durch seine Nase, »dann wirst du den Rest deines Lebens jedes Gebäude nur noch durch den Hintereingang betreten.« Wobei er »Hintereingang« aussprach, als würde das Wort nichts anderes bedeuten als »Hundescheiße«. Er wusste nicht, dass es mir eben gerade um die Hintereingänge ging. Spaß war für ihn der Staatsfeind Nummer 1.

Es gab einen Grund für seinen Zorn: Einer meiner Lehrer – ein großartiger, schwarzbärtiger Musikliebhaber namens Joe Falvey – hatte einen Freund, der ein Tonstudio in Cork besaß. Von Waterford, wo unsere Schule war, bis dorthin war es mit Auto eine ziemliche Strecke. Mein Freund Jeremy und ich hatten uns in Waterford als Straßenmusiker bereits einen Namen gemacht, deshalb fuhr Mr. Falvey uns ein paar Mal nach Cork, wo wir die ganze Nacht lang Aufnahmen machten, um uns anschließend wieder in die Schule zu schleichen. Und wir wurden alle erwischt.

Jeremy und ich hatten auch an den Wochenenden und nach dem Unterricht Straßenmusik gemacht. Wir hatten sogar Gigs in einem Pub. Wir konzentrierten uns also kein bisschen aufs Lernen. Es war uns völlig schnurz. Und Mr. Falvey ebenso. Aber der Direktor ließ sich das nicht bieten. Wir brachten die Schule in Rock'n'Roll-Verruf.

Eines Freitagmorgens, nachdem es mir mehrere Wochen über nicht gelungen war, von der Schule geworfen zu werden, wachte ich auf und mir fiel ein, dass der Unterricht mit einer Doppelstunde Hauswirtschaft anfangen sollte. Ich wollte keine Hausfrau sein. Was ich bisher davon gesehen hatte, hatte mir nicht gefallen. Ich hasste es zu kochen. Außerdem wollte ich mit mehr als nur einem Mann schlafen.

Ich bat meinen Freund Hugh mir zu helfen, in den Zug zu kommen, der an diesem Morgen nach Dublin fuhr. Ich kann mich nicht mehr erinnern, ob wir mit dem Auto fuhren oder wie wir sonst zum Bahnhof gekommen sind, aber er half mir beim Packen und setzte mich in den Zug.

Ich ging zu Colms. Bei Ton Ton Macoute war er der Älteste, aber er lebte bei seiner betagten Mutter. Ich kam ein paar Nächte lang bei ihm unter, und er gab mir ein bisschen Geld, damit ich mir ein Zimmer in Dolphin's Barn nehmen konnte – ein Viertel am Stadtrand von Dublin.

Ich wartete etwa eine Woche, bevor ich Kontakt zu meinem Vater aufnahm. Als es so weit war, trug er es mit Fassung. Er begriff, dass ich fest entschlossen war. Und ich hatte mich nicht nur einer Band angeschlossen, sondern mir auch einen Job besorgt. Er handhabte die Angelegenheit klug: Er gab mir jeden Monat zweihundert Pfund, was genau reichte, um meine Miete zu zahlen – und sonst nichts. Also konnte ich nicht einfach faul auf meinem Hintern rumsitzen, wenn ich für Lebensmittel und andere Ausgaben aufkommen wollte. Das wäre sowieso nicht mein Stil gewesen. Aber es war richtig clever von ihm.

Im Zimmer über mir wohnte ein Maurer, ein riesiger Kerl. Einmal musste ich mir zwanzig Pfund von ihm borgen. Als ich ihm das Geld nicht pünktlich zurückzahlen konnte, brach er in mein Zimmer ein, als ich gerade nicht da war, und klaute mein ganzes Zeug. Darunter auch eine Flöte, die ich von meiner Freundin Barbara bekommen hatte. Ich suchte mir eine neue Bleibe.

Wenn wir nicht gerade arbeiteten, probte die Band – täglich und den ganzen Tag lang. Und abends spielten wir auch, wenn es uns gelang, einen Pub-Auftritt oder einen Talentwettbewerb klarzumachen. Wir hatten einen Proberaum ganz oben in einem Gebäude in der Crown Alley, und mein Arbeitsplatz befand sich in derselben Straße. So viel Pizza, wie ich essen konnte. Und so viele Pizzabäcker, wie ich verführen konnte. Anschließend sang ich, so viel ich nur konnte.

Ich besorgte mir auch einen Job als »Singendes Telegramm«. Fünfundzwanzig Pfund zahlten irgendwelche Idioten, damit ich im Kostüm eines französischen Stubenmädchens vorbeikam, ein dummes Gedicht mit einem fürchterlichen französischen Akzent aufsagte und dem armen Kerl ein Spitzenunterhöschen über den Kopf stülpte. Und obwohl das Ganze als »Kissogramm« beworben wurde, gab es natürlich keinen Kuss dazu – schließlich waren wir immer noch in Irland.

Von den fünfundzwanzig Pfund durfte ich sechs behalten. Meine Freundin Barbara (von der ich die Flöte hatte, die mir später gestohlen wurde) war mit Steve Wickham verheiratet, der sowohl bei In Tua Nun als auch bei den Waterboys die Violine spielte. Irgendwann fragte sie mich, ob sie wohl auch als Singendes Telegramm arbeiten könne, da ihr ein bisschen langweilig sei. Sie war eine Amerikanerin aus Atlanta, daher war sie mutiger als ich; außerdem sah sie umwerfend aus, hatte ein aufgeschlossenes Wesen und blondes Haar. Der Typ, dem die Agentur (sie hieß Hot Lips) gehörte, nutzte das weidlich aus und ließ sie einen Bikini tragen, an dessen Oberteil und Höschen Luftballons geknotet waren, in die die Männer hineinbeißen konnten.

Ich war ein bisschen neidisch darauf. Aber dann durfte ich selbst ein Outfit tragen, das mein Lieblingskostüm wurde, nämlich »die ungezogene Nonne«: von vorne betrachtet eine komplette Ordenstracht, während meine Rückseite von der Hüfte an blank lag – abgesehen von Netzstrumpfhosen und Stöckelschuhen.

Es fühlte sich so falsch an, aber es fühlte sich auch so gut an.

Ich glaube, ich war das schlechteste Singende Telegramm aller Zeiten. Ich war sehr schüchtern. Und die Gedichte, die von dem Typen geschrieben wurden, dem die Firma gehörte, waren beschämend schlecht. Ich trug sie zitternd vor und machte mich aus dem Staub, kaum dass ich sie stockend aufgesagt hatte.

Besagter Typ hatte auch etwas für die Ladys im Angebot: Männer, die als Gorilla oder als Tarzan verkleidet kamen. Er wohnte in einem Haus, das früher mal ein von Priestern geleitetes Heim für Jungen war. Jetzt wohnten hier ein älterer Priester und mehrere junge Männer. Im Torbogen über der Eingangstür stand hinter Glas eine große Statue der Jungfrau Maria in blassblau-weißer Robe. Der Kerl hatte ein rotes Auto, auf dessen Dach er ein Paar riesiger roter Lippen installiert hatte. Einmal – möge der Herr uns gnädig sein – fuhren wir damit über den Friedhof in Deansgrange, er in einem Gorillakostüm, ich als französisches Stubenmädchen verkleidet, beide idiotisch kichernd, auf der Suche nach dem Grab meiner Mutter.

• • •

Das nächste Lied, das ich für Ensign als Demo aufnahm und das es auf mein erstes Album schaffte, war »Just Like U Said It Would B«. Steve Wickham wirkte bei der Aufnahme mit. Der Text war von einem gewissen Pfarrer inspiriert, der mir die Kunst und die Wirkung des Psalms 91 als Gebet erläutert hatte – ein sogenannter Trostpsalm, dem ich auch den Titel meines Albums entnommen habe.

Als Nächstes folgte »Never Get Old«, noch so ein Lied, das ich in der Schule geschrieben hatte; es handelte von einem sehr stillen Jungen, in den alle Mädchen heimlich verliebt waren. Er hatte einen Falken. Einmal nahm er mich mit raus aufs Feld, um ihn mir zu zeigen. Ich durfte seinen Lederhandschuh tragen und den Vogel mit kleinen Bröckchen rohen Fleisches füttern. Er war ein sehr gutherziger Junge mit einem sanften Wesen.

Auf Grundlage der Demos wurde mir ein Plattenvertrag angeboten, den ich am 5. August 1985 unterschrieb. Der Anwalt, zu dem Ensign mich geschickt hatte, flehte mich an, mir einen besseren Deal aushandeln zu dürfen. Aber ich wollte keine Risiken eingehen. Für mich war der Deal gut genug. Ich wollte einfach nur so schnell wie möglich raus aus Irland und finanziell unabhängig sein, und ich hatte nicht vor, noch länger dort zu bleiben und auf eine neue Gelegenheit zu warten. Der Vertrag, den ich unterschrieb, sicherte mir sieben Prozent aller Einnahmen aus meinen Plattenverkäufen zu, wovon ich so ziemlich alles bezahlen musste, was mit Aufnahmen, Werbung und Tourneen zu tun hatte.

Die Aufgabe des Anwalts war es, mir jede einzelne Vertragsklausel vorzulesen, um sicherzugehen, dass ich sie verstanden hatte. Aber ich war achtzehn

Jahre alt, und mit achtzehn sind Verträge so eine langweilige Angelegenheit. Kurz bevor mein Blick schließlich glasig wurde, erläuterte er mir allen Ernstes eine Klausel, die besagte, dass die Vertragsbestimmungen auch auf dem Mond Gültigkeit besitzen würden, so es irgendwann möglich sein würde, Platten auf dem Mond zu veröffentlichen. Er fragte mich, ob ich das verstanden habe, und ich dämmerte weg.

Danach herrschte in meinem Kopf Leere, abgesehen von der Vorstellung einer in trüben Schwarzweißbildern auf dem Mond wehenden amerikanischen Flagge. Die würde doch viel lieber nach Hause kommen und auf der Erde leben, dachte ich mir – in Farbe, Hamburger und Hotdogs essend –, als auf dem Mond zu stehen, wo man Platten hinschickte, die ihre Einsamkeit noch schlimmer machten, weil niemand da war, um der Flagge die Tränen zu trocknen, wenn sie die »Song to the Siren«-Coverversion von This Mortal Coil hörte.

Am Tag als ich Irland endgültig verließ – ein paar Wochen, bevor ich den Vertrag unterschrieb –, befand sich Pete Townshend in meinem Flieger. Damals hatten die Flugzeuge von Aer Lingus Vierersitzgruppen, in denen sich je zwei Sitze gegenüberstanden, wie man es sonst aus Zügen kennt. Er saß mir gegenüber. Entweder hatten The Who gerade ein Konzert in Irland gespielt, oder es hatte irgendeine riesige Veranstaltung gegeben, an der er teilgenommen hatte. Bevor ich in den Flieger stieg, hatte ich beschlossen, nicht zurückzublicken. Nicht einmal zum Fenster hinaus, wenn das Flugzeug abhob. Ich wertete Townshends Anwesenheit als Zeichen dafür, dass ich den richtigen Weg eingeschlagen hatte, und während wir in den Himmel hinaufstiegen, konzentrierte ich mich auf sein Gesicht. Ich hasste Dublin. Alles erinnerte mich an meine Mutter. Die Läden waren voll von Hüten, die sie geliebt hätte, die ich ihr aber nie mehr würde schenken können.

Wenn man in London-Heathrow den Flieger aus Irland verließ, waren da am Ende der Gangway jedes Mal zwei Männer vom Sicherheitsdienst; einer links, einer rechts, standen sie in ihren Anzügen hinter schwarzen Pulten bereit, kaum dass man die Gepäckausgabe betreten hatte. Sie holten immer nur Männer aus der Schlange, insbesondere Männer mit nicht getrimmten Bärten und langem Haar. Das lag daran, dass es in den frühen Achtzigerjahren eine Zeit gab, in der die Hungerstreikenden aus Nordirland sich die Haare wachsen ließen, genau wie jeder, der Mitglied der IRA, der Irisch-Republikanischen Armee war. Die Männer von der Gegenseite trugen niemals Bart, und sie hatten nur wenig Haar, weil sie immer rumschrien. Seit ich denken konnte, hatten diese Leute sich gegenseitig umgebracht. Die Nachrichten waren furchtbar; Feuer und Blut, Kinder und alte Menschen, die schreiend durch die Straßen liefen. Und Scheiße überall an den Wänden der Gefängnisse, und dürre hohläugige Männer, deren Särge so leicht waren, dass ein kleines Kind sie allein hätte tragen können. Bewaffnete Männer auf den Beerdigungen, und Männer, die dort aus ihren Autos gezerrt und getötet wurden. Und während all das vor sich ging, war Margaret Thatchers Haar immer perfekt frisiert.

In den etwa vier Wochen, bevor ich Irland verließ, war ich zweimal in London gewesen; zwischen diesen beiden Reisen war es einem gerissenen Accountant aus der Musikbranche gelungen, mich telefonisch in meiner Dubliner Einraumwohnung zu erreichen. Ich hatte noch nie von ihm gehört; ich wusste nicht einmal, was ein Accountant macht. »Ach«, sagte er, »Sie werden jemanden brauchen, der sich um ihr Geld kümmert, und ich hätte da auch den perfekten Manager für Sie. Fachtna Ó Ceallaigh. Er hat auch die Boomtown Rats gemanagt.«

Tatsächlich war ich Fachtna fünf Jahre zuvor begegnet, als ich dreizehn Jahre alt war. Und zwar im Foyer des Four Courts, Dublins wichtigstem Gerichtsgebäude. Das war zu der Zeit, als man die Boomtown Rats daran hindern wollte, live in der Stadt aufzutreten. An diesem Nachmittag fand eine Anhörung im Scheidungsprozess meiner Eltern statt – am selben Tag, an dem auch der Fall der Rats verhandelt wurde.

Mein Bruder Joseph entdeckte den Fan in sich, als er sah, wie Fachtna die Halle durchquerte und nach draußen lief, um eine Zigarette zu rauchen; er sprang auf, um ihn um ein Autogramm zu bitten. Mit einem Strahlen im Gesicht führte er Fachtna dann zu mir und sagte schlicht: »Das ist meine kleine Schwester.« Fachtna gab mir die Hand – daran erinnere ich mich noch, als wäre es gerade eine halbe Stunde her.

Ich traf mich zweimal mit dem Accountant, bevor ich Irland endlich hinter mir ließ, und während beider Treffen trieb er mich in den Wahnsinn, indem er mehrfach darauf beharrte, dass wir »wegen all dem« (die Details meines Plattenvertrages) mit meinem Vater »Rücksprache halten« sollten, bevor ich etwas unterschreiben würde. Dennoch mochte ich ihn außerordentlich; ich ertappte mich dabei, wie ich ihn mit zunehmend lauter werdender Stimme darauf hinwies, dass ich achtzehn Jahre alt sei und dass meine Angelegenheiten, recht herzlichen Dank, nicht mehr die Angelegenheiten meines Vaters seien; zwar sei ich eine Frau, erklärte ich ihm, doch würde das nicht bedeuten, dass ich die Details meines Vertrages nicht verstanden habe, als mein Anwalt sie mir erläuterte. Er hielt meine Empörung fälschlicherweise für Besorgnis darüber, dass mein Vater sich Sorgen um mich machen könnte. Tatsächlich aber hatte meine Oma mir mehrfach eingeschärft, dass eine Frau ihre finanziellen Verhältnisse vor allen männlichen Verwandten geheim halten müsse.

Als ich Fachtna Ó Ceallaighs das nächste Mal die Hand schüttelte, hatte ich mich gerade auf einen wackligen Stuhl in einem Café in der Marylebone High Street in London gesetzt. Während er mit der Spitze seines Messers das Gelbe aus seinem Ei schnitt, wies ich ihn darauf hin, dass wir uns schon einmal begegnet waren – woran er sich aber natürlich nicht erinnerte.

Als ich wieder in Dublin war, bekam ich eine Postkarte von ihm, auf die er in schöner, typisch irischer Handschrift geschrieben hatte, dass es ihn gefreut habe, mich kennenzulernen. Er sei überzeugt davon, dass ich mit meiner Musik Erfolg haben würde, und ich solle immer ich selbst sein, egal, was die Musikbranche aus mir machen wolle. Es war mir gar nicht in den Sinn gekommen, irgendwer anders zu sein, aber später erwies es sich als hilfreich, einen Erwachsenen zu haben, der sich für mich einsetzte, wenn ich mir zum Beispiel die Augenbrauen für ein Fotoshooting zupfen lassen sollte. Oder wenn ich das Oberteil vor der Kamera lieber anbehalten wollte, selbst dann, wenn ein gewisser europäischer Gentleman der Fotograf war. (Und das, nachdem ich zunächst in die Falle getappt war, das Oberteil auszuziehen, weil besagter Fotograf es wie eine Herausforderung hatte klingen lassen. »Würde es dir etwas *ausmachen*, das Oberteil auszuziehen?«, hatte er mich – eine Irin – gefragt. Ich hatte das Gefühl, ich müsste es tun; *und verflucht, was soll diese Frage?*)

Während meiner ersten Monate in London lebte ich im Haus meiner Tante Marien und lernte meine beiden Cousins kennen. Einer trug Mädchenklamotten und hatte langes rotgefärbtes Haar, war aber heterosexuell – der coolste Typ auf dem Planeten. Der zweite hatte kurzes blondgelocktes Haar und war der andere coolste Typ auf dem Planeten. Sie zogen mit mir durch die Clubs und durch die Läden in der King's Road, wo ich ein pfirsichfarbenes Lycra-Kleid kaufte. Im Garten ihrer Mutter schauten wir uns das

Live-Aid-Konzert an. Wir fuhren nach Clacton-on-Sea, wo wir ein Konzert von Doctor & The Medics besuchten; ich schlief ein, mit dem Kopf viel zu nahe an einem riesigen Lautsprecher. Mein Mädchenklamotten-Cousin ging mit mir nach Kensington Market und dort entdeckte ich eine Auswahl an Lackleder-Stöckelschuhen für Männer in Größe 46. Damit war England offiziell das großartigste Land der Welt.

Ich begegnete auch meinem ersten Lehrer – in einem spirituellen Sinn.

Seit ich achtzehn geworden war, konnte ich, wann immer ich mit Menschen zusammensaß, denen ich erst ein oder zweimal begegnet war, vor meinem geistigen Auge sehen, wie es bei ihnen zu Hause aussah. Ich konnte die Teppiche, die Wände, die Bilder an den Wänden, die kleinen Schmuckstücke auf dem Nachttisch, die Farben der Töpfe und Pfannen, die Stapel persönlicher Briefe, einfach alles sehen. Es war, als würde ich durch ihre Zimmer schweben.

Ich hatte den Drang, diese Leute zu fragen, ob das, was ich sah, zutreffend sei – und das war es jedes Mal. Als ich Chris Hill und Nigel Grainge das erste Mal traf, beschrieb ich ihnen die ehemaligen Büroräume von Ensign Records, in die ich nie auch nur einen Fuß gesetzt hatte. Ich dachte mir nichts dabei, diese Dinge sehen zu können; es schien mir selbstverständlich. Aber die Leute betrachteten mich, als hätten sie das Gefühl, ich hätte ihnen etwas Wichtiges mitzuteilen, doch das hatte ich nicht und ich wurde es leid, sie enttäuschen zu müssen. Ich wollte unbedingt herausfinden, warum mir das passierte, damit ich es beenden konnte.

Meine Tante Marien und ihre Schwestern interessierten sich für übersinnliche Lehren. Ich erzählte ihr von der Sache, und sie machte mich mit einem ihrer Freunde bekannt, einem siebenundvierzig Jahre alten Pfarrer der Baptistenkirche in Greenwich, der auch als Medium arbeitete und Menschen in Medialität unterrichtete. Ich erklärte ihm, dass ich lernen wollte zu unterbinden, was immer mich ohne Erlaubnis in die Köpfe anderer Leute blicken ließ.

Es passierte allerdings, weil diese Leute nicht in sich selbst waren.

Der erste Schritt meines Trainings bestand darin, jeden Tag den Psalm 91 aufzusagen.

Wer im Schutz des Höchsten wohnt
und ruht im Schatten des Allmächtigen,
der sagt zum Herrn: »Du bist für mich Zuflucht und Burg,

mein Gott, dem ich vertraue.«
Er rettet dich aus der Schlinge des Jägers
und aus allem Verderben.
Er beschirmt dich mit seinen Flügeln,
unter seinen Schwingen findest du Zuflucht,
Schild und Schutz ist dir seine Treue.
Du brauchst dich weder vor dem Schrecken der Nacht zu fürchten
noch vor dem Pfeil, der am Tag dahinfliegt,
nicht vor der Pest, die im Finstern schleicht,
vor der Seuche, die wütet am Mittag.
Fallen auch tausend zu deiner Seite,
dir zur Rechten zehnmal tausend,
so wird es doch dich nicht treffen.
Ja, du wirst es sehen mit eigenen Augen,
wirst zuschauen, wie den Frevlern vergolten wird.
Denn der Herr ist deine Zuflucht,
du hast dir den Höchsten als Schutz erwählt.
Dir begegnet kein Unheil, kein Unglück naht deinem Zelt.
Denn er befiehlt seinen Engeln,
dich zu behüten auf all deinen Wegen.
Sie tragen dich auf ihren Händen,
damit dein Fuß nicht an einen Stein stößt;
du schreitest über Löwen und Nattern,
trittst auf Löwen und Drachen.
»Weil er an mir hängt, will ich ihn retten;
ich will ihn schützen, denn er kennt meinen Namen.
Wenn er mich anruft, dann will ich ihn erhören.
Ich bin bei ihm in der Not,
befreie ihn und bringe ihn zu Ehren.
Ich sättige ihn mit langem Leben
und lasse ihn schauen mein Heil.«

Als ich eines Abends allein in meinem Zimmer saß, sah ich in der Glasvitrine die Spiegelung einer Person, die eine schwarze, mit zwei goldenen Bändern gesäumte Kapuze trug. Dann fingen die Lampen an zu flackern und ich rannte in panischer Angst hinaus. Der Pfarrer sagte, ich hätte im Raum bleiben sollen, weil mir jemand eine Botschaft habe überbringen wollen. Ich verneinte und sagte, dass es mir lieber sei, keine Botschaften von irgendwelchen Kapuzenträgern zu erhalten.

Kaum dass ich offiziell nach London gezogen war und nicht mehr im Haus meiner Tante wohnte, beteuerte der Pfarrer seine unsterbliche Liebe für mich; wir hatten eine Art Affäre miteinander. Als meine Tante das herausfand, war sie nicht gerade begeistert, nicht nur, weil der Pfarrer verheiratet war, sondern auch, weil sie wohl selbst etwas für ihn übrighatte. Sie war stinksauer. Sie ist tatsächlich nie darüber hinweggekommen. Als ich Jahre später mit einem der Väter meiner Söhne zu einem Familientreffen ging, funkelte sie mich über die Tanzfläche hinweg böse an. Während sie erst auf ihn und dann auf ihre Brust zeigte, formten ihre Lippen die Worte: *Er wird mir gehören, er wird mir gehören.*

Der Pfarrer hatte mich (da ich jung und eine Idiotin war) davon überzeugt, dass seine Frau ihn nicht verstehe. Dass ich seine wahre Liebe sei und all dieser Kram. Nach einer Weile begriff ich, dass er mich für dumm verkaufte, um mich ins Bett zu kriegen. Ich saß allein zu Hause rum und wartete darauf, ihn einmal in der Woche für eine Stunde sehen zu können. Ich ging mit niemandem sonst aus und machte einen kompletten Trottel aus mir, indem ich all meine Liebe für ihn aufsparte, als wäre ich die verdammte Whitney Houston. Aber bald darauf verlor auch ich jedes verfluchte Verständnis für ihn.

Eines Abends kam der Pfarrer in meine Wohnung in Lewisham, die ich angemietet hatte, nachdem ich bei meiner Tante ausgezogen war. Er hatte einen schäbigen alten Staubsauger dabei, den seine Frau nicht mehr haben wollte. Er dachte, dass ich mich vielleicht darüber freuen würde. Er hatte die Frechheit, ihr zu sagen, dass er jemanden kenne, der das Teil noch nehmen würde.

Als ich später auf meinem Balkon im sechsten Stock stand und ihn zu seinem Auto laufen sah, dachte ich darüber nach, ihm den Staubsauger auf den Kopf zu werfen.

Ich kaufte mir einen kleinen gelben Fiat Bambino. Damals durfte man in England mit einem provisorischen Führerschein fahren. Ich hatte in meinem ganzen Leben keine einzige Fahrstunde genommen. Eines Nachts war ich richtig spät mit dem Auto unterwegs und hatte einen Unfall. Ich rief den Pfarrer an und sagte: »Ich bin verletzt, ich hatte einen Autounfall, kannst du kommen und mich holen?« Er sagte nein, das würde er nicht tun, weil er nicht wolle, dass jemand uns zusammen sehe. Ich habe ihn nie wieder kontaktiert.

Jemand war ungebremst in die Fahrerseite meines Autos geknallt. Ich hatte mich tatsächlich schlimm verletzt. Ein ausgerenktes Becken. Bis heute muss ich es mir ab und an wieder einrenken lassen. Die rechte Seite lässt sich nicht so bewegen, wie es sein sollte. Ich habe einen komischen Gang. Ich lauf durch die Welt wie Charlie Chaplin. So bin ich früher nicht gelaufen.

Ankommen

In London leben etwa acht Millionen Menschen. Das sind doppelt so viele wie in ganz Irland. Ich finde das ein bisschen beängstigend, aus demselben Grund, aus dem auch die Unendlichkeit beängstigend ist. Es ist einfach zu groß. Die Themse ist hundertmal so breit wie die Liffey.

Am Himmel sind Tag und Nacht die Lichter von Flugzeugen zu sehen. Immerzu kommen Flugzeuge aus aller Welt an. Über Irland sieht man nur Flugzeuge, die auf den Weg irgendwo andershin sind. Es sei denn, es sind irische Flugzeuge, in denen irische Menschen sitzen, die sich ins Land oder hinausfliegen lassen, für Summen, die höher werden, wenn es auf Weihnachten zugeht, also genau dann, wenn jeder, der intelligent genug war zu gehen, zurückkehren muss, um kein schlechter Sohn oder keine schlechte Tochter zu sein.

Ich hasse Weihnachten. Ich spüre da einen Schmerz in meiner Seele, als hätte mir jemand einen Baum durch die Brust getrieben.

Abgesehen von meinen Cousins und meiner Tante sind Chris und Nigel von Ensign Records und mein Manager Fachtna die einzigen Menschen, die ich in London kenne.

Ich verbringe relativ viel Zeit bei Chris zu Hause. Er ist wirklich lieb und sehr nett zu mir. Er kümmert sich viel um mich. Ich vermute, dass er ein bisschen verliebt in mich ist, aber er hat eine wundervolle Ehefrau, der er nie untreu sein würde.

Nigel hat mir zwei Kassetten mit Songs von Van Morrison gegeben. Ich habe ihn nie zuvor gehört. Er klingt wie einer von diesen tibetischen Mönchen, die ihre Stimme zu Heilungszwecken einsetzen. Ich lasse mich von ihm aufsaugen und lande in einer Art Universität hinter dem Schleier meines Bewusstseins. Es geht mir nicht um seine Worte; es geht darum, was er mit ihrem Klang macht. Er hat mich an den Ort gebracht, an dem ich lernen soll. Ich sehe wunderschöne Steingebäude, goldene Pfeiler.

Meine Wohnung hat ein Wohnzimmer, das in der Vorderseite des Gebäudes liegt und auf die Hither Green Lane blickt. Daneben ein kleines Schlafzimmer und eine kleine Küche. Ich wohne über einem indischen Lebensmittelgeschäft. Die Leute dort sind nett zu mir; ich war mit ihrem schlanken Sohn befreundet, der in meinem Alter war und sich für Musik begeisterte. Wir waren nicht verknallt ineinander oder so, es war einfach nur eine Freundschaft. Wir saßen rum und quatschten. Ich hatte einen Plattenspieler, er hatte keinen. Er konnte eine Zigarette rauchen, ohne den Zorn seiner Eltern auf sich zu ziehen.

Er war ein sehr sensibler Bursche. Irgendwann beschloss sein Vater, dass er zäher werden müsse, und er zwang ihn, sich den Fallschirmjägern anzuschließen. Der Ärmste kam panisch und mit Entsetzen in den Augen meine Treppen hochgerannt und fragte mich: »Was mache ich denn jetzt?« Es gab nichts, was wir hätten tun können. Sein Vater hatte ihn überrumpelt, er sollte schon am nächsten Tag abreisen.

Etwa zwei Wochen später hörte ich nachts jemanden an meiner Tür klingeln. Ich ging nachsehen, wer es war, und da stand er vor mir. Er war weggelaufen. Seine Tapferkeit erfüllte mich mit Stolz. Der Schock stand ihm ins Gesicht geschrieben. Nicht nur wegen dem, was er in den letzten vierzehn Tagen erlebt hatte – sie hatten ihn angebrüllt, mit Push-ups gequält, all das, was man so aus dem Fernsehen kennt –, sondern auch, weil er sich seinem Vater widersetzte.

Er hatte Angst, nach Hause zu gehen, also blieb er etwa eine Woche lang bei mir und schlief auf dem Sofa, während ich täglich nach unten ging, um unser Essen zu kaufen. Ich plauderte mit seinen Eltern und achtete darauf, ihren Sohn nicht zu erwähnen (und sie erwähnten ihn auch nie), dann ging ich wieder nach oben. Nachdem er gegangen war und sich »auf der Flucht« befand, habe ich nie wieder von ihm gehört. Ich wohnte danach nicht mehr lange in der Hither Green Lane.

Ich bin einsam, aber ich schreibe Lieder für mein erstes Album, und Lieder sind die Arbeit der Einsamen; Lieder sind Geister. Wenn mein Album erscheint, werde ich zu einer umherreisenden »Geisterlieferantin« werden. Ein Leben voller Abschiede wartet auf mich. Ich darf kein Problem damit haben.

Ich habe ein Lied namens »Troy« geschrieben, das von meiner Mutter und dem Pfarrer handelt. Bei Chris zu Hause habe ich das Demo eingesungen. Ich bat ihn, draußen vor der Tür zu warten. Als ich ihn wieder rein ließ, war er sichtlich aufgewühlt. Er sagte, so etwas habe er noch nie gehört, zumal nicht mit dieser Stimmkraft. Ich musste es ihm wieder und wieder vorspielen.

Wenn es sonntags leer ist, laufe ich manchmal durch die Fleet Street, weil ich insgeheim für Zeitungen schreiben möchte. Nicht über die Nachrichten, nicht mal über Musik, sondern über Gedichte und Theaterstücke. Ich frage mich, ob man mich nehmen würde. Aber ich habe nie irgendwelche Prüfungen abgelegt.

Außerdem besuche ich die öffentlichen Vorlesungen der Spirituellen Gesellschaft, um zu sehen, wie die unterschiedlichen Medien arbeiten.

Ich erinnere mich lebhaft daran, wie ich vor einer roten Telefonzelle in einen Streit mit einem Skinhead geriet. In der Zelle stand eine ostasiatische Frau, aus der eine Million Wörter in einer exotisch anmutenden Sprache heraussprudelten; sie sprach, so schnell sie konnte, weil sie nur wenige Münzen hatte. Der Skinhead schrie sie an, sie solle sich beeilen, hämmerte plötzlich gegen die Tür der Telefonzelle, obwohl ich mich vor ihm angestellt hatte. Ich sagte ihm, er solle sie in Ruhe lassen. Ihm entging nicht, dass ich Irin war, und er blökte: »Londoner Telefonzellen sind für Londoner da.« Ich antwortete: »Tja, wenn ihr uns in unseren eigenen Ländern irgendwas gelassen hättet, dann müssten wir auch nicht eure versifften und mit Nutten-Aufklebern zugepflasterten Telefonzellen nutzen, also halt dein dämliches Maul.« Drei seiner Freunde standen mit uns in der Schlange, und ich glaube, er hätte mir das Gesicht zertrümmert, wenn sie nicht angefangen hätten zu lachen, weil er sich von einem Mädchen den Schneid hatte abkaufen lassen, und Gott sei Dank musste er deshalb so tun, als fände er die ganze Sache auch ein wenig lustig – wenn auch nur, um seinen Stolz zu wahren. Ich konnte meinen Anruf erledigen, und als ich fertig war, schüttelten sie alle meine Hand und traten dann einen Schritt zurück, um mir Platz zu machen, als wäre ich Bischof John McQuaid aus Dublin, der zu Weihnachten mit kaiserlichem Gebaren die Grafton Street entlangstolziert.

Eine oder zwei Lektionen

Ich verbringe viel Zeit mit Fachtna. Er hat ein ganzes Zimmer voller Plattenregale. Er hat mehr Schallplatten als irgendwer sonst, den ich kenne. Er kauft alle Platten aus den jamaikanischen Charts bei Dub Vendor in Ladbroke Grove. Er sagt, dass er sie alle mitnehme, jedes Mal, wenn er umziehe. Vermutlich hat er deswegen keine Frau oder Freundin – wo sollte die denn jemals ihre Sachen unterkriegen?

Er hat mir etliche Reggae-Singles vorgespielt, die im letzten Jahr erschienen sind. Ich liebe diesen einen Song von Barrington Levy, »Here I Come«, in dem es um einen Typen geht, dessen Kindsmutter das gemeinsame Baby bei ihm lässt, weil sie sich nicht binden möchte. Eine traurige Nummer, aber gleichzeitig möchte man in die Luft springen wegen der Art, wie er seine Stimme einsetzt. Wenn sie sagt, dass sie das Kind nicht möchte, dann nutzt er keine Worte. Es ist ein Aufschrei, ein »Shuddly-waddlly-boop-diddly-diddly, w'oh, oh, oh!«, das die Abermillionen Gedanken und Gefühle, die ein Mann in diesen paar Sekunden haben würde, besser zusammenfasst, als selbst Oscar Wilde es gekonnt hätte.

Ich bin verrückt nach der Musik, die Fachtna mir vorspielt. Die einzigen Reggae-Nummern, die ich vorher kannte, waren »Israelites«, »54-46« und »Uptown Town Ranking«. Aber er hat mir einen Typen namens Prince Buster vorgespielt. Ein witziger Song, der »Judge Dread« heißt. Das Ganze ist ein irres Gerichtssaal-Szenario; der Richter verurteilt jeden zu vierhundert Jahren Gefängnis. Und dann sind da noch diese lieblichen, aber absolut bedrohlichen Background-Stimmen, unterlegt mit den immer gleichen vier Trompetentönen und Schlagzeug. Und der Bass und das Keyboard spielen ausschließlich die Akkorde.

Fachtna stellte mir seinen Freund Leroy vor, der auch Lepke genannt wird. Er hat einen Piratensender, der Dread Broadcasting Company heißt (die DBC), und er betreibt einen Stand in der Portobello Road, wo er Reggae-Platten verkauft.

Auf der Portobello ist an den Samstagen und Sonntagen Markt. Eine riesige Touristenattraktion, die Menschen aus jedem Land der Erde anzuziehen scheint. Wenn die samstags bei ihm vorbeischlendern, dann lässt Leroy aus den zwei riesigen Lautsprechern vor seinem Stand seine Platten dröhnen. In Jamaika drehen sie die Platten blitzschnell zurück und lassen den Song dann erneut anlaufen, wenn er richtig gut ist. Die jungen Menschen, die vorbeilaufen, rufen »Dreh ab!«, wenn Leroy das macht. Dann laufen sie einfach weiter. Ich liebe es.

Auf dem Gehweg vor der Bude hat Leroy ein Mikrofon aufgebaut. In Jamaika machen sie diese geniale Sache – sie veröffentlichen die Musik zu den Songs ohne den Gesang, damit die Leute selbst mitsingen können. Wenn man also von einer Nummer mit Gesang die Single kauft, dann bekommt man dazu auch gleich die sogenannte »Riddim«-Version. Es ist ein bisschen wie Karaoke, aber jamaikanische Sänger schreiben für ein und denselben Riddim sogar unterschiedliche Texte und Gesangsmelodien, und alle landen damit einen Hit.

Als ich Leroys Stand das erste Mal besuchte, spielte er am späten Nachmittag ein oder zwei Riddims. Mehrere junge Männer, deren langes Haar zu Zöpfen geflochten war, kamen aus unterschiedlichen Richtungen zu uns rüber spaziert und fingen an, nonchalant durch die Platten und T-Shirts zu stöbern. Aber schon bald konnte man bemerken, wie sie sich zentimeterweise in Richtung seines Mikrofons bewegten, wo sie schließlich stehenblieben, vor Schüchternheit und Aufregung mit den Fußspitzen über den Boden scharrten, die Blicke abwechselnd auf das Straßenpflaster, das Mikro und die umstehende Konkurrenz gerichtet. Da wurden Hände gewrungen, es wurde sich hin und her gewogen und auf die Unterlippe gebissen.

Mit jedem jungen Mann, der ans Mikro trat, schienen sich ältere Männer mit den gleichen Flechtfrisuren zusammenzufinden; Männer, deren Tanz darin bestand, dass sie einfach nur vor- und zurücktraten und ab und an eine Hand in die Luft hoben, als wollten sie jemanden vor etwas warnen. Ich lehnte immer an der hinteren Budenwand, aber wegen ihres Akzents konnte ich nicht verstehen, was die jungen Typen sangen. Nur vier Wörter konnte ich erkennen, weil sie jedes Mal, wenn sie im Song vorkamen, laut ausgerufen wurden. Das waren die Wörter *burn*, *pope*, *Babylon* und *blood*. (Außerdem bin ich mir ziemlich sicher, dass ich gehört habe, wie *fire* auf *liar* gereimt wurde.)

Als mir auffiel, dass die Arme der alten Typen nach oben gingen, wann immer eben diese vier Wörter fielen, wurde ich neugierig. Ich schlenderte um den Stand herum und hielt im hinteren Teil der Menge Ausschau nach jemandem, den ich ansprechen konnte. Die Stimmen am Mikrofon wechselten immerzu, während der Riddim derselbe blieb. Ein etwas dicklicher alter Typ auf einem Fahrrad lehnte an der Wand eines Pubs und zündete sich einen sehr kurzen Joint an, den er mit einer Pinzette hielt. Sein weißes Haar war so lang, dass er es sich wie einen Hut um den Kopf gewickelt hatte, aber es war immer noch genug übrig, sodass es hinten über sein blaues Hemd fiel.

Ich lehnte mich zu ihm hinüber und sagte über die Musik hinweg: »Kann ich dich was fragen, bitte?«

Er versteckte den Joint hinter seinem Rücken und sagte: »Was, wenn ich nich' haanworrn möch'?«

»Was?«, fragte ich.

»Ich möch' vielleicht nich' haanworrn«, sagte er.

»Wovon redest du?«, fragte ich. »Ich will nicht mit dir tanzen oder so.«

Er sagte: »Deine F'age. Ich möch' vielleicht nich' drauf haanworrn.«

Es dauerte ewig, bis ich begriff.

»Was ist Babylon?«, fragte ich.

Er lachte.

»Warum lachst du?«, fragte ich.

Er lachte wieder.

Ich sagte: »Warum sagen die, ›Babylon soll brennen‹? Und warum sagen sie, dass der Papst brennen soll? Und warum tanzen diese alten Typen so, warum fuchteln die mit den Fingern in der Luft rum?«

Er warf den Kopf in den Nacken und verschluckte sich fast vor Lachen.

»Wo komm'su her?«, fragte er.

»Irland«, sagte ich.

»Hmm«, sagte er und starrte mich mehrere Sekunden lang durch die Gläser seiner Sonnenbrille an. Schließlich sagte er: »Gehör' das Henglann?«

»Was?«, fragte ich.

»Ob h-Irland den h-Englännern g'ört?«

»Nein«, sagte ich. (Es hätte zu lange gedauert, das auszuführen.)

»Na, dann«, sagte er, »Gott g'ört h-auch niemam'n.«

Er hielt kurz inne, sah mich an.

»Was brinn' die eusch in h-Irland inna Kirsch' bei? Zeih'n die eusch die Off'mbaahunn'?«

»Was?«, fragte ich.

Er sagte: »Die Katt'liken, de' Pabst un' so, des sin' kein' Chrissen. Darum ham' sie eusch nich' info'mieht, dass Gott kommt. Pabst is' de Teufel, un' sein Offizium is' de Offizium vonne Teufel. Hassu ein Bibel, Kind?«, fragte er.

»Ja, ich hab' mehrere.«

»Na, dann lies die Prophet' und die Off'mbaahung, un' hör dir Rasta-Musik an, dein Leben lan-g. Babylon is' de Gahten vonne Teufel. Es wird brenn'n, weil die Off'mbaahunn' sagt, es muss brenn'n.«

Mit diesen Worten stieg er von seinem Fahrrad und schob es langsam in Richtung Westbourne Grove, in den Sonnenuntergang hinein. Ich wartete einen Moment, um sicherzugehen, dass er sich nicht noch mal umdrehte, und dann folgte ich ihm.

Die Straße, auf die er rechts abbog, hieß All Saints. Es gab dort ein Wettbüro, einen Plattenladen und ein Take-away-Lokal, vor dem mehrere andere alte Männer mit Löwenmähnen herumstanden und sich mit jamaikanischem Akzent unterhielten.

Ich blieb auf einer Türschwelle nicht weit von ihnen stehen und hörte mir an, wie sie die Wörter gebrauchten. Es war wunderschön. So hatte ich noch niemanden Englisch sprechen hören. Und das waren keine gewöhnlichen alten Männer; sie sprachen nicht über Fußball oder Politik. Sie redeten wie Priester. Der langhaarige Mann aus dem Plattenladen spielte Reggae-Songs, richtig laut, die Texte voller Bibelverse, die im Lichtschein der Tür lautstark zitiert und leidenschaftlich diskutiert wurden.

Ich gehe in den Plattenladen und frage den alten Mann, auf welche Bibelstelle sich dieses oder jenes Lied bezieht, das er gespielt hat. Überall, wo ich hingehe, trage ich ein Notizbuch bei mir. Ich schreibe auf, was er mir sagt, dann gehe ich nach Hause und lese die entsprechenden Stellen. Ich glaube, er findet mich amüsant. Er lächelt mich so nett an; sein Gesicht ist wie eine große leuchtende Sonne. Er fragt mich: »Was is' es denn heut', kleine Tochter?«

Jedes Mal, wenn ich mit den alten Männern rede, nennen sie mich »kleine Tochter«. Wenn Männer dabei sind, die etwas jünger sind, nennen sie mich

»kleine Schwester«. Sie sind wirklich nett zu mir. Sie machen sich nie über mich lustig. Sie passen richtig gut auf mich auf. Sie fragen mich, ob ich was gegessen habe, und wenn ich nein sage, dann geben sie mir jamaikanische Teigtaschen. Sie stören sich nie daran, dass ich einfach nur neben ihnen rumhänge und nicht sonderlich viel sage.

Inflammable Material

Ich gucke mir immer noch auf Bildern in Büchern ab, wie man Akkorde spielt. Ich stecke einfach ein Kapodaster auf meine Gitarre, und es ändert die Tonart der paar Akkordsequenzen, die ich kenne. Ich spiele so wenig Akkorde wie möglich und nichts, was »schick« ist. Ich kann keine Barré-Akkorde und ich kann nur auf Flüsterlautstärke spielen. Auf meinen Demos nehme ich für die Gitarren zwei Spuren. Ich habe ein Vierspurtonbandgerät; es funktioniert wie ein Kassettenrekorder, an den man eine Gitarre und ein Mikro anschließen kann. Ich habe auch einen leuchtend roten Mikrofonständer und ein schwarzes Kabelmikro.

Ich habe zwei Gitarren, eine zwölf- und eine sechssaitige, beide von Takamine. Ein Keyboard habe ich auch. Dieses ganze Equipment und ein paar andere Ausstattungssachen wurden mir als Teil meines Plattendeals von Ensign bezahlt. Ich habe alles in meinem Wohnzimmer in der Hither Green Lane aufgebaut, aber das Aufnahmegerät ist so klein, dass ich es mitnehmen kann, wenn ich unterwegs bin.

Ich spiele leise auf der einen Gitarre und nehme die erste Spur auf, während ich in meinem Kopf den Text singe. Dann spiele ich diese Aufnahme ab und nehme dazu leise die zweite Gitarrenspur auf, die ich mit der anderen Gitarre spiele, sodass am Ende zwei Gitarren zu hören sind und es nichts ausmacht, dass ich so leise spiele. Wenn ich laut spielen muss, hilft diese Aufnahmetechnik auch, weil die übereinandergelegten Gitarrenspuren verschleiern, wie schrecklich ich spiele. Man kann den Pegel der Gitarren und der Stimme selbst hoch- und runterdrehen und die einzelnen Spuren mit einem Hall-Effekt ausglätten, wenn man das Tape final abmischt.

Die fertigen Kassetten bringe ich bei Ensign vorbei und lasse sie Nigel und Chris mit Kopfhörern anhören. Sie sind der Meinung, dass ich genug

Songs beisammen habe, um mir eine Band zusammenzustellen, damit ich proben kann. Dann würde ich, wenn es an der Zeit ist, in der Lage sein, richtige Aufnahmen zu machen. Sie wollen, dass ich mich daran gewöhne, meine eigenen Lieder zu singen, und sie wollen auch, dass ich gemeinsam mit anderen Leuten Lieder schreibe. Darüber bin ich froh, denn am liebsten ist es mir, wenn jemand anders die Musik schreibt, weil meine Fähigkeiten auf diesem Gebiet so begrenzt sind.

Nigel reichte mir ein Stück Papier über den Tisch des griechischen Restaurants in der Nähe des Ensign-Büros und sagte: »Ali McMordie von den Stiff Little Fingers wohnt in Putney; ich möchte, dass du da Donnerstagmorgen um zehn Uhr hingehst.« Jesses. Ich wurde beinahe ohnmächtig, denn ich liebe die Stiff Little Fingers. »Du wirst dich mit Ali, der den Bass spielt, und einem befreundeten Schlagzeuger namens John Reynolds treffen. Du kannst mit den beiden ein paar Songs schreiben.«

Ich ging am Donnerstag zu der Adresse, die man mir gegeben hatte. Als ich die Straße auf der Suche nach dem richtigen Eingang überquerte, sah ich einen Mann, der gerade einen schwarzen BMW geparkt hatte und ihn nun abschloss. Er hatte lockiges Haar und trug eine graue Weste, auf der in grünen Buchstaben MIKEY DREAD stand. In einer Hand hielt er zwei Trommelstöcke. »Bist du Sinéad?«, fragte er mich in dem Moment, in dem ich fragte: »Bist du John?«

Ali hatte einen weißen Gipsabdruck vom Arsch seiner Freundin auf der Küchenanrichte stehen. Er führte mich und John in sein Wohnzimmer, damit wir uns meine Songs anhören konnten. »Troy« gefiel ihnen richtig gut. Sie fragten mich, was für Songs ich mit ihnen schreiben wolle. Ich glaube, ich habe einfach geantwortet: »Nichts Braves.«

Zur Mittagszeit gingen John und ich in ein Café. Während wir uns unterhielten, fing ich an, Bilder von einem Schlafzimmer vor mir zu sehen.

Wie erwähnt sehe ich manchmal die Einrichtung anderer Leute vor meinem geistigen Auge. Ich mache das nicht absichtlich. Es passiert einfach. Und es gibt keine große tiefgründige oder bedeutsame Begründung dafür.

Neben dem Bett ein kleiner Tisch mit zarten Ornamenten darauf. Spitzengardinen und Lavendel, auf einem Regalbrett ein Stapel Briefe. Die dunklen Vorhänge zugezogen.

Die Bilder waren so eindringlich, dass ich John den Raum beschrieb und ihn fragte, ob er ihn erkenne. Er sagte, es sei das Zimmer seiner Schwester

Audrey. Und dass sie im Sterben läge. Er war verzweifelt. Sie litt große Schmerzen.

Er kümmerte sich um sie, weit außerhalb von London, aber für seine Arbeit fuhr er jeden Tag in die Stadt, um nicht den Verstand zu verlieren.

Mit seinen dichten schwarzen Locken und den großen blauen Augen sah John wie ein Kind aus. Aber sein Körper war der eines Riesen, und er hatte Hände wie große Schaufeln. Er wechselte das Thema. Fing an, versaute Witze zu erzählen. Ich war noch nie jemandem begegnet, der so oft das Wort »F*t-ze« verwendete. Ich hatte so ein Gefühl, dass dieser Mensch mich ein Leben lang begleiten würde.

Kopfrasur

Nigel ist ein Langweiler vor dem Herrn, wie es jeder sein muss, der auf den Namen Nigel hört. Er und Chris haben mich vor ein paar Tagen eingeladen, bei Ensign vorbeizukommen. Wir aßen Lunch im »Khan's« und mittendrin verkündete Nigel, dass ich doch bitte anfangen möge, mein Haar wachsen zu lassen und mich wie ein Mädchen anzuziehen. Ich hatte mir erst kürzlich einen (sehr kurzen) Iro geschnitten, den er nicht guthieß. Er sagte, dass Chris und er mich gerne in kurzen Röcken und Stiefeln sehen würden, und dass ein paar feminine Accessoires schön seien, Ohrringe, Ketten und Armreifen zum Beispiel, und andere klirrende Gegenstände, die man unmöglich in der Nähe eines Mikrofons tragen konnte.

Als er seine Ansprache beendet hatte, sagte ich zu Chris, der jedes Wort von Nigel mit einem stummen Nicken quittiert hatte: »Also, nur damit wir uns nicht falsch verstehen: Er will, dass ich aussehe wie deine Geliebte und die Mieze, für die er seine Frau verlassen hat?« Schweigen, als ich aufstand und mir meinen Schlüssel und meine Zigaretten griff. Der Ausdruck in Chris' Gesicht war wunderbar. Seine großen Augen konnten nicht verhehlen, wie sehr er meine Beobachtungsgabe und auch mein schadenfrohes Amüsement über die Situation bewunderte.

Als ich Fachtna von dem Gespräch erzählte, sagte er: »Du solltest dir den verdammten Schädel rasieren.« Ich ging am nächsten Tag zum Friseur. Ein griechischer Laden neben einem Badehaus, nicht weit von Ensign, denn so konnte ich bei ihnen aufschlagen, sobald die Sache erledigt war. Ich hatte angekündigt, dass ich vorbeischauen würde – unter dem Vorwand, dass ich bei Doreen, der reizenden Sekretärin, die eine vernünftige ältere blonde Dame war, ein paar Belege abgeben wolle.

Der Mann, der an diesem Tag den Friseursalon führte, war vielleicht sechsundzwanzig Jahre alt. Ich war neunzehn. Er war eindeutig ein Grieche, war ein klein bisschen füllig, hatte kurzes schwarzes Haar und einen dunklen Bartschatten. Offensichtlich hatte man ihm die Verantwortung für den ganzen Laden übertragen, und obwohl er außer mir keine Kunden zu bedienen hatte, wirkte er ein wenig überfordert.

Ich ließ mich auf seinen roten Lederstuhl fallen und verkündete: »Ich will wie ein Junge aussehen.« Als ihm klar wurde, was genau ich damit gemeint hatte – da ich kein Griechisch sprach, hatte ich mich mit einer Reihe von Handgesten verständlich gemacht, die ihn zunächst vielleicht verwirrten –, rannte er zum Telefon an der Wand, vielleicht um den Besitzer des Ladens anzurufen. Tränen stiegen ihm in die Augen.

Am anderen Ende der Leitung ging niemand ans Telefon. Er war ganz auf sich allein gestellt.

»Bitte, nicht mich zwingen, das zu tun! Bitte!«, flehte er mit starkem Akzent, und beide Male dehnte er das »Bitte« ewig. Er legte den Telefonhörer auf die Gabel und lief auf mich zu, die Hände wie zum Gebet gefaltet, seine Stimme so sanft, als hätte er mich selbst geboren: »Ihr schöööenes Haar!«

Als er endlich wieder an meinem Stuhl stand, die Entschlossenheit in meinen Augen sah und begriff, dass ich mich nicht würde überzeugen lassen, stand ihm ein schauriges Entsetzen ins Gesicht geschrieben. Instinktiv griff seine Hand schützend nach seiner Kehle.

Er holte besonders scharf Luft. »Was wird Vater sagen?« Und dann, ausatmend: »Was wird Bruder sagen?« Dann holte er noch einmal scharf Luft und hielt entsetzt inne. Und dann: »Oh mein Gott! Was wird Freund von dir sagen? Oh mein Gott!« Dabei riss er die Augen vor Entsetzen so weit auf, dass ich Angst hatte, sie würden hinausfallen.

Da er kaum Irisch sprach, machte er mir mit weiteren Gesten klar, dass er wirklich nicht riskieren wolle, dass irgendwelche Männer aus meiner Verwandtschaft ihm einen Besuch abstatten und ihn zusammenschlagen. Ich versicherte ihm, dass das niemand tun würde, auch wenn ich an diesem Punkt bereits geneigt war, ihm selbst ein paar Schläge zu verpassen.

Nachdem ich ihn davon überzeugt hatte, dass, obwohl ich eine Frau bin, nur ich und sonst niemand für mein Schicksal verantwortlich sei, und ihm erklärt hatte, dass mein Vater in Irland sei (was ich ihm vermittelte, indem ich mit ausgebreiteten Armen wie ein Flugzeug durch den Laden lief und sagte:

»*Irelandais! Papa est en Irelandais!*«), willigte er schließlich ein. Aber während der ganzen Prozedur machte er unmissverständlich klar, was seine Meinung dazu war. »Ist nicht richtig für ein Mädchen.«

Als er fertig war, stand ich auf und schaute ihm ins Gesicht. Eine Träne rollte über seine rechte Wange.

Und ich? Ich liebte es. Ich sah aus wie ein Alien. Ich sah nach *Star Trek* aus. Nun war es egal, was ich anzog.

Im Büro von Ensign Records erntete ich fassungsloses Schweigen von Nigel. Doreen, die mit dem Rücken zu ihm saß, reckte wortlos beide Daumen nach oben und schenkte mir ein verspieltes Lächeln. Chris setzte sich später mit mir in sein Auto, um zu reden.

»Warum hast du das gemacht?«

»Weil ich ich selbst sein will.«

»Kannst du nicht mit Haaren du selbst sein?«

Ich sagte: »Du bist hier doch derjenige, der Haar braucht, nicht ich, du alter, kahler Hurenbock. Lass mich dir helfen. Wir finden schon ein Mittelchen für dich.«

The Lion and the Cobra

Überall auf dem riesigen Mischpult blinken kleine Lichter, rot, gelb oder grün, je nachdem, wie laut man singt. Wenn man zu laut singt, werden sie rot, was bedeutet, dass es Klangverzerrungen auf dem Tonband geben wird. Das Ziel meines Spiels ist es, im allerfeinsten Bereich zwischen grün und gelb zu balancieren, damit sich Mr. Happy (der Produzent) nicht mehr ganz so oft zu sorgen braucht.

Ich ahne bereits, dass ich bei der Abmischung nicht wirklich ein Mitspracherecht haben werde, was den Stimmpegel anbelangt. Deshalb muss ich sicherstellen, dass jedes Wort und jedes Wortende, das ich im Flüsterton singe, gehört wird, denn der Produzent pegelt mich einfach runter, packt mich irgendwo in die Abmischung hinein und belässt es dabei. Die geflüsterten Worte gehen verloren, und ich habe sie nicht umsonst geschrieben. Also habe ich meine Stimme zu ihrem eigenen Tonregler gemacht.

Gelungen ist mir das, indem ich mir auf meinem eigenen Aufnahmegerät die Lichter angesehen habe, während ich in das Mikro sang, die Lautstärke des Geräts knapp über dem mittleren Bereich. Ich prägte mir ein, wo Grün aufhörte, und ließ die Information in meinen Körper einsinken, genauso, wie ich es mit Tönen mache. Das Vermeiden der gelben Lichter gehört nun also bereits zu den Liedern.

Man kann sich in einem bestimmten dreieckigen Energiefeld um das Mikrofon herumbewegen. Die Größe des jeweiligen Feldes hängt vom Mikrofon ab. Bei manchen ist es erforderlich, dass man »*on top*« von ihnen ist, wie wir das nennen, weil der Bereich, der die Töne aufnimmt, so winzig ist. Andere haben ein größeres Feld und man kann den Kopf hin und her werfen, um zu erreichen, was man erreichen möchte, ohne dass die Lichter den grünen Bereich verlassen. Man lässt den Körper das Feld auf die gleiche

Weise nutzen, wie ein Schauspieler die Bühne nutzt. Wie weit weg ist zu weit weg, und wie nah dran ist zu nah dran? Das erfühlt man mit seinem Gesicht.

Ich stecke gerade mitten in den Aufnahmen für mein erstes Album. Nigel hat den Produzenten ausgesucht, der ein verdammter Vollidiot ist und absolut keinen Sinn für Humor hat. Und den könnte er dringend gebrauchen, wenn man sich seinen schrecklichen Bart anschaut und hört, wie beschämend er den Sound meiner Platte klingen lässt.

Ich selbst habe nicht nur meinen Sinn für Humor verloren, auch mein Lebenswille schwindet jedes Mal ein bisschen mehr, wenn der Produzent uns einen Song noch mal vorspielt. Ich habe buchstäblich innerlich geweint, mit einem Lächeln im Gesicht. Weil ich niemandes Gefühle verletzen wollte.

Die einzigen Leute, mit denen ich die Sache erörtert habe, sind John Reynolds und Fachtna. John ist die ganze Zeit über hier im Studio gewesen, weil er der Schlagzeuger ist, und wir bleiben zusammen. Daher haben wir oft darüber gesprochen, auf die dunkle Seite des Mars zu fliehen, falls die Platte jemals mit unseren Namen darauf veröffentlicht werden sollte.

Ganz zu Anfang hat der Produzent in herausragender Weise vorgeführt, mit was für verkrampften Zwangsneurosetten man es in der Musikbranche bisweilen zu tun hat, indem er Stunden damit zubrachte, nur den Klang der Base Drum oder nur den Klang der Hi-Hat richtig hinzukriegen. *Bevor* wir auch nur eine Note aufgenommen hatten. *Tssh, tssh, tssh*, den ganzen Tag lang. Wer macht so etwas? Er ließ die Band oft bis zum Abend warten, bevor sie spielen durften, was bedeutete, dass ich erst in der Nacht anfangen konnte zu singen. Und all das nur, weil er sich musikalisch nicht ausscheißen konnte oder wollte.

Er hat mir meist den Rücken zugewandt und er trägt sehr viel Grau. Er sitzt in der Mitte des Mischpults in seinem Produzentensessel, der immer der größte der drei Drehstühle im Raum ist. Tatsächlich sitzt er weniger am Tisch, als dass er sich vornüber lehnt, den Kopf in die Hände gestützt. Eine niedergeschlagene Körperhaltung. Er sieht aus, als plante er, seinen eigenen Tod vorzutäuschen.

Vor etwa zwei Wochen hat Fachtna gesagt, dass ich ungeachtet der Tatsache, dass ich nicht wisse, wie man die Studiotechnik nutzt, noch einmal von vorn anfangen und mein Album selbst produzieren könne, wenn ich wolle. Ich müsse einfach nur einem der Tontechniker sagen, wie ich es haben wolle. Mehr würde ein Produzent auch nicht tun, sagte er.

»Aber«, sagte ich, »was ist mit den hunderttausend Pfund, die die Plattenfirma schon für diese Aufnahmen ausgegeben hat? Nigel würde einen Nervenzusammenbruch haben, das kann ich ihm nicht antun. Wenn ich das machen würde, hätte ich genauso gut seine hunderttausend Pfund nehmen und das Klo runterspülen können.«

Da wies Fachtna mich auf etwas hin, was mir bisher entgangen war: dass es sich bei den hunderttausend Pfund um mein eigenes Geld handele, weil solche Ausgaben laut Vertrag komplett mit meinen Einnahmen verrechnet würden. Trotzdem hielt ich daran fest, dass ich Nigels Gefühle nicht verletzen könne. Aber dann bat mich jemand in Nigels Auftrag um etwas; etwas, das nicht in unserem Vertrag stand und das dazu führte, dass mir sowohl sein Geld als auch seine Gefühle egal wurden.

An einem Freitagabend nahmen wir im Studio eine Coverversion von »Chrystal Ship« auf, einer Nummer von The Doors, und ich war nicht in der Lage, einen bestimmten hohen Ton zu treffen. Das war noch nie vorgekommen. Nach dem millionsten Versuch wurde ich richtig wütend und boxte gegen das Mikrofon. Das war ebenfalls noch nie vorgekommen. Als ich hörte, wie es auf dem Boden aufschlug, dachte ich: *Ich bin schwanger.* Samstagmorgens kaufte ich in der Apotheke einen Schwangerschaftstest, bevor ich ins Studio ging. Ich musste in ein kleines Glasröhrchen pinkeln, in dem sich ein hellgelbes geleeartiges Kügelchen befand. Anschließend musste ich das Röhrchen in eine kleine Vorrichtung stecken, unter der sich ein winziger Spiegel befand, in dem schon bald ein entzückender, rosafarbener Kreis erschien. Richtig schön sah das aus, wie ein kleiner Planet.

Sofort rannte ich los, schnappte mir ein Kissen vom Sofa im Empfangsbereich des Studios und flitzte wieder zurück zu den Toiletten, wo ich mir das Kissen unter den Pullover steckte, um zu schauen, wie ich aussehen würde, wenn ich wegen des Babys in meinem Bauch ganz fett würde. Vor den Spiegeln drehte ich mich in alle Richtungen und sprang vor Freude auf und ab. Sowas von glücklich.

John war der Vater, und als ich ihm meine Neuigkeiten am nächsten Tag auf dem Markt in Hammersmith verkündete, war er erschüttert.

Ich war schlagartig kein Stück mehr in ihn verliebt und mein Herz verschloss sich. Ich konnte keinen Sex mehr mit ihm haben. Ich sagte ihm nicht den Grund, weil ich mich schuldig fühlte. Also erzählte ich ihm, dass mit mir in Sachen Sex was nicht in Ordnung sein müsse.

Als ich es Nigel erzählte, lächelte er freundlich und sagte, ich solle zum Hausarzt von Ensign Records gehen, um meine Schwangerschaftsbetreuung einzuleiten. Das machte ich am nächsten Abend.

Der Arzt sagte mir, Nigel habe ihn bereits angerufen und den Wunsch zum Ausdruck gebracht, dass er, der Doktor, mir das Folgende einschärfen möge, was er, der Doktor, wie folgt formulierte: »Ihre Plattenfirma hat einhunderttausend Pfund für Ihr Album ausgegeben. Sie sind es diesen Leuten schuldig, dieses Baby nicht zu bekommen.« Des Weiteren informierte er mich darüber, dass mein Baby Schaden nehmen würde, sollte ich während der Schwangerschaft mit dem Flugzeug reisen. Und überhaupt, wenn ich eine Musikerin sein wolle, dann sollte ich keine Babys bekommen, weil eine Frau ihr Baby nicht zurücklassen sollte, um auf Tournee zu gehen, und weil es ebenso wenig möglich sei, ein Kind mit auf Tournee zu nehmen.

Seit Jahren habe ich nicht so viel geweint. Nigel kann sich seine Hunderttausend in den Arsch schieben. Und seinen Produzenten. Ich fange noch mal neu an.

Woks und Wecker

Ich stehe also ganz zu Anfang schon mit mindestens Hunderttausend in den Miesen, und ich verdiene gerade mal fünftausend im Jahr. Wenn diese Platte nicht ihre Kosten und mehr einspielt, werde ich, weil ich sie nun ein zweites Mal aufnehme, niemals finanziell unabhängig von Penisträgern sein. Apropos, ich bin auch ungefähr so schwanger, wie es ein Mensch nur sein kann. Das Baby dreht sich, so wie das sein soll, und ich bin außer mir vor Aufregung. Ich hoffe, es ging ihm gut da drinnen, als ich den Gesang aufgenommen habe. Ein paar der Lieder bestehen quasi nur aus Herumgeschreie.

Letzte Woche bin ich aus einem italienischen Café in Charing Cross geworfen worden, von der alten Dame, die den Laden führt; ich hatte ein kurzgeschnittenes weißes T-Shirt an, das meinen Babybauch bloßlegte. Auf dem T-Shirt stand ALWAYS USE A CONDOM. Sie fand es nicht witzig.

Ich wohne in einem altmodischen Bed & Breakfast in Putney. Dort werde ich die nächsten drei Wochen bleiben, während wir das Album abmischen. Es ist ein rotes, nach Familie aussehendes Ziegelhaus, in dem es, Gott sei Dank, nur einen Treppenaufgang gibt. Die Straße sieht nach Familie aus. Die Häuser sehen alle nach Familie aus. Auf meinen Nachttischen liegen zu Dreiecken gefaltete Taschentücher aus cremefarbenem Leinen, in deren Ecken winzige Lilien gestickt sind. Ein Glaskrug mit einem Bauch so dick wie meinem, gefüllt mit Wasser, steht vergeblich hoffend im Regal neben dem Fernseher. Ich habe ihn nicht angerührt. In den vergangenen Tagen habe ich es genossen, die Straße hinunter zum Studio zu watscheln, fett wie ich nun einmal bin, vorbei an weißen Gartenzäunen und überwucherten Bäumen. Es ist insgesamt viel angenehmer als unsere Bleibe während der Aufnahmen – das Kypriana Hotel. Ein passender Name, denn im Dubliner Slang nennt man eine abscheuliche Absteige auch *kip*.

Es gab dort tatsächlich Flöhe. Jede Nacht ertrugen John Reynolds und ich sie und ihre winzigen Zähnchen. Aber wir taten es gerne, denn wir waren uns sehr im Klaren darüber, dass unsere Anwesenheit dort bedeutete, dass wir durch irgendein Wunder nun Ex-Diebe waren, die nun die Möglichkeit hatten, ihren Lebensunterhalt auf redliche Weise zu bestreiten. Wären wir nicht in der Musikbranche gewesen, dann hätten wir gemeinsam eine Menge Zeug geklaut und wären in getrennten Gefängnissen gelandet.

Als ich John das erste Mal begegnete, war sein Kofferraum voller Woks und Wecker. Er war mit einem Kumpel in ein riesiges Lagerhaus eingebrochen; es ging auf Weihnachten zu und sie hatten kein Geld. Einen Teil der gestohlenen Woks und Wecker verkauften sie, einige überreichten sie den Frauen in ihrem Leben als Weihnachtsgeschenke. Johns Mutter bekam einen Wok *und* einen Wecker. Die weniger verehrten Frauen bekamen eines von beiden.

Woran ich mich immer erinnern werde, wenn ich an die Aufnahmen zu meinem ersten Album denke, ist meine Begegnung mit John Keogh. Er lag auf dem Boden vor der Tür zur Studiotoilette, die Arme um sich geschlungen, weil er sich gerade eine Ladung Junk reingedrückt hatte. »'Allo, *Shine-eyed*«, nuschelte er mit seinem East-London-Akzent und musste dann über sich selbst kichern, während er die Augen verdrehte, bis nur noch Weiß zu sehen war. Kaum hatte ich den Fuß gehoben, um über ihn drüberzusteigen, sagte er: »Keine Angst, ich werd' dir nich'n Rock hochguck'n.«

Er ist der Bassspieler der Band Max, und wir haben ihren Song »Just Call Me Joe« aufgenommen.

Er hat dichte, dunkle Wimpern, lang wie Spinnenbeine. Seine Augen sind von einem krass blassen Gelbgrün. Sehen aus wie Pusteblumen. Jedes Mal, wenn ich ihn traf, drehten seine Augen sich wie die der Schlange im *Dschungelbuch*, weil er immer auf den besten Drogen ist. Aber er ist keine Schlange; er ist ein Unschuldiger. Deshalb kann er die Welt nicht ertragen.

Er lehnt an meiner Tür. Sagt, er habe keine Schwester, darum unterhalte er sich gerne mit mir. Er schaut mich an, als wäre er beeindruckt, wie ein ehrfürchtiges Kind. Ich fragte ihn nach dem Grund. Er sagte, dass man ihn nie hätte auffordern dürfen, erwachsen zu werden, und dass man von mir niemals hätte verlangen dürfen, ein Kind zu sein. Es beeindruckt ihn, dass es tatsächlich Menschen gibt, die Erwachsene sein wollen.

Sein Lächeln bringt die Leute zum Lächeln, weil er so ein leichtes Heullachen hat. Er versucht zu verstecken, wie wunderschön er ist, weil man ihn in seiner Gegend dafür verprügelt. Er dreht sein Gesicht weg oder schaut zu Boden. Er zieht sich schäbig an, hat Pickel, und seine Zähne sind grau vom Junk und gelb von all dem anderen Zeug. Aber er setzt sein Lächeln ein, wenn das Junk ihm die Augen geschlossen hat. Er ist sehr clever. Und immer nur zum Nutzen der anderen, nie für seinen eigenen. Er will nicht, dass wir uns um ihn sorgen. Er will, dass wir glauben, es ginge ihm gut. Aber es geht ihm nicht gut. Irgendwann schläft er auf dem Fliesenboden ein.

Für die Abmischung waren nur ich und der Tontechniker und ein paar Praktikanten zuständig. Die übernehmen hauptsächlich die Drecksarbeit. Wetzen durch die Gegend und kochen literweise Tee und Kaffee für Musiker und Produzenten, müssen vor allen anderen da sein und gehen als Letzte. Müssen losgehen, um der Belegschaft Sandwiches zu besorgen und sonstige Gelüste zu erfüllen. Es sind Nerds, aber ausschließlich in dem Sinne, in dem auch Superman ein Nerd ist. Und nachdem ich ihnen zugeschaut habe, ist mir klargeworden, dass es die Nerds sind, die Plattenaufnahmen überhaupt erst möglich machen. Denn ohne sie gäbe es nur einen Haufen bekiffter Musiker und zugekokster Plattenbosse, Letztere zu beschäftigt damit, sich mit Verweis auf zu viel Kokskonsum Vorwürfen sexuellen Missbrauchs zu erwehren (und damit davonzukommen), als dass sie im Aufnahmeprozess irgendwie von Nutzen sein könnten.

So ein Praktikant ist in der Lage, etwas zu vollbringen, was andere Männer erst gar nicht zu versuchen wagen. Die Studiobosse beauftragen ihn damit, weil er von allen Beteiligten am wenigsten zu verlieren hat. Aber die Tatsache, dass er es zu tun vermag, macht ihn zum König über alles.

Er kann das Tonband schneiden und editieren.

Wenn also die erste Hälfte des Songs gut geklappt hat, die zweite Hälfte aber Scheiße war und es auf der vorigen Aufnahme andersrum gewesen ist, dann setzt er an genau den richtigen Stellen seine Wilkinson-Rasierklinge an und fügt die entsprechenden Einzelteile mit einem Spezialkleber so zusammen, dass aus zwei guten Songhälften ein gutes Ganzes wird, damit man nicht alles noch mal neu aufnehmen muss.

Das macht er, indem er den Produzenten die Spur abspielen lässt, um dann, wenn die gewünschte Schnittstelle ausfindig gemacht wurde, die Spur in diesem Bereich in Slow Motion abspielen zu lassen. Während das Band um die beiden Spulen läuft, behält der Praktikant es ganz genau im Auge. Schließlich greift er behutsam beide Spulen und dreht sie ein klein wenig hin und her, bis der Song so langsam und die Stimme so tief klingt, dass es klingt wie aus einem Horrorfilm. Er dreht weiter an den Spulen, bis er den kürzesten Atemzug in der Musik ausgemacht hat und weiß, wo auf dem Band er sich befindet. Erst, wenn er die Stelle mit bloßem Auge erkennt, nimmt er die Hände von den Spulen und zieht etwa zehn Zentimeter des Bandes zwischen den Spulen hervor. Dieses Stück platziert er auf einer kleinen Stahlvorrichtung, die aussieht wie die Zugbrücke eines Kobolds. Dann zieht er mit Schneiderkreide eine vertikale Linie.

Der erste Schnitt muss sitzen. Wenn er es vermasselt, wird es in einem Desaster enden. Es geht um eine Menge Geld (und viel künstlerisches Temperament). Zähne beißen in Verzweiflung auf Fingerknöchel. In den anderthalb Minuten, die es braucht, um das Band zu schneiden, den Kleber aufzutragen und das Band wieder zum Laufen zu bringen, herrscht gespenstisches Schweigen. Weil er der Herr über alles ist, geht es niemals schief; der erste Versuch glückt makellos. Ein kleines Weilchen kann er sich ausruhen, die Füße auf dem Sitzpouf aus cremefarbenem Leder abgelegt; zur Abwechslung werden nun ihm Kaffee und Kekse von den Bossen gereicht. Er ist der Schönheitschirurg der Stars.

My Boy Lollipop, Juli 1987

Jake, von Kopf bis Fuß in seine kleine Decke eingewickelt, lief vor meinen Augen blau an, also rief ich die Krankenschwester, die ihn packte und mit ihm den Flur entlang davonlief; sie ließ mich nicht mitkommen. Ich war außer mir. Eine ältere Krankenschwester lief an meiner Zimmertür vorüber, und durch das Fenster hinter ihr konnte ich den gegenüberliegenden Krankenhausflügel sehen – der Teil des Gebäudes, wo die Leute zum Sterben hingehen. Ich griff nach ihrem Arm und flehte: »Mein Baby ist blau angelaufen und sie haben ihn weggebracht – er wird doch nicht sterben, oder?«

»Ich hoffe nicht«, antwortete sie und lief weiter.

Jesses. In Irland wäre das nie passiert. Jemand hätte einem die Hand gehalten. Aber ich bin im John-Radcliffe-Hospital in Oxford. Ich bin zwanzig Jahre alt. Das ist mein erstes Kind. Ich habe noch nie im Leben solche Angst gehabt.

In der Nacht seiner Geburt hatte ich einen fürchterlichen Traum, in dem der Arzt in mein Zimmer kam, im Arm das Kind, eingewickelt in eine Decke, und er gab mir das Kind, aber als ich den Kleinen an meine Schulter legte, fiel er aus der Decke heraus und auf den Boden, wo seine kleine Stirn zersprang wie eine Teetasse. Ich hoffte, dass das kein schlechtes Omen für meine Kompetenzen als Mutter wäre.

Ich habe ihn jetzt wieder, Gott sei es gedankt. Sie haben ihn eine Stunde lang in den Brutkasten gelegt. Er kam ein bisschen zu früh und wiegt nur drei Kilo. Ich bin ziemlich winzig, also ist er es auch. So hat es die Krankenschwester gesagt.

Außerdem glaube ich, sie haben ihn, nachdem sie ihn rausgeholt hatten, zu lang auf mir liegen lassen, ohne ihn einzuwickeln. Sie waren so beschäftigt mit der Plazenta, dass er sich seinen kleinen Hintern abgefroren hat. In einem

Körper ist es sehr warm, also sollte man meinen, dass es eisig kalt ist, wenn man rauskommt. Die Bücher hatten mich nicht vorgewarnt, darum hatte ich keine Decke dabei. Und im Kreissaal gab es keine. Es dauerte eine gute halbe Stunde, bis sie ihn einwickelten.

Eine Freundin von John hatte mir gesagt, ich solle eine Ladung Rizinusöl trinken, sobald die Wehen einsetzen. Ich weiß nicht, warum ich ihrem Rat folgte. Sie sagte, es würde die Geburt erleichtern. Aber dann wiederum war sie auch diejenige gewesen, die mir neun Monate zuvor erzählt hatte, dass der vierzehnte Tag deines Zyklus der einzige Tag sei, an dem du *nicht* schwanger werden kannst. Sie hatte mir nicht erzählt, dass ich dank des Rizinusöls fürs gälische Vaterland scheißen würde. Die Geburt ging so schnell vonstatten, dass für Schmerzmittel gar keine Zeit war.

In dieser Nacht hatte eine arme kleine Krankenschwesterschülerin in einer blauen Tracht Dienst. Sie kann nicht älter als achtzehn gewesen sein. Es war spätnachts. Sie musste mir fortlaufend kleine graue Schalen aus Pappmaché reichen, in die ich hineinscheißen konnte, und wenn die voll waren, dann musste sie sie entsorgen. Ich glaube, ich habe etwa zwanzig von diesen Teilen befüllt. Der schwärzeste Schiss, denn ich je im Leben gesehen habe, mal abgesehen von dem Häufchen, das mein reizender kleiner Sohn eine halbe Stunde nach seiner Geburt rausdrückte. Das sah aus wie Teerzahnpasta. Demzufolge bin ich bisher ziemlich beeindruckt von ihm. Aber auch deshalb, weil er richtig niedlich, rot und haarig ist. Er sieht genauso aus wie ein Babyäffchen.

Jake kam morgens um vier vor vier zur Welt. Eine lange, anstrengende Nacht. John ging heim, um ein bisschen schlafen zu können, nachdem er um fünf Uhr morgens das Blut von mir abgeduscht hatte; eine Aufgabe, die ihm die Hebamme großmütig zugeteilt hatte, als wäre das die größte Ehre, die man einem Mann zuteilwerden lassen könnte, der die Nacht damit zugebracht hatte, seiner Frau dabei zuzuschauen, wie sie, in seinem schicksten weißen Anzugshemd steckend, ein Kind zur Welt brachte. (Man hätte es ahnen können: Einer hochschwangeren Frau sollte man niemals ein Kleidungsstück leihen, das man gerne zurückhätte.)

Er ist nicht sonderlich glücklich über den Haarschnitt, den ich ihm zwei Tage zuvor verpasst habe, also macht er sich einen Spaß daraus, mich mit kaltem statt warmem Wasser gegen die Kacheln zu spritzen. Zu meiner Verteidigung bringe ich vor, dass er mich darum gebeten hatte, und dass jeder, der einer Person mit meinem Haarschnitt die Verantwortung über den eigenen überlässt, sich das Resultat selbst zuzuschreiben hat. Ich habe die Seiten ziemlich schlecht geschoren und ich weiß nicht, wie man Übergänge macht. Er hat fast geweint, als er sich im Spiegel anschaute.

Aber ich glaube, ich habe es wieder gutgemacht, denn er liebt sein kleines Baby, und er hat gesagt, dass ich sein blauweißes Hemd für die Nacht tragen darf. Und übermorgen wird seine Mutter aus Liverpool kommen, um ihr erstes Enkelkind zu sehen. Sie ist hinreißend, Johns Mutter. Ich liebe sie. Sie stammt aus Yorkshire und ist so frech wie ein kleines Kind. Isst Süßigkeiten, trotz ihres Diabetes. Betty heißt sie. Der Name passt hervorragend zu ihr, weil sie große, braune Betty-Boop-Augen hat.

Allerdings hat sie einen verrückten Hund. Auf keinen Fall werde ich Jake in ihr Haus bringen. Die Briefträger kündigen einer nach dem anderen. Sie hat ihre Garage zu einem Vorderzimmer umbauen lassen, richtig hübsch, mit Blumen und so. Wo früher das Garagentor war, ist jetzt ein riesiges Fenster. Der dämliche Hund springt jedes Mal hindurch, wenn jemand draußen am Tor vorbeigeht. Es ist ein Dobermann. Ich hasse ihn. Als ich Betty das erste Mal getroffen habe, hat er mich sofort Ewigkeiten gegen die Wand gedrückt. Sowas von unangenehm.

Betty ist so lieb zu John. Sie betet ihn einfach an. Sie tut immer nur so, als würde sie ihn tadeln. Er furzt laut und ungeniert vor ihr, und die beiden lachen lauthals. Johns Schwester Maria ist genauso. Maria hat etliche Tätowierungen, aber das weiß Betty nicht.

Ich wünschte, ich wäre Bettys Tochter. Oder eines der Kinder, die sie großgezogen hat. Sie ist so freundlich und sanftmütig. Ihre Stimme ist so warm und liebevoll. Sie geht auf und ab, wie die Stimme einer Mutter das tun sollte. Ihre Jungs kommen sie immer noch besuchen. Es sind jetzt Männer, so wie John. Sie verehren sie; dank ihrer Liebe sind sie auf dem Pfad der Tugend gelandet. Dank ihr haben sie Jobs. Und Freundinnen und all das.

Einer ihrer Söhne hat seiner Freundin gesagt, er gehe nur kurz um die Ecke, Zigaretten holen, und dann kam er zwei Jahre lang nicht zurück. Dann haben sie geheiratet. Er ist richtig lustig. Er wird mal ein großartiger Vater sein.

Ich möchte klarstellen, dass ich John (oder auch meinem Vater, was das anbelangt) nicht zum Vorwurf mache, besorgt darüber gewesen zu sein, dass ich ein Baby bekam. Es gab viele Gründe, sich Sorgen zu machen. Und ich weiß, dass sie nur mein Bestes im Sinn hatten.

Im Falle der Plattenfirma glaube ich das allerdings nicht. Die einzige Sorge, die sie äußerten, war finanzieller Art, wohingegen John und mein Vater sich sorgten, weil ich noch so jung war. Berechtigte Bedenken aus Liebe, anders ausgedrückt.

John verdient wirklich sein eigenes Kapitel in diesem Buch, weil er wie ein Bruder für mich ist; er ist mein bester Freund auf dieser Welt. Ich habe ihn kennengelernt, da war ich achtzehn und er achtundzwanzig. Und seitdem sind viele Jahre vergangen. Er ist mir immer ein treuer Freund gewesen, auch wenn ich im Unrecht war. Er ist mir immer ein Fels in der Brandung gewesen. Und er hat sich immer um mich gekümmert.

Ich habe die absolut witzigsten Zeiten meines Lebens mit John erlebt, und mit keinem anderen Menschen habe ich je so viel gelacht. Oder auch nur so oft und laut gefurzt. John ist ein legendärer Lautfurzer. Und man lässt sich davon anstecken.

Heute befindet sich sein Studio unter dem Dach des Hauses, in dem er mit seiner großartigen Frau Fiona und den beiden Töchtern Jesse und Ruby lebt.

Die unterschiedlichsten Künstler haben dort gearbeitet und gewohnt. Von Seun Kuti über Robert Plant und den Indigo Girls bis hin zu mir selbst und Damien Dempsey – quasi jeder, den man sich nur vorstellen kann. Denn John ist schlichtweg eine musikalische Hebamme. Er ist (manchmal durch lautes Furzen) imstande, Leuten ein solches Gefühl von Behaglichkeit zu vermitteln, dass sie voll und ganz sie selbst sein können, auf eine Weise, wie es ihnen in keinem anderen Studio möglich wäre. Er holt aus jedem Künstler immer das Allerbeste raus.

John hat zwei Bullmastiffs, die er liebt, als wären es seine Kinder. Er ist ein großartiger Vater und Fiona ist eine großartige Mutter. Ich habe nie erlebt, dass in ihrem Haus jemand die Stimme erhob, um etwas anderes zu tun, als zu singen.

Er ist Jake immer ein unglaublicher Vater gewesen und ist es immer noch. Und Jake, Gott sei Dank, kommt ganz nach ihm. Sie sind sich so ähnlich.

Ich kann in Worten gar nicht beschreiben, wie sehr ich John liebe und wie viel er mir bedeutet. Er ist meine Familie. Und ich hätte nahezu gar nichts gut gesungen, wäre es nicht dem Umstand geschuldet gewesen, dass ich mich nicht genierte, in Schlafanzug und Pantoffeln neben ihm aufzunehmen, während er mir Lachtränen in die Augen trieb, wenn er seine Fürze im Takt der Playbacks rausließ …

Wäre John nicht in meinem Leben, ich wäre verloren. Ohne seine Kameradschaft und seine Kreativität, ohne das Lachen und die emotionale Unterstützung, die er mir gab, wäre ich nichts. Er ist in meinem Leben der Anker. Es gibt schlicht keine Worte dafür. Aber die Musik, die wir gemeinsam in den vergangenen fünfunddreißig Jahren geschaffen haben, spricht Bände und ist das Vermächtnis unseres Bundes. Es war ein wunderbarer Tanz durch das Leben mit ihm. Und ist es noch. Und wird es immer sein.

The Way Young Lovers Do

Als John losfuhr, um Betty vom Bahnhof abzuholen, badete ich Jake zum ersten Mal. Das arme Geschöpf brüllte vor Weinen; es war fürchterlich. Er war am ganzen Körper rot vor Aufregung. Er ist so klein. Betty hat sich verliebt. Sie ist so cool. Sie gab ihm eine Spielfigur – ein süßer dicker Hase mit grünen Hosen, einem gelben Hemd und einem breiten Lächeln.

Jake zur Welt gebracht zu haben, war auch ein wenig verwirrend. An einem Tag etwa eine Woche nach Jakes Geburt wollten John und ich mit dem Auto irgendwohin, und erst als wir schon etwa dreihundert Meter gefahren waren, fiel uns wieder ein, dass wir ein Baby hatten. Fast blieb uns das Herz stehen. Wir wendeten mit quietschenden Reifen und fuhren zurück, um ihn zu holen.

Irgendwann hatte ich nachts einen schrecklichen Albtraum, dass ich Jake in der Obhut meiner Mutter gelassen hätte, um shoppen zu gehen. Niemals in meinem Leben hatte ich etwas so Furchterregendes geträumt. Schweißgebadet wachte ich auf und tastete im Halbdunkel nach Jake, um mich zu versichern, dass es nicht wahr war.

Es dauert tatsächlich sechs Wochen, bis Babys einen anlächeln, und wenn Jakey lächelt und mir sein Zahnfleisch präsentiert, dann ist das das Schönste, was ich je gesehen habe. Seine Augen, sein ganzes Gesicht leuchtet auf. Als er das erste Mal lachte, lag er in meinem Bett auf seinem kleinen Bäuchlein.

Neben John Reynolds war mein Manager Fachtna der einzige Mensch zu jener Zeit, der mich uneingeschränkt in meinem Wunsch unterstützte, eine Musikerin auf Tournee und gleichzeitig eine Mutter zu sein. Er war der Einzige, der sagte, ich *könne* eine gute Mutter sein und dass er dafür sorgen, dass ich immer Unterstützung habe. Ich kannte ihn seit zwei Jahren, und nun war er mein Held.

Drei Monate nach Jakes Geburt und kurz vor der Veröffentlichung meines Albums erschienen die ersten Rezensionen in den Zeitungen und unsere Promo-Reisen gingen los.

Ich bin zwanzig Jahre alt und befinde mich im »Blooms Hotel« in Dublin. Mit zitternden Armen und Beinen trage ich ein Tablett mit Kaffee in die Bar, wo Joe Jackson vom Musikmagazin *Hot Press* auf mich wartet, um mich zu interviewen. Wir sind von London angereist, um *The Lion and the Cobra* zu bewerben. Ich weiß nicht, wen diese Menschen, die ich treffe, treffen, aber ich bin es nicht.

Wir sind im »American Hotel« in Amsterdam und ich sitze in einem Zimmer und rede mit zehn Menschen täglich, einer nach dem anderen, jeder von ihnen mit Mikrofon und Notizblock in den Händen. Fotokameras und weißes Blitzlicht. Soll ich mich so hinstellen oder besser so?

Ich weiß nicht einmal, in welcher Stadt wir uns befinden. Es ist mir egal, was es zum Mittagessen gibt. Es ist mir egal, warum ich eine Platte aufgenommen habe. Ich weiß ja nicht einmal, auf welchem Planeten ich mich befinde.

Was immer Fachtna für eine gute Idee hält, das ist eine gute Idee. Was er liebt, das liebe ich auch. Was er hasst, das versuche ich zu hassen. Ich möchte weiter nichts, als ihn weiterhin zu beeindrucken. Was immer ich sage, sage ich, um ihn zu beeindrucken. Ich werde zu was immer ich glaube, das ihn beeindrucken könnte.

Manchmal denke ich, ich bin mehr er, als dass ich ich bin.

There Is a Light That Never Goes Out, 1987

Im eiskalten England bin ich auf Tournee, als Vorprogramm von INXS. Kurz nachdem ich der Tour hatte zustimmen müssen, fragte David Bowie mich, ob ich die Shows seiner Tournee eröffnen wolle. Ich war enttäuscht, dass ich nicht zusagen konnte, aber trotzdem ist es großartig, von ihm gefragt worden zu sein. Mike Joyce und Andy Rourke von The Smiths spielen in meiner Band. Andy ist der witzigste Mensch, dem ich je im Leben begegnet bin.

Andy und seine Brüder waren mal auf LSD, als der Gemeindepfarrer sie und ihren Vater nachmittags zum Tee besuchte. Die Jungs mussten versuchen, sich am Tisch normal zu verhalten und nicht vor Lachen in Tränen auszubrechen. Das ist einer der Gründe, weshalb ich Andy liebe – er weint vor Lachen. Vor Lachen zu weinen ist das beste Gefühl aller Zeiten und es gibt nichts, was lustiger anzusehen ist. Er und Mike sind richtig witzig zusammen. Sie bringen einander dazu, sich vor Lachen auf den Boden zu werfen. Mike liebe ich auch. Ihretwegen liebe ich die Menschen in Manchester. Absolut geradeheraus. Keine Fisimatenten. Keine unaufrichtigen Unterhaltungen. Außerdem behandeln sie mich wie einen Jungen, was mich zu einem glücklichen Mädchen macht.

Unter Musikern gibt es diese Einstellung gegenüber Frauen nicht, die unter den Anzugträgern der Branche verbreitet ist (und die in Irland generell verbreitet ist). Wenn ich also mit den Musikern und der Crew unterwegs bin, dann ist es gut, ein Mädchen zu sein. Ich bin überwiegend mit Typen unterwegs, und sie behandeln mich, als wäre ich einer von ihnen, deshalb lerne ich sehr gut, wie ein Kerl zu sein.

Als umherreisende Musikerin ist man sicherer, wenn man sich wie ein Mann fühlt. Nicht sicher im Sinne von »vor den Menschen sicher«, aber man ist den Härten eines Lebens auf Tournee nicht so sehr ausgesetzt. Und die Tatsache, dass man eine Frau ist, die nicht dem entspricht, was als normal gilt, verliert an Relevanz. Man verhält sich so, als hätte man dieselben Freiheiten wie ein Mann. Es ist schwer, den richtigen Umgang damit zu finden. Der Platz einer Frau ist das Zuhause, nicht der Highway 66. Insbesondere dann, wenn sie eine Mutter ist, so wie ich es bin. Man wird sich den Rest seines Lebens jeden Tag auf dem Weg zur Arbeit selbst verrückt machen, wenn man sich nicht einredet, ein Mann zu sein.

Es ist so schön, wenn Leute wie Andy und Mike oder John Reynolds, John Keogh und die Truppe von John Maybury mich kein Stück weit anders behandeln, nur weil ich eine Frau bin. Außer es geschieht in netter Weise, wenn zum Beispiel John Maybury, der Videoregisseur, mich in die Maske schickt und mir immer wieder sagt, dass ich hübsch bin. Er ist schwul wie sonst nur was, also ist es sogar noch netter, als würde ein heterosexueller Mann das zu mir sagen, denn die heterosexuellen Männer sagen es, um dich in die Kiste zu kriegen. John Maybury und all seine Freunde sagen es, weil sie Frauen lieben. Sie schaffen es, dass ich mich richtig wohl damit fühle, ein Mädchen zu sein. Aber aussehen möchte ich wie ein Junge. Sie haben deswegen nie auch nur mit der Wimper gezuckt. Niemand hat das getan. Nur der arme Nigel Grainge.

Im Grunde genommen möchte ich aussehen wie John Mayburys Freund Alan. Er ist so attraktiv mit seinem Bürstenschnitt und seiner sanften herrlichen Stimme. Aus seinen Augen quillt die Güte, ganz egal, wen er ansieht. Immer liegt sein ganzes Herz in diesen Augen. Er verliert nie die Geduld, und er hat keine Angst vor den Menschen. Ich wünschte, ich wäre wie er. Ich bin jähzornig, und vor den meisten Menschen fürchte ich mich.

Nicht lang zuvor war Maybury ein erstaunlicher Coup in Sachen Musikpromotion gelungen. 1987 ist der Krieg in Nordirland in vollem Gange, und dennoch gelingt es Maybury und seinem verrückten Lichttechniker, kiloweise Napalm von Heathrow nach Dublin zu schleppen, um es für einen Videodreh einzusetzen. Sie konnten unbemerkt durch beide Flughäfen gehen. Wir haben den sogenannten Hellfire Club als Drehort gewählt, eine berüchtigte Ruine aus dem 18. Jahrhundert, die auf einem Hügel steht, von dem aus man ganz Dublin überblicken kann. Wir haben den Laden sicher fünfmal quasi in die Luft gejagt. Das Haus ist ein Nationaldenkmal und wir haben nicht mal eine Erlaubnis eingeholt. Der Typ, der sich um die Effekte gekümmert hat, war ein Experte der Armee. Nichts fiel um oder ab. Wir haben die Struktur intakt gelassen.

Das waren die Dreharbeiten für das Video zu meiner ersten Single »Troy«. Den ersten Teil drehten wir in einem eiskalten Studio im Osten von London. John spannte all seine Freunde für die Arbeit am Video ein. Mit ein paar Einwegklingen rasierten sie mir den Schädel komplett kahl. Dann hüllten sie mich von Kopf bis Fuß in reines Blattgold – so wie dieses eine Bond-Girl – und stellten mich in einen Feuerkreis. Dort drehte ich den ganzen Tag lang meine Runde, immer ein kleines Gleis entlang, und John sagte mir immer wieder, ich solle »die Kamera finden«. Ich sehe aus wie ein sehr angepisstes Alien, dessen Atem Dinge in Flammen setzen kann.

Wie dem auch sei, zurück zu INXS. Zum ersten Mal traf ich Michael Hutchence am Flughafen von Dublin, als wir alle unterwegs zum ersten Termin der Tour waren. Er war richtig nett zu mir. Er ist eher so der Typ großer Bruder. Ein Beschützer. Flirtet nicht mit mir oder so. Man bekommt ihn nicht viel zu Gesicht, aber wenn ich Zeit mit ihm verbrachte, dann waren da immer überall viele Leute, und er hat immer auf mich achtgegeben, sehr unauffällig, ganz gleich, ob er gerade auf einem Sofa fläzte und jemanden quer durch den Raum anquatschte, sich mit Freunden unterhielt oder was auch immer. Er vergewissert sich, dass mich nicht irgendein Trottel in die Kiste quatscht oder mit Musikbranchengelaber zu Tode langweilt. Ich mag ihn. Er sagt nicht viel mit Worten. Er sagt es mit Blicken. Er hat was von einem *Native American*.

Während der Tournee wurden Andy Rourke und ich verprügelt, und zwar von dem Türsteher der Disco im Keller unseres Hotels in Liverpool. Ein großes, haariges Monster. Sah aus, als hätte er in Belfast für die Briten gekämpft. Der Schnauz in seinem Gesicht und all das. Da wurden Erinnerungen wach.

Er mochte meine Doc Martens nicht. Kann ich mit leben. Sie haben Vorderkappen aus Stahl, und wie es derzeit so angesagt ist, habe ich das Leder aufgeschlitzt, um sie bloßzulegen. Mein rasierter Schädel gefiel ihm auch nicht. Andy und ich gingen rauf ins Hotel und ich zog mir andere Schuhe an, aber als wir wieder runterkamen, war mein Schädel noch immer rasiert, und wir hatten viel gekichert.

Am Einlass wirkte Andys Gesicht etwas aufmüpfig. Er kicherte jetzt vor Nervosität. Monster Man entschied, dass wir nach Ärger aussahen, und verpasste Andy einen Schlag. Dann rannte er uns bis in den Aufzug hinterher und prügelte die Scheiße aus uns beiden raus. Einer seiner Freunde kam und zerrte mich am Kragen meines Hemdes aus dem Aufzug raus und ein paar Stufen hinauf, *bamm-bamm*, bis nach oben, während Monster Man mit Andy das Gleiche anstellte. Wir wurden auf die Straße geworfen. Wir waren beide stocksauer. Ich kam überhaupt nicht mehr klar. Wir gingen rauf in unsere Zimmer und ich sprang eine Stunde lang auf dem Bett herum und drohte, ich würde wieder runtergehen und ihn umlegen. Der arme Fachtna musste warten, bis ich einschlief, um sicherzustellen, dass ich es nicht wirklich tat; er stapelte Stühle vor die Zimmertür, um Monster Man draußen und mich drinnen zu halten.

Gott hat es aus einem sehr guten Grund so gefügt, dass das Wort *touren* sich auf das Wort *huren* reimt. Tatsächlich erinnere ich mich hauptsächlich an Sex, wenn ich ans Touren denke – insbesondere in meinen jungen Jahren, als ich riesige Tourneen durch die USA und Europa machte, um meine neuen Alben zu bewerben. Wir hatten allesamt nichts anderes im Kopf. Wir machten die Shows. Es war eine willkommene Abwechslung zwischen den Shows. Wenn wir nicht damit beschäftigt waren, Herzen zu brechen, reisten ich und die anderen Damen in meiner Band oft im Crew-Bus der Herren mit. Ziemlich verrückt, denn in Amerika macht man so etwas schlichtweg nicht. Ganz bestimmt nicht in Abwesenheit des Tour-Managers. Den gesamten Highway entlang schaukelten unsere Busse hin und her.

Vermutlich haben wir aber doch ein paar Herzen gebrochen, denn die meisten Crew-Mitglieder waren verheiratet oder sie hatten Freundinnen, und wir führten unsere Beziehungen anschließend nicht weiter. Am Ende der Tournee ließen wir sie fallen wie heiße Kartoffeln, was ziemlich grausam war, denn wir mochten sie ja. Es war dumm von ihnen, sich auf uns einzulassen, denn wir gaben einfach nur die Schlampen. Wie gesagt, wir mochten sie, natürlich mochten wir sie. Es waren liebe Kerle, aber wie das so ist … Sie hatten Freundinnen, und wie es in der Musikbranche so schön heißt: Auf Tour zählt nicht. Das war unsere Einstellung.

Die Tour, an die ich mich am besten erinnere, war die zu meinem zweiten Album, *I Do Not Want What I Haven't Got*. Zu dem Zeitpunkt hatte ich einen neuen Manager, Steve Fargnoli, der auch der Manager für Prince gewesen war. Und weil »Nothing Compares 2 U« von diesem Album auf Platz 1 gegangen war, war das Touren plötzlich eine völlig andere Welt für mich.

Es gab einen Stylisten, mehrere Typen für die Lichttechnik; es war eine *Produktion*, mit allem möglichen Pomp und Zeremoniell. Es fiel mir schwer, mich daran zu gewöhnen, weil ich großes Lampenfieber hatte und mir wie eine komplette Hochstaplerin vorkam. Ich konnte nicht begreifen, warum irgendwer meine Songs mochte oder sie für gut hielt oder warum die Leute klatschten. Ich hatte wirklich kein Selbstbewusstsein, was die Lieder und alles andere anging.

Und dann spielte ich auf diesen Festivals oder auf großen Volksfesten, und nicht weit von der Bühne entfernt standen Achterbahnen, von denen das Angstgeschrei der Leute tönte, während ich meine beruhigenden Lieder für das Publikum sang. Das war einfach eine unglaublich bizarre Sache – ein richtiges Trigger-Erlebnis, anders kann man es kaum sagen. Ich gewöhnte mir damals auch an, mit geschlossenen Augen zu singen, was meinen Manager richtig wütend machte. Ich bevorzugte es aus mehreren Gründen, darunter auch, dass man, wenn man Blickkontakt mit einem jungen Mann herstellte, Angst hatte, hinterher von seiner Freundin verprügelt zu werden – insbesondere dann, wenn man gerade ein romantisches Lied sang. Zwischen den Erregungsschreien von den Fahrgeschäften und der Angst vor eifersüchtigen Zornesausbrüchen entwickelte ich die Fähigkeit, ganz einfach die Augen zu schließen und in meine eigene Welt abzutauchen, während ich das Publikum unterhielt.

Letztendlich war das Touren eine sehr einsame Angelegenheit. Ich war von einer Menge Leuten umgeben, darunter sogar welche, die ich liebte, aber niemand konnte mich sehen und ich konnte mich selbst in niemandem mehr gespiegelt sehen. Plötzlich war da niemand mehr in meinem Umfeld, den ich noch aus der Zeit vor meinem großen Ruhm gekannt hätte. Ich hatte mich selbst von meiner Familie abgeschnitten. Nicht ihre Schuld – sondern meine.

Ich empfand das ständige Herumsitzen in Hotelzimmern während der Tour als ziemlich einsam. Und die Sache mit der Promotion? Ich handelte mir Ärger ein, sobald ich auch nur den Mund aufmachte. Man stellte mir eine Frage; ich gab eine Antwort darauf; ich steckte in Schwierigkeiten. Es gelang mir einfach nicht, dass man mich als einen guten Menschen akzeptierte. Das verletzte mich. Alle fingen an, mich wie eine Verrückte zu behandeln.

Den Leuten ist vermutlich nicht bewusst, dass man – egal, ob man nun die Königin von England, Barbra Streisand, Bob Dylan oder sonst wer ist – im Tourbus nicht scheißen darf. An der Toilettentür wird ein Schild hängen, auf dem sowas wie Nur fürs kleine Geschäft steht. Das sorgt für sehr interessante Tournee-Erlebnisse.

Ich würde liebend gern ein Buch mit dem Titel Nur fürs kleine Geschäft zusammenstellen – Klolektüre, wenn man so möchte. Ich würde Mariah Carey, Barbra Streisand und sogar die Queen anschreiben, um sie zu bewegen, mir ihre Geschichten zuzusenden. Besonders lustig wäre das Ganze, wenn es ausschließlich Beiträge von weiblichen Weltstars wie Céline Dion wären.

Meine eigenen Geschichten zum Thema sind nicht sonderlich lustig. Sie sind eher verstörend, um genau zu sein, also sparen wir uns das lieber. Na ja, einmal hockte ich nachts in einem Feld in Frankreich und konnte die Hand vor meinen Augen nicht sehen. Ich bin auf Tour mit Sly und Robbie, und ich bin so nah am Bus dran, dass ich nicht scheißen kann, weil es mir peinlich ist; aber dann kommt eben auch nichts, und plötzlich habe ich Angst, dass sie alle aussteigen, darum kann ich erst recht nicht scheißen, und deshalb sitze ich da buchstäblich fest.

Schließlich steigt tatsächlich jemand aus dem Bus aus, was mich so dermaßen in Panik versetzt, dass ich die Scheiße rausdrücke. Aber ich bin mir sicher, dass andere Leute witzigere Geschichten auf Lager haben, denn wenn man mit vierzehn Leuten in einem Tourbus unterwegs ist und niemand sein Geschäft im Bus verrichten darf, dann bedeutet das, dass man Tag und Nacht zu vierzehn unterschiedlichen Gelegenheiten Halt machen muss.

Gute Nachrichten, schlechte Nachrichten etc.

Während Fachtna am anderen Ende der Leitung jedes Wort einzeln betonte – »Du bist für einen Grammy nominiert« –, sah ich vor meinem geistigen Auge, wie mein Leben wie eine Decke aufgerollt wurde und sich auflöste. Blitzschnell, als wäre ich ein Mensch, der im Sterben liegt. Ich habe das nie jemandem erzählt. Ich bin wie Stevie Nicks. Sie behält ihre Visionen für sich.

Die Nominierung für *The Lion and the Cobra* 1989 hat meine Karriere verändert. Aber als ich zwei Jahre später für *I Do Not Want What I Haven't Got* nominiert wurde, erfüllte mich das natürlich in ganz anderer Weise mit außerordentlicher Genugtuung. Das lag daran, dass es noch gar nicht so lang her war, dass Nigel mich angerufen hatte, um mir zu sagen, dass er das Album nicht veröffentlichen wolle. Seine genauen Worte waren: »Es ist zu persönlich; es ist, als würde man jemandes Tagebuch lesen. Es wird genauso enden wie das zweite Album von Terence Trent D'Arby und in einer Lagerhalle verstauben.«

Er hatte die verdammten Songs bereits Monate vor den Aufnahmen und der Fertigstellung des Albums gekannt. Ich fragte mich, was zur Hölle mit ihm los war. Ich glaube, es machte ihm einfach Spaß, sich in diesem Mist zu suhlen.

Ich erinnerte ihn daran, dass mein Vertrag mir kreative Kontrolle zusicherte, was bedeutete, dass das Album rauskommen würde, ob er es nun mochte oder nicht.

Der Mann ist ein solches *Oxymoron*. Wie kann ein Lied zu persönlich sein? Ich stellte mir vor, ihm (nicht allzu fest) einen großen rohen Fisch um die Schläfen zu schlagen. Das ist das Einzige, was man bei dummen Menschen machen kann.

Innerhalb weniger Monate steigt *I Do Not Want What I Haven't Got* weltweit auf die Nummer 1, und Nigel musste nicht einmal den Telefonhörer in die Hand nehmen, um Millionen für sich zu scheffeln. Es freut mich für ihn. Denn ein Trottel kann keine Frau ins Bett kriegen, wenn er nicht stinkreich ist.

Einer der Faktoren, der zum Erfolg meines Albums beigetragen hat, nahm auf einem Friedhof in Paris seinen Lauf. Auf dem Père Lachaise findet sich ein schneeweißer Marmorblock, aus dem eine junge Frau herausgeschlagen wurde. Sie liegt im Bett, trägt ein wunderschönes geknöpftes Nachthemd und lächelt ihr Baby an, das in ihrem Arm liegt; beide sind in Decken gehüllt, und das Baby lächelt die Mutter ebenfalls an. Jedes Detail ist perfekt, bis hin zu den Nähten in den Laken und Decken. Jede Lachfalte unter den Augen der Frau. Sogar ihr Haar auf dem Kissen.

Ich lief den Großteil des Tages auf dem Friedhof herum, in einem außergewöhnlich teuren Mantel, den ich so gerne behalten hätte. Gerry Stafford, der Stylist, hatte mir erzählt, dass der Père Lachaise sogar ein eigenes Abwassersystem hat. Ich muss gestehen, dass die Vorstellung, die Toten könnten auferstehen, um ihr Geschäft zu verrichten und dann wieder in ihre Särge zu schlurfen, mich ein klein wenig entsetzte. Und womit würden sie sich überhaupt den Hintern abwischen?

Notiz an mich selbst: Niemals wieder auf einen Friedhof gehen.

Wir drehten das Video zu »Nothing Compares 2 U«. Den Großteil des Materials hatten wir schon ein paar Tage zuvor in London gedreht, vielleicht drei Einstellungen. In einer – eine Nahaufnahme – sang ich das Lied ganz einfach zum Playback, auf einem Stuhl sitzend, in einem schwarzen Rollkragenpullover. Aber an der Stelle, an der ich »*All the flowers that you planted, Mama, in the backyard, all died when you went away*« sang, weinte ich für etwa zwanzig Sekunden.

Ich glaube, dass bedeutet, dass ich ihre Zeit verschwendet habe. Ich habe mich noch mal zusammenreißen und weitersingen können. Aber ich glaube nicht, dass das Material zu gebrauchen ist. Daher ist es gut, dass wir in Paris diesen ganzen Kram drehen. Aber ich fühle mich mies, weil ich die Zeit und das Geld der anderen verschwendet habe.

John Maybury, der für das Video wieder Regie führte, dachte, dass ich weine, weil Fachtna und ich vor Kurzem beschlossen hatten, getrennter Wege

Sinéad im Alter von etwa fünf Jahren

© mit freundlicher Genehmigung der Autorin

Kitty O'Grady, Sinéads
Großmutter mütterlicherseits

© mit freundlicher Genehmigung der Autorin

Sinéad in ihrem
Kommunionskleid

© mit freundlicher Genehmigung der Autorin

Grundschule in Dublin

© mit freundlicher Genehmigung der Autorin

Sinéad mit ihrer Schwester Éimear

© mit freundlicher Genehmigung der Autorin

Jugendliche Entrepreneurin
© mit freundlicher Genehmigung der Autorin

Vor der Veröffentlichung ihres ersten Albums

© Kate Garner

Nigel Grainge, Plattenlabel-Guru

© Andy Paradise / The Independent / Shutterstock

Sinéad und ihr Ehemann John Reynolds

© Anton Corbijn

Sinéad und John Reynolds zu Hause, um 1990

© John Reynolds

London, circa 1989. Neuer Look, neues Leben

© Kate Garner

Bei den Grammys, mit Al Green und BP Fallon
© BP Fallon

Ein Besuch in Hollywood
© BP Fallon

Prince und sein Halbbruder Duane

© Ron Galella / Getty Images

Sinéad mit ihrem Manager Steve Fargnoli

© John Reynolds

Protest gegen Missbrauch: Sinéad zerreißt ein Foto von Papst Johannes Paul II. bei *Saturday Night Live*, 1992

© Yvonne Hemsey / Getty Images

Bob Dylan bei seinem Jubiläumskonzert
© mit freundlicher Genehmigung von Columbia Records

Sinéad, verkleidet als Demonstrantin gegen sich selbst

© Susie Davis

© Susie Davis

Der hochverehrte Gesangslehrer Frank Merriman

© Irmantas Bauza / The Bel Canto School of Singing

Sinéad mit Dave Stewart

© BP Fallon

Aufnahmen in Jamaika, mit Robbie Shakespeare (links) und Sly Dunbar (rechts)

© Collin Reid / AP Photo

Bei den Special Olympics 2003
in Dublin, mit Muhammad Ali

© Stringer / Getty Images

Gemalte Worte aus der Heiligen
Schrift

© mit freundlicher Genehmigung der Autorin

© BP Fallon

zu gehen. Aber darüber bin ich inzwischen glücklich. Es ist besser für alle Beteiligten.

Ich habe um meine tote Mutter geweint. Das setzt mir noch immer richtig zu, obwohl ich inzwischen vierundzwanzig bin. Schon ein bisschen peinlich. Aber was will man machen. Ich bin ein Mädchen.

• • •

Im Showbiz-Teil von Los Angeles wachsen vor den weißen Steinwänden wunderschöne tiefrosafarbene Blumen. Die Mexikaner leben anderswo. Genau wie die Afroamerikaner. Diese Leute bekommt man nur dann zu Gesicht, wenn sie jemandes Haus putzen.

Im New Yorker Büro meiner Plattenfirma ist die Hautfarbe der Angestellten im Kellergeschoss am dunkelsten – dort, wo sich der Postabfertigungsraum befindet. Mit jedem Stockwerk wird die Haut der Mitarbeiter heller. Das gilt auch für die Musik, die aus den Radiogeräten tönt. In den beiden obersten Etagen herrscht außerdem eine unausgesprochene »Keine Frauen«-Politik, von den Sekretärinnen mal abgesehen.

Den Plattenbossen gefiel das Coverfoto für *The Lion and the Cobra* nicht, darum mussten wir für Amerika ein anderes auswählen, wenn auch aus derselben Serie. Sie waren der Meinung, ich sähe auf dem europäischen Cover »wütend« aus. Ich sähe aus, als würde ich schreien. Tatsächlich habe ich gesungen. Der sehr clevere Fotograf hatte mich zu meiner eigenen Platte mitsingen lassen, die er richtig laut aufgedreht hatte. Es ist also einfach nur ein Bild, auf dem ich aussehe, wie ich aussehe, wenn ich singe. Aber den Plattenbossen gefiel die »ernste« Stimmung eines Bildes besser, auf dem ich mit geschlossenem Mund zu Boden schaue. Schreiende Frauen sind offenbar nicht gut, um »den Absatz zu steigern«. Und sie sind ja bereits durch meine Fastglatze gehandicappt.

Die Leute, die in der Musikindustrie das Sagen haben, sind kein bisschen Punk. Sie sind ein Haufen Angsthasen. Aber sie haben vor der falschen Sache Angst – vor der Musik nämlich. Deshalb gab es 1991 bei den Grammys eine Rap-Kategorie, die aber nicht im Fernsehen übertragen wurde. Also gab es einen Boykott in der Rap-Community. Und deshalb hatte ich das Logo von Public Enemy faustgroß auf meine kurzrasierte linke Kopfseite auftragen lassen, damit man es im Fernsehen und überall auf der Welt würde sehen können.

Das Showbiz wird gerade richtig interessant. Die Kids fangen an, auf die Barrikaden zu gehen (und seit John Lennon gestorben ist, ist niemand mehr auf die Barrikaden gegangen).

Rap ist ein Riesending in Amerika. Überall sieht man nur noch Teenager (die vom Establishment »Kids« genannt werden«) auf Treppenstufen sitzen, ausgerüstet mit gewaltigen Ghettoblastern, aus denen Public Enemy oder KRS-One dröhnen, der Bass so laut, dass man sich fast in die Hosen scheißt; oder sie schleppen die Ghettoblaster auf ihren Schultern durch die Straßen, als würden sie den Kreuzweg ablaufen.

Jesus nicht unähnlich, ist es die Mission des Rap, denen Selbstbewusstsein zu geben, die zuvor »einen Scheiß wert waren«. Genau wie bei Jesus ist die Sache also gefährlich. Denn eine Menge Kids unterschiedlichster Couleur hören zu, und niemand in der Branche möchte, dass die oberen Etagen von der falschen Hautfarbe oder der falschen Denkweise überrannt werden – und mit »falscher Denkweise« sind alle gemeint, denen die Wahrheit etwas bedeutet.

Kids sind der Markt, aber man muss sie weiterhin glauben lassen, dass sie weniger wert sind als ihre Stars, denn sonst werden sie nicht mehr glauben, dass sie das, was die Stars verkaufen, auch brauchen.

Was passieren wird, ist absehbar. Wenn die Showbiz-Manager begreifen, dass sie Rap nicht loswerden können, dann werden sie ihn kapern. Sie werden Rap-Hochstapler zu Millionären machen, die Sachen sagen wie: »Du kannst nicht sein wie ich.«

Funny How Time Slips Away

Als ich 1989 für einen Grammy in der Kategorie *Best Female Rock Vocal* nominiert war, habe ich tatsächlich an der Show teilgenommen und »Mandinka« live vorgetragen.

Während der gesamten Generalprobe war ich unruhig, da ich tags zuvor, nachdem ich in L.A. angekommen war, in eines dieser kleinen Häuser am Sunset Boulevard mit den blinkenden Schildern im Fenster gegangen war, auf denen WAHRSAGERIN steht.

Eine sehr alte indische Frau, dicklich und in einen violett-orangen Sari gehüllt, trat hinter einem roten Vorhang hervor. »Setzen Sie sich«, sagte sie und deutete auf einen ramponierten blassgrünen Sessel zu ihrer Linken. Sie verschwand für einige Minuten, kam dann zurück und ließ sich mir gegenüber in einen zweiten Sessel gleicher Machart fallen.

Wir unterhielten uns etwa zehn Minuten lang. Über nichts im Besonderen, abgesehen davon, dass ich ihr sagte, dass meine Mutter tot sei und dass ich gerne wissen wolle, ob es ihr gut gehe, wo immer sie nun sei. Sie antwortete: »Das ist nicht mein Tätigkeitsfeld. Sie brauchen ein Medium.«

Dann sagte sie: »Zeigen Sie mir Ihre Handfläche«, und ich reichte ihr meine rechte Hand. »Ich sehe dunkle Geister, die Sie umgeben«, sagte sie.

Ein deutlich vernehmbares trockenes Schlucken meinerseits. »Weshalb sind sie da? Wie werde ich sie los?«

»Sie sind da, weil Sie traurig sind«, sagte sie. »Sie müssen ein Bad nehmen und hinterher eine Plastikflasche mit dem Badewasser füllen.«

Und dann fuhr sie fort: »Für jedes Ihrer Lebensjahre müssen Sie einen Hundertdollarschein mit einem Gummiband an der Flasche befestigen, und dann geben Sie diese Flasche mir. Dann werden Sie geheilt sein.«

Ich rannte ins Hotel und sagte Fachtna: »Ich brauche zweitausend Dollar, so schnell es geht.« Er wollte sie mir nicht geben. Er wollte auch nicht die Plattenfirma danach fragen. Er sagte mir, dass ich mich vorführen lasse und dass die Frau eine Betrügerin sei. Ich sah schon ein, dass er recht hatte, aber sie hatte mir eine solche Angst eingejagt, dass ich ihm den gesamten Abend und auch noch am nächsten Morgen damit in den Ohren lag. Ich wollte es trotzdem versuchen. Wir waren immer noch genervt voneinander, als es an der Zeit war, zur Generalprobe aufzubrechen. Wir sind häufig genervt voneinander.

Wir saßen in der Mitte der dritten Reihe, als Sarah Vaughan sich durch ihr Lied »So Many Stars« hustete. Ich war beeindruckt. Sie wärmte sich erst auf. Nachdem sie gehustet und das Lied dreimal gesungen hatte, war ihre Stimme perfekt. Klar, kein bisschen rauchig und wunderschön.

Die Wangen von Dizzy Gillespie blähten sich auf wie Luftballons, als er probte. Ich wollte sie küssen, so süß sah er aus.

Al Green trug ein Hemd, das aus Gold gefertigt war. Es sah aus, als hätte jemand eine Tonne kleiner Goldkettchen zusammengenäht. Jemand stellte uns ihm vor. Er roch wunderbar. Nach Parfüm, nicht nach Rasierwasser. Ich scherzte, dass ich ihn bitten solle, uns zu verheiraten, da er ja ein Pfarrer sei. Aber ich glaube nicht, dass eine Ehe zwischen zwei so übellaunigen Menschen wie uns eine sonderlich spaßige Angelegenheit wäre.

Ich traf Anita Baker. Sie probte ebenfalls, in einem herrlichen schwarz-goldenen Kleid. Ich liebe sie. Sie ist so wunderschön. Sie hielt eine langstielige rote Rose in der Hand. Sie überreichte sie mir. Sie sagte, dass »Mandinka« ihr gefiele. Sie sagte: »Deine Stimme hat Tiefe.«

Als ich nach der Probe wieder in mein Hotelzimmer kam, erwartete mich – an einen Stuhl gebunden – ein riesiger Strauß aus Luftballons, in denen sich weitere Luftballons befanden. So etwas hatte ich noch nicht gesehen. Sie kamen von der Plattenfirma.

Für die Show trug ich ein kurzes Top und eine Jeanshose. Ich hatte die Ärmel von Jakes Schlafanzug durch die hinteren Gürtelschlaufen gezogen, sodass er mir über den Hintern baumelte. Später, als ich wieder in Irland war, habe ich den Anzug auf das Grab meiner Mutter gelegt. Er ist immer noch da, nur sehr viel verwitterter. Er ist in die Erde und die Steine gesunken. Früher war er blau und weiß. Jetzt ist er gelb, als hätte ihn jemand in Kamillentee eingeweicht.

Mein älterer Bruder war wütend, weil ich ihn dort abgelegt hatte. Er fand den Anblick schlimm. Er fand, dass das eine ziemlich verstörte Aktion sei. Aber ich hatte ihr ein Andenken von den Grammys mitbringen wollen. Denn während meiner gesamten Zeit dort hatte ich daran denken müssen, wie gern sie auch da gewesen wäre. Und sie würde ihren Enkelsohn niemals kennenlernen. Ich wollte ihr etwas von ihm geben.

Paper Roses

Meine zweite Grammy-Nominierung erhielt ich 1991. Das war eine sehr andere Angelegenheit als meine erste Ehrung, weil ich nicht hinging. Und ich lehnte die Auszeichnung in der Kategorie *Best Alternative Music Performance* ab, die ich gewonnen hatte. Zur großen Bestürzung vieler lehnte ich *sämtliche* Auszeichnungen ab, die mir für mein zweites Album persönlich angetragen wurden. Denn so, wie mich die Musikbranche und die Medien im zurückliegenden Jahr behandelt hatten, wusste ich, dass ich keine Preise für das bekam, wofür ich stand. Vielmehr bekam ich sie, weil ich viele »Einheiten« abgesetzt hatte – ich hatte viele Platten verkauft. Der kommerzielle Erfolg zählte mehr als die künstlerische Leistung. Ich hatte vielen Männern viel Geld eingebracht, denen nicht gleichgültiger hätte sein können, wovon meine Lieder handelten. Und denen sogar lieber wäre, ich würde es niemandem erzählen.

Wenn ich Auszeichnungen und Einladungen zu Award-Shows ablehne, stelle ich klar, dass ich damit auf das Thema Kindesmissbrauch aufmerksam machen möchte. Und dass ich ein Punk bin, kein Popstar. Und dass Auszeichnungen dazu dienen, dass manche Leute sich besser und andere schlechter fühlen. Und dass Musik kein Wettbewerb sein sollte.

Empörung über mich zieht sich durch die gesamte Branche. Die Brit Awards in England werden von Jonathan King moderiert, einem enorm beliebten Fernseh-DJ. Aus irgendeinem Grund verbringt er zehn Minuten damit, mich wegen meines Standpunkts bösartig anzugreifen. Das ist ziemlich verblüffend. Seine Augen quellen hervor und er hat Schaum vorm Mund, so wütend ist er. Wie kann der kleine irische Grünschnabel es wagen, Musik mit Kindesmissbrauch in Verbindung zu bringen?

(Als er Jahre später wegen fortgesetzter pädophiler Handlungen verurteilt und ins Gefängnis gesteckt wird, ergibt sein Zorn plötzlich Sinn.)

In Amerika werde ich am Abend der geschwänzten Grammy-Verleihung von gewissen Männern auf sehr üble Weise schikaniert. Man versetzt sogar heimlich meine Getränke mit irgendwelchen Drogen – während einer Party im Haus von Eddie Murphy, bei der die Verleihung übertragen wird.

Drei Tage später verlasse ich L.A. und kehre nach England zurück. Mein Haus in L.A. überlasse ich dem Roten Kreuz. Mit den Fallstricken des sogenannten Erfolgs will ich nichts mehr zu tun haben.

Sheviti Adonai L'negdi Tamid – I Place God Before Me Always

Ich habe versucht, mich in jüdischen Interpretationen der Heiligen Schrift unterrichten zu lassen, aber da ich keine Jüdin bin, wollte niemand mich als Schülerin annehmen. Auch habe ich noch nicht den (oft herbeifantasierten) gut aussehenden Rabbi gefunden, der mich heiraten möchte und für den ich zum Judentum übertreten muss, weil ich ihn aufrichtig liebe. Das Beste, was ich auftun konnte, war Kabbala-Unterricht bei einem sehr freundlichen Lehrer namens Z'ev Ben Shimon Halevi, in einer kleinen Schule im herrlichen Regent's Park.

Ich hatte dann eine Unterrichtsstunde, von der sowohl mein Lehrer als auch ich wussten, dass es bedauerlicherweise meine letzte sein würde – ein paar Tage, nachdem ich gehört hatte, dass »Nothing Compares 2 U« und auch das Album *I Do Not Want What I Haven't Got* in Amerika auf Nummer 1 standen. Passenderweise saß ich in dem Moment, in dem ich das erfuhr, auf einer Toilette (ich weiß nicht mehr, auf wessen), die Tür wie üblich offenstehend (damit man sich besser unterhalten konnte). Wer immer es war, der mir die Neuigkeiten überbrachte, war verärgert darüber, dass ich mich nicht darüber freute. Stattdessen weinte ich wie ein Kind vor dem Tor zur Unterwelt.

Nachts träumte ich, dass ich eine goldene Konzerttriangel mit Armen, Beinen und einem Gesicht war; ich lief einfach so durch den Regent's Park, auf alten staubigen Pfaden. Menschen kamen angerannt, nahmen sich Teile meines Körpers. Ich musste schnell nach Hause, einen alten Regenmantel holen, mit dem ich mich bedecken konnte, wo immer ich hinging. Wenn die Leute wussten, dass ich aus Gold bestand, dann würde eines Tages nichts mehr übrig sein von mir.

Kaum dass ich zu meiner letzten Stunde erschienen war, packte der Kabbala-Lehrer mich am Ellbogen und wirbelte mich zur Klassentür hinaus. Im Flur flüsterte er mir laut ins Ohr: »Sie wissen, dass Ruhm ein Fluch ist und der Teufel ein Gentleman?«

Ich nickte bestätigend und er schob mich wieder ins Klassenzimmer. »Vergessen Sie nicht, die Party zu verlassen, bevor alle betrunken sind und Streit anfangen«, sagte er noch.

Neun Monate später ist meine Tournee beendet und ich habe ein Haus in Los Angeles angemietet, weil mein Manager gesagt hat, ich könne erst wieder nach Hause fliegen, wenn die MTV Awards vorbei sind. Mein spanisch aussehendes Haus befindet sich auf halber Höhe eines Hügels. Außen ist es mit wunderschönem altem weißem Stuck verziert. An der Eingangstür hängt sogar ein kleines Kreuz, genau wie in Irland. Wenn ich auf meiner Terrasse bin, kann ich zu meiner Linken in weiter Entfernung den Hollywood-Schriftzug sehen. Zwischen den Bäumen zu meiner Rechten sehe ich manchmal Hirsche umherstreifen.

Unten im Wohnzimmer ist eine Wand komplett verglast und bietet einen Blick auf Los Angeles. In der Nacht sieht das aus wie ein schwarzer Rahmen, der die Lichter der Hölle auf Erden einfasst. Immer wenn die Dämmerung kommt, wird mir bange.

Das Schlafzimmer habe ich lila streichen lassen. *Was zur Hölle,* habe ich mir gedacht, *wo, wenn nicht in Amerika, darfst du ein lilafarbenes Schlafzimmer haben?* In Irland hätten nur Nutten ihr Schlafzimmer lila gestrichen – und sonst niemand. Und da Sex in Irland eine Sünde ist, kann man dort keine Nutte sein, weil man keine Kunden hätte. Also hat niemand dort je ein lilafarbenes Schlafzimmer gehabt, mit Ausnahme von Erzbischof John Charles McQuaid.

Während ich eines Morgens unter der Woche damit beschäftigt bin, zu entscheiden, was ich anziehen möchte, klingelt das Telefon in meinem Zimmer. Eine effeminierte, aber verärgerte Stimme fragt: »Sind Sie *Shine-head O'Kahn-er?«*

»Nein«, sage ich, »ich bin Sinéad O'Connor«, nur um ihn zu ärgern. Dann frage ich ihn, wer er ist.

Er sagt, er sei Prince.

Er sagt, er wolle später einen Wagen für mich vorbeischicken, wir sollten uns mal treffen.

Ich bin ihm in einem Club begegnet, als *The Lion and the Cobra* veröffentlicht wurde, aber wir haben uns nie richtig unterhalten. Wir haben uns einfach zu den Songs treiben lassen, die der DJ spielte – Sly Stone und solche Sachen.

Seitdem haben wir einander nicht mehr gesprochen. Mit meiner Aufnahme von »Nothing Compares 2 U« hatte er nichts zu tun. Sein Anruf in meinem lilafarbenen Schlafzimmer ist der erste Kontakt, den wir seit 1988 haben.

Ich bin dreiundzwanzig. Wenn ich meinen Freunden erzähle, dass Prince mich angerufen hat, stellen sie sich das ganz romantisch vor. Wir haben alle gedacht, dass er und ich uns vielleicht verlieben würden.

Zumindest aber haben wir uns vorgestellt, dass wir gut miteinander klarkämen, denn der großartige Steve Fargnoli (der mein neuer Manager war) hatte zuvor Prince gemanagt und uns einander vorgestellt.

Wir hatten gedacht: *Er will bestimmt feiern, dass der Song so erfolgreich ist. Es wird eine Torte geben! Bei Prinzen gibt es immer Torte!*

Ich irrte in dreifacher Hinsicht, und meine armen Freundinnen waren nicht mehr entzückt, sondern entsetzt, als ich ihnen erzählte, was sich zugetragen hatte.

Um neun Uhr abends sehe ich aus der Dunkelheit meines Schlafzimmers die lange schwarze Limousine geräuschlos vor meinem Tor vorfahren und halten. Ich stelle mir vor, ich wäre in einem Spionagefilm und man würde mich gleich zu einem geheimen Standort fahren, wo man mir meine nächste Mission mitteilt.

Hinter dem Lenkrad sitzt ein stereotyper Fahrer mit Anzug und Mütze. Ich bin eine Plaudertasche, also frage ich ihn unterwegs aus: Wie ist Prince so, wie wohnt er, und so weiter. Er spricht kein einziges Wort, schaut mich nur ab und an verängstigt durch den Rückspiegel an, als hätte ich ihn nach dem Weg zu Draculas Schloss gefragt. Sehr seltsam. Für gewöhnlich plaudern Fahrer genauso gerne wie junge Frauen.

Wir fahren lange Zeit, bis wir uns schließlich einen nachtschwarzen Hügel hinaufwinden, bis nach ganz oben, wo ein großes Haus auftaucht, das nur sehr schwach beleuchtet ist. Wir fahren in die Einfahrt. Zu meiner Rechten befindet sich die Eingangstür. Wir scheinen uns auf einem Vorhof zu befinden; im Hintergrund, etwa sechzig Meter weit entfernt, erkenne ich einige Nebengebäude.

Ich steige aus dem Wagen und der Fahrer gibt mir mit einer Geste seines Kopfes zu verstehen, dass ich selbst an der Tür klingeln kann. Das tue ich auch. Ich warte ein paar Momente und nichts passiert. Ich klingle erneut, und wieder tut sich nichts. Ich drehe mich um, um den Fahrer zu fragen, was ich seiner Meinung nach tun solle, aber er und die Limousine sind verschwunden.

Gerade als mir bewusst wird, dass ich keine Ahnung habe, wo ich bin oder wie ich wieder nach Hause kommen soll, falls hier niemand ist (und dass die Straße so dunkel ist, dass ich nicht weiter als bis zu meiner Nasenspitze werde sehen können), öffnet sich die Tür langsam und knarzend.

Ich erwarte, dass hinter der Tür jemand namens Igor steht, der sagt: »Sie haben geläutet?« So wie in den Filmen. Da steht kein Igor, wie sich herausstellt, aber seinen Namen erfahre ich erst später.

Scheinbar spricht hier niemand; man verständigt sich mit Kopfbewegungen. Er gibt mir zu verstehen, dass ich eintreten und ihm folgen möge. Das tue ich auch, und in seiner Haltung erkenne ich einen unverkennbaren Anflug von »Meister, Meister«-Mentalität, wenn er auch nicht hinkt. Er hält das Kinn unten, seine Arme liegen dicht am Körper an, seine Schulten schicken sich an, sein Herz zu schützen.

Wir wandern durch zwei enorme Empfangshallen, unbeleuchtet, bis auf das wenige Licht, das von den Gängen hineinfällt. In beiden Räumen befindet sich ein Fenster von etwa sechs Metern Höhe und drei Metern Breite, gänzlich bedeckt von mehreren sorgfältig angebrachten Lagen Aluminiumfolie.

»Was hat es damit auf sich?« Ich mache eine Geste mit meinem Kopf, als Igor sich nach mir umdreht, um sicherzugehen, dass ich im Dunkeln nicht über irgendetwas falle. Er presst die einzigen vier Worte hervor, die ich ihn an diesem Abend sprechen höre: »Er mag kein Licht.«

Als ich ihn das zweite Mal sehe, sind sein Körper und sein Wesen vor Angst in Schockstarre.

Nun aber werde ich von ihm in eine seltsam gutbeleuchtete kleine Küche geführt, in deren Mitte sich ein kleiner, quadratischer Frühstückstresen befindet, an dem man sitzen könnte, wenn dort Stühle stünden. Der arme Igor macht sich aus dem Staub.

Es vergehen einige Minuten, in denen niemand kommt, sodass ich mich traue, einen schnellen Blick in den Spülschrank zu werfen, um herauszufinden, was für Putzmittel Prince nutzt. Welche Frau würde schließlich nicht wollen, dass ihre Küche strahlt wie ein Palast?

Tatsächlich sieht es da unten aber ein wenig chaotisch aus, also schicke ich mich an, Ordnung für ihn zu schaffen. Bald darauf höre ich ein *Swihhsch*-Geräusch und von irgendwo steigt mir ein süßer Duft in die Nase. Ich drehe mich um. Prince steht im Türrahmen. Der alte Rüschenärmel. Aufgetakelt wie ein Auffahrunfall.

Sieht aus, als trüge er sämtliches Make-up, das jemals in das Gesicht von Boy George gepinselt worden ist. Sieht aus wie ich, als ich mit Jerome Kearns zu einem Schulball gegangen bin.

»Du musst *Shine-aid* sein«, sagt er.

»Und du musst *Prance* sein«, antworte ich.

Zwischen uns steht der Frühstückstresen. Er bleibt auf seiner Seite. Der Kühlschrank befindet sich zu seiner Rechten und zu meiner Linken. »Möchtest du was trinken?« Er lächelt.

»Ja, irgendwas ohne Alkohol, bitte.« Ich mag nämlich keinen Alkohol, weil ich davon kotzen muss, und niemand will Cinderella kotzen sehen. Außerdem hat meine Oma mir beigebracht, immer »bitte« und »danke« zu sagen. Er dreht mir den Rücken zu, um oben aus dem Regal ein Glas zu holen. Dann dreht er sich blitzschnell um, knallt das Glas so hart auf den Tresen, dass mich wundert, dass es nicht zerspringt, und sagt: »Hol dir selbst was.«

Ich habe sowas schon erlebt. Ich bin damit aufgewachsen. Ich kenne solche Spielchen in- und auswendig. Im Geiste sehe ich mich nach Ausgängen um, ohne ihn aus den Augen zu lassen.

Mir wird klar, dass ich keine Ahnung habe, wo ich bin. Ich habe nie nach der Adresse gefragt. Ich weiß nicht, wo sich die Haustür befindet. Es ist dunkel. Ich weiß nicht, wie ich hier an ein Taxi kommen soll. Ich weiß nur, dass ich mich irgendwo in fernen Hügeln befinde, weit weg von der nächsten Schnellstraße. Und es hat nicht den Anschein, als hätte er mich herbestellt, um mir Torte zu servieren.

Er fängt an, auf seiner Seite des Frühstückstresens hin und her zu stelzen, die Arme verschränkt, mit Daumen und Zeigefinger der einen Hand reibt er sein Kinn, als hätte er einen Bart; er mustert mich von oben bis unten, als wäre ich (a) ein Stück Hundescheiße an seiner Sohle und als würde er (b) überlegen, welche Stelle meines kleinen Körpers er schlagen muss, um den größtmöglichen Effekt zu erzielen.

Das gefällt mir alles nicht. Und ich schätze es nicht, wenn jemand annimmt, ich wäre leichte Beute. Ich bin Irin. Wir sind anders. Es ist uns scheißegal, wer du bist. Wir wurden von den Allerschlimmsten der schlimmsten Geistlichkeit kolonisiert und haben es unbeschadet überstanden.

Als er mich anblafft »Ich mag die Sprache nicht, die du in deinen Zeitungsinterviews verwendest«, antworte ich dann auch mit: »Du meinst Englisch? Oh, das tut mir leid, das Irische haben sie aus uns rausgeprügelt.«

»Nein«, sagt er. »Ich mag es nicht, wenn du fluchst.«

»Ich bin nicht deine Angestellte«, erkläre ich ihm. »Wenn es dir nicht passt, dann kannst du dich meinetwegen ins Knie ficken.«

Jetzt ist er so riiiiiiiiiichtig angepisst. Aber er beißt die Zähne zusammen.

Er verlässt die Küche und ich höre ihn mehrmals nach jemandem namens Duane rufen. Seine Stimme entfernt sich mit jedem Rufen ein wenig mehr, darum weiß ich, dass ich einen Augenblick Zeit habe, mich nach einem Hintereingang umzusehen. Leider erfolglos. Und bald schon höre ich Schritte – er kommt zurück, Igor im Schlepptau.

Aber bevor ich die beiden sehe, ertönt seine Stimme, die mich herbeizitiert. Ich soll ihm ein paar Stufen hinauf in einen winzig kleinen Speisebereich folgen. Das tue ich auch, und als ich an Igor vorbeilaufe, bemerke ich, dass er seine Augen auf den Boden geheftet hat, sehr verängstigt, der Körper starr vor Unterwürfigkeit.

Ich setze mich an den Tisch. Ich blicke in Richtung Hof. Seine Majestät sitzen neben mir. Er brüllt einen rabiaten Befehl die paar Stufen hinunter, an deren Ende Igor steht. Er will Suppe. Er fragt mich, ob ich auch Suppe möchte. Ich möchte vor allem keinen Anteil daran haben, dass Igor so schlecht behandelt wird, deshalb sage ich, dass ich keinen Hunger habe.

Wo wir sitzen, ist die Beleuchtung sehr, sehr schwach. Wir sprechen nicht. Er brodelt vor sich hin. Er brüllt erneut, und nach einer Weile schlurft Igor die Stufen hinauf, in den Händen ein mit cremefarbenem Leinen drapiertes Silbertablett, auf dem zwei Suppenschüsseln und zwei Löffel klappern. Er hat die Körperhaltung eines misshandelten Kindes, dem neue Prügel drohen. Seine Hände zittern und er ist eingeschüchtert, als stünde er einem Dämon gegenüber. Es ist dieselbe elende Angst, die meine Mutter meinem kleinen Bruder so oft eingeflößt hat. Igor sieht aus, als würde er sich jeden Moment in die Hose pissen. Er wirkt auch benommen, so als stünde er unter Drogen.

Er steht am Tisch vor seinem Meister. Er senkt das Tablett nicht. Etwa zwanzig Sekunden vergehen. Sein Kopf ist nach unten gerichtet. Sieht aus wie Oliver Twist, der um Nachschlag bittet.

»Du darfst jetzt absetzen«, spricht seine Majestät. Igor tut, wie ihm geheißen. Dann tritt er zurück; er hält die Hände, als hielten sie eine Mütze. Aus irgendwelchen Gründen weiß ich, was gleich passieren wird.

»Serviere Miss O'Connor Suppe«, kläfft seine Majestät Igor an.

»Ich möchte keine Suppe, vielen Dank«, antworte ich höflich, tätschle meinen Bauch und schaue Igor an, als wollte ich sagen, *es schmeckt ganz sicher köstlich, aber ich bin pappsatt* (so wie meine Oma es mir beigebracht hat). Igors Kopf bewegt sich nicht, aber seine Augen blicken auf mich, dann auf seine Majestät und schließlich wieder auf den Boden.

Fast so wie die Haushälterin Mrs. Doyle in der BBC-Sitcom *Father Ted* beharrt seine Majestät nun wiederholt darauf, Igor möge mir Suppe servieren. Nur dass er, ganz anders als Mrs. Doyle, in einer solch herabwürdigenden und erniedrigenden Art sprach, dass Igor noch mehr zitterte und mich mit Blicken anflehte, mir die dämliche Suppe servieren zu dürfen. Doch jedes Mal, wenn er sich mir mit der Suppe näherte, hob ich die Hände und sagte: »Danke, nein.«

Igor wusste, was vor sich ging. Ich würde mich an seiner Erniedrigung nicht beteiligen. Ich hätte die Suppe selbst dann nicht gegessen, wenn mein Leben davon abgehangen hätte. Endlich stellte er die Suppe wieder auf das Tablett und stand da, beides in den Händen haltend; er wusste nicht, was er tun sollte, und sah aus, als würde er gleich losweinen.

Ein paar Momente Stille, in denen Igor auf seine Auspeitschung wartet. Schließlich ist es so weit. Seine Majestät wendet mir sein bösartiges, kleines Gesicht zu und sagt in einem Tonfall, in dem gewöhnliche Menschen über Fäkalien sprechen würden: »Das hier ist übrigens mein Bruder Duane.«

Ich bin perplex. Und es widert mich an, dass er seinen Bruder so mies behandelt. Ich bringe das zum Ausdruck, als der arme Duane aus dem Zimmer entschwindet. Die Stimmung wird hitzig.

Irgendwann beschließt seine Majestät, dass wir uns nun beruhigen sollten, und er geht nach oben, vermutlich, so denke ich, um sich das Näschen zu pudern und zu vergewissern, dass das Bildnis Dorian Grays noch unbeschadet auf dem Speicher hängt.

Mit zwei Kissen in der Hand kommt er wieder runter und sagt: »Wie wäre es mit einer Kissenschlacht?« Ganz freundlich, mit einem Lächeln. *Okay*, denke ich mir, *du wirst ja nicht jeden Tag die Gelegenheit haben, dir mit Prince eine Kissenschlacht zu liefern, also, was zur Hölle, versuchen wir doch, nach diesem beschissenen Anfang noch einen lustigen Abend zu haben.*

Nur stelle ich beim ersten Schlag fest, dass er etwas unten in sein Kissen gestopft hat – etwas, womit er mir wehtun möchte. Er spielt beileibe nicht.

Ich werde richtig wütend. Und ich bekomme es wirklich mit der Angst zu tun. Wir tauschen noch ein paar Schläge aus und er geht wieder nach oben. Wir sind irgendwie gleich neben der Eingangstür gelandet. Ich öffne sie und renne hinaus. Der Fahrer befindet sich in der geparkten Limousine; er schläft tief und fest. Ich möchte ihn nicht aufwecken. Aber dort drüben ist ein riesiges Tor, verschlossen. Ich fange an, leise nach Duane zu rufen. Ich renne nach rechts, wo sich die Nebengebäude befinden, in der Annahme, dass er dort vielleicht wohnt.

Als Nächstes höre ich ein *Swihhsch* und ein süßer Duft steigt mir in die Nase, und da steht seine Majestät hinter mir. Er befiehlt mir, wieder ins Haus zu gehen. Und ich gehorche. Das alles ist mir zu vertraut, als dass ich es protestlos hinnehmen könnte, wie man sich unschwer denken kann. Ich wünsche zu gehen, und man sagt mir, ich dürfe nicht.

Nach einer Weile informiert er mich darüber, dass ich die Eingangstür öffnen und seinem Fahrer sagen dürfe, dass er mich nach Hause bringen solle. Ich öffne die Tür und sage, dass ich nicht seinen Fahrer bemühen, sondern mir lieber ein Taxi rufen wolle. Es folgt ein weiterer Wutanfall. Wie kann ich es wagen, ihm nicht zu gehorchen? Er stampft wieder die Treppe hinauf.

Gleich bei der Eingangstür steht ein kleiner Stuhl. Als er wieder runterkommt, wirft er sich darauf und sitzt da, den Blick auf den Boden geheftet. Etwa zwei Minuten lang sagt er kein Wort. Ich stehe direkt vor ihm und versuche, vernünftig mit ihm zu reden, um ihm klarzumachen, dass ich mich gerade wirklich nicht sicher fühle und gerne selbst entscheiden würde, wie ich zurück nach Hause komme.

Er hebt seinen Kopf, sodass unsere Gesichter vielleicht fünfzehn Zentimeter voneinander entfernt sind, und starrt mir etwa zehn Sekunden lang in die Augen. Dank des Lichts, das durch die geöffnete Tür fällt, kann ich seine Augen deutlich sehen. Seine Iris löst sich vor mir auf, sodass seine Augen reinweiß werden. Sie wandern nicht nach oben. Sie wandern nicht nach unten. Sie wandern nicht nach links. Sie wandern nicht nach rechts. Sie lösen sich auf. Ich kann es ganz klar erkennen. In meinem Bauch macht sich kalte Angst breit. Ich renne wieder zur Tür hinaus und schüttle den Fahrer durch das offene Fenster wach, während ich nach Duane schreie.

Von den Nebengebäuden her höre ich Duanes Schlurfen herankommen, doch bevor er es bis zu mir schafft und bevor der Fahrer beide Augen geöffnet hat, hat seine Majestät mich am Ellbogen gepackt.

Er befiehlt Duane zurückzuweichen und sagt dem Fahrer, er solle zu Bett gehen. Sie tun beide, wie ihnen geheißen.

Seine Majestät zerrt mich buchstäblich zurück zur Eingangstür und befiehlt mir, auf der Schwelle stehenzubleiben, während er seine Autoschlüssel sucht. Die Hölle werde ich tun, mich mit diesem Hurensohn in einen geschlossenen Wagen zu setzen, also renne ich links um das Gebäude herum und schaffe es in der Dunkelheit vielleicht hundertfünfzig Meter weit.

Ich glaube, ich habe die Grundstücksgrenze hinter mir gelassen. Da drüben stehen ein paar Palmen. Hinter einer davon verstecke ich mich und drehe mich um, um zu sehen, wo er ist. Als ich nichts entdecken kann, ziehe ich mein helles Oberteil aus. Darunter trage ich schwarz. Er wird mich nicht sehen. Er wird nach dem Oberteil Ausschau halten, das ich getragen habe.

Ich höre ihn vor dem Haus herumstampfen. Er ruft nach mir, weiß aber immer noch nicht, wie man meinen Namen ausspricht. Er belässt es bei: »Wo steckst du, verdammt noch mal?« Ich höre Kiesel knirschen, er geht ein paar Schritte in meine Richtung. Dann beschließt er jedoch zurückzugehen und in sein Auto zu steigen.

Er fährt die Windungen des Hügels hinunter. Wegen der Lichter des Wagens kann ich ihn gut erkennen. Sie erleuchten auch meinen Weg genug, um mich von Baum zu Baum eilen zu lassen, wann immer er hinter einer Kurve verschwindet, und nach etwa einer halben Stunde sehe ich die Lichter einer Straße.

Als ich endlich ganz unten ankomme, geht die Sonne bereits auf. Ich bin erleichtert. Alles liegt in einem silbrigen Licht. Ich marschiere mit gesenktem Kopf die Straße entlang und versuche mit ausgestrecktem Daumen eine Mitfahrgelegenheit nach Los Feliz zu ergattern. Dieser Gang, dieses ganze Erlebnis – es kommt mir schrecklich bekannt vor. Ich hätte ebenso gut in Glenageary sein können. Die ganze Zeit über vergewissere ich mich, dass es bloß nicht er ist, der anhält, um mich mitzunehmen.

Und dann, verdammt noch mal, *ist* er es. Er fährt ein Stück neben mir her, lässt das Fenster auf der Beifahrerseite herunter und befiehlt mir einzusteigen. Seine linke Hand liegt schlaff auf dem Lenkrad. Ich sage ihm, dass er mir den Schwanz lutschen kann. Oder sonst was.

Mit quietschenden Reifen bringt er den Wagen auf der Kriechspur zum Stehen und steigt aus. Er fängt an, mich um das Auto herumzujagen, erzählt mir, dass er mir die Scheiße aus dem Leib prügeln wird (als hätte ich erste Hinweise darauf nicht bereits um zehn Uhr abends entdeckt).

Ich jage ihm ebenfalls hinterher und wir rennen ein Weilchen ums Auto herum – er ist außer sich vor Wut, dass es ihm nicht gelingt, mich zu fangen, während ich ihn anfauche wie eine Katze, die gerade Junge zur Welt gebracht hat.

Ich bin so lange gelaufen, dass jetzt zu beiden Seiten der Straße Häuser stehen, deren Einfahrten kaum zwei Meter lang sind. Ich erinnere mich daran, dass mein Vater mir mal gesagt hat, dass ich, sollte ich jemals mit einem Mann in eine solche Situation geraten, nach Möglichkeit an jemandes Tür klingeln und um Hilfe bitten solle (aber nicht, ohne vorher zu verkünden, dass mein Vater bei der Polizei arbeitet).

Zunächst jage ich den dämlichen Bastard genug ums Auto herum, um mir sein Muster einzuprägen. Ich weiß, wann ich meine Chance ergreifen muss, weil er für einen kurzen Moment nach rechts schauen muss, bevor er auf die Straße rennt. Sobald er das macht, schieße ich eine Einfahrt hinauf, drücke die erstbeste Klingel und halte sie einfach gedrückt.

Er springt wieder in sein Auto (mein Vater hatte recht). Dort sitzt er und beobachtet mich eine Minute lang, als erwäge er, noch ein paar Runden dranzuhängen, falls niemand mir öffnen sollte. Doch er beschließt, das Risiko nicht einzugehen. Er scheut das Licht. Jemand könnte ihn gesehen haben. Er wendet den Wagen und rast davon. Würdigt mich keines Blickes, als er an mir vorbeifährt.

Ich laufe noch Ewigkeiten, weil niemand mir die Tür geöffnet hat. Ich weiß, dass er weg ist.

Als ich die erste Telefonzelle entdecke, rufe ich meine Freundin Ciara an, die bei mir wohnt. Sie kommt und holt mich ab. Ich bin etwa vierzig Minuten von Zuhause entfernt.

Als ich Steve Fargnoli von der Sache erzähle, tobt der wie ein Berserker. Er möchte rüberfahren und Rüschenärmel abknallen. Ein Freund von ihm, ebenfalls Italo-Amerikaner, will dabei helfen. Sie sagen, dass ich das Opfer eines Angriffs geworden sei, der sich eigentlich gegen Steve richten sollte.

Offenbar gibt es gerichtliche Vorgänge zwischen ihm und Prince. Mehr weiß ich darüber nicht. Es ist mir auch egal.

Ich wollte diesen Teufel niemals wiedersehen.

Doch Duane ist mir in liebevoller Erinnerung geblieben. Ich denke ziemlich oft an ihn.

Deshalb gibt es Schokolade und Vanille

Steve Fargnoli war nicht nur ein großartiger Manager, er leitete auch ein paar Etablissements, die sich nur als legale Bordelle bezeichnen lassen. Die Gesetzeslage in England sah wie folgt aus: Man durfte eine »Arbeiterin« und eine Sekretärin haben. Erlaubt waren ein Zimmer für »normalen Sex« und ein »Schlag-mich-Zimmer«. Steve war ein Zuhälter. Er selbst machte von den Diensten dieser Frauen keinen Gebrauch. Aber sie machten sich ihn zunutze. Womit ich sagen will, dass er diese Menschen finanziell unterstützte, hauptsächlich, weil er eine Schwäche hatte für »Randgeschöpfe«, wie er sie nannte – und für schöne Frauen mit rührseligen Geschichten. Die Prostitution unterscheidet sich im Übrigen gar nicht allzu sehr vom Musikbusiness. Genau genommen sind beide genau das Gleiche. An einem Donnerstag rief er mich mal an, um ein Treffen abzusagen, das wir für den nächsten Tag verabredet hatten. »Ich schaffe es nicht«, sagt er. »Wir richten morgen einen Folterkeller ein, das Kreuz wird geliefert.« Auf diese Art investierte er eben seine zwanzig Prozent. Es war irgendwie süß und erheiternd.

So auch eine der Damen, die eines Freitagsabends kurz vor Weihnachten in seinem Büro war. Eine unangenehme blonde Frau. Eine Domina von brutaler Gemütsart, die einen fast schon mörderischen Hass auf Männer hatte. Steve miteingeschlossen. Und tatsächlich hat sie Steves Büro ein paar Mal von ihren anderen Geschäftspartnern leerräumen lassen, obwohl er sich um sie gekümmert hat. Er ließ sich nur allzu bereitwillig an der Nase herumführen. Ein unschuldiges Herz. Geblendet von ihrem Busen und dem Babygerede. Solche Typen gibt es wirklich. (Zumindest gab es sie.)

Wie auch immer, als ich diese Frau frage, was sie macht und wie das alles funktioniert, zückt sie einen Brief von einem ihrer Stammkunden. Sie erklärt mir, dass es den Kerlen, die auf die absonderlichen Sachen stehen, nicht um sexuelle Befriedigung geht – mit Sex habe das nichts zu tun. Sie möchten einfach nur wie Scheiße behandelt werden. Sie liebt es, sie wie Scheiße zu behandeln. Ebenfalls nicht aus Gründen sexueller Befriedigung. Einfach nur, weil sie ein totales Miststück ist.

In dem Brief schreibt der Typ, dass er sie über Weihnachten vermissen werde und dass er an seinen »Bell-Techniken« arbeiten werde, während sie fort ist. Man möge mich altmodisch nennen, aber ich musste sie fragen, wovon zur Hölle er redete. Jeden Abend um sieben, sagt sie, ruft er sie von seinem Büro aus an, und sie lässt ihn am Telefon wie einen Hund bellen. (*Aber was ist mit dem Reinigungspersonal?*, denke ich.) Sie sagt, dass er vorbeikommt, und die Abmachung sei, dass sie ihn wie einen Hund behandelt. Sie liebt es, ihm Tritte zu verpassen. Sie erzählt, dass sie ihn ihre Pisse aus Näpfen schlabbern lässt, einfach nur, um die Sache weiter zu treiben, als er es beabsichtigt, und weil sie es geil findet, ihn zu erniedrigen. Sie lässt ihn wie einen Hund auf allen Vieren durch die Gegend kriechen. Sie ist fürchterlich. Richtig fürchterlich. Und wenn die Kerle auftauchen, die »normalen Sex« wollen, dann kann sie die »liebreizende andere Frau« geben. In Wahrheit würde sie ihre eigene Großmutter abstechen. Diese armen Typen haben keine Ahnung, wer oder was sie wirklich ist.

Steve ist etwa zwölf Jahre lang mein Manager gewesen. Ich habe ihn im Camden Palace kennengelernt, nach einem Prince-Konzert, zu dem ich aus irgendwelchen Gründen eine Einladung erhalten hatte. Das war kurz nach Veröffentlichung meines ersten Albums und eine ganze Weile bevor »Nothing Compares 2 U« auch nur in meinen Äther gedrungen war.

Er kam in Newport, Rhode Island, zur Welt. Sein Vater führte ein Lebensmittelgeschäft und hatte – warum auch immer – sein gesamtes Vermögen Sly Stone gegeben, damit dieser auf Tournee gehen konnte. Sly ging jedoch nicht auf Tournee, weshalb Steves Vater pleiteging. Steve, damals noch ein Teenager, flog nach Los Angeles, machte Sly ausfindig und schlug ihm die Tür ein. Er zwang ihn, eine Reihe von Shows zu geben, damit Steves Vater sein Geld zurückbekam. So kam Steve ins Musikbusiness. Davor hatte er genau genommen schon für das Newport Jazz Festival gearbeitet; sein Job bestand darin, an Ella Fitzgeralds Garderobentür zu klopfen und zu sagen:

»Fünf Minuten, Miss Fitzgerald.« Er hat mir erzählt, dass er selbst mal der Sänger einer Band gewesen sei, aber das habe er aufgegeben, nachdem er Robert Plant live habe singen hören. Danach noch weiterzumachen sei witzlos gewesen, meinte er.

Nach dem Prince-Konzert im Camden Palace sah ich Steve das nächste Mal bei einem Picknick mit ein paar Freunden im Hampstead-Heath-Park. Das war rein sozialer Natur. Das Wetter war schön und sonnig. Er war lustig, die Sorte Mensch, die macht, dass du nicht nach Hause gehen magst. Als die Sache zwischen mir und Fachtna zu Bruch ging, fragte ich Steve, ob er übernehmen könne – was er mit großer Leidenschaft tat.

Er sieht aus wie ein Teddybär. Er hat weißes Haar und dicke Bäckchen und ist füllig, auf eine Italienischer-Typ-der-gutes-Essen-liebt-Weise. Seine winzig kleine Mutter heißt Rose, und manchmal lud sie uns und seine Stalldamen in ihr Haus nach Malibu ein und kochte Myriaden von Gerichten. Er wacht über sie, als wäre sie Goldstaub. Und das ist sie auch. Er betet sie an.

Sein Vater ist seit Langem schon tot. Steve ist jedem ein Vater. Nur seiner eigenen Tochter nicht.

Das war manchmal ein Problem zwischen uns, dass er mit seinem Kind nicht genügend Kontakt pflegte.

Wie auch immer, Steve liebt Stripclubs und Ladys im Allgemeinen. Also schlossen wir uns alle an, als er und seine Freunde (von denen ich in einen wahnsinnig verliebt bin) eines Nachts durch die Clubs von Atlanta zogen, um die Resultate verschiedener Brust-OPs zu bestaunen. Ich kann bezeugen, dass es im Champagnerzimmer durchaus zu Sex kommt.

Janet Street-Porter, die Journalistin und Rundfunksprecherin, ist in Steve verliebt. Aber die beiden sind beste Freunde. Wir sind alle in ihn verliebt. Aber er macht sich nichts aus Sex et cetera, mit irgendwem und irgendwo. Er liebt eine pflegeintensive Mieze aus Deutschland, die bei MTV arbeitet. Aber sie bricht ihm ständig das Herz. Sie hat die Heiß-und-Kalt-Technik besser drauf als jeder Mann. Bis vor Kurzem hat sie noch damit gedroht, das pakistanische Kraftpaket Imran Khan zu heiraten. Sie lief in einem Hidschab durch die Gegend. Aber der hat sich einfach aus dem Staub gemacht und Jemima Goldsmith geheiratet. Alles ein großes Drama also, und Steve sagt, nun wolle sie jemanden haben, der sich um sie kümmere. Wenn wir unterwegs sind und sie dabei ist, trinkt er Absinth und ist dann sturzbesoffen. Er ist wie ein kleiner Junge in einem Süßwarengeschäft.

Steve ist begehrt, weil er stinkreich ist. Man darf nicht vergessen, dass er der Manager von Prince war. Und er hat noch andere Geschäfte, allesamt legal und ehrlich. Er muss sich keine Sorgen machen. All die pflegeintensiven Ladys wollen einen reichen Kerl. Das Problem ist nur: Wer Steve bekommt, bekommt den Rest von unserer Truppe dazu – und selbstverständlich muss man es erstmal an Janet Street-Porter vorbeischaffen. Das ist keine leichte Aufgabe. Die beiden würden tatsächlich gut zueinander passen, denn sie ist ebenfalls stinkreich und sie liebt ihn. Sie will ihn nicht aus denselben Gründen, aus denen all die Edeldamen ihn wollen. Die beiden bringen einander zum Lachen. Er liebt sie auch. Aber er liebt alle Frauen. So ist das mit Steve. Er taugt nicht zum Partner oder Ehemann.

Davon abgesehen respektiere ich Steve bis zum Gehtnichtmehr. Er ist ein Engel, den der Himmel schickt. Und ich wünschte wirklich, der Himmel würde ihn nicht zurückhaben wollen. Er hatte Krebs, und die Ärzte haben ihn hin und her geschickt und ihm alle möglichen furchtbaren und sinnlosen Operationen aufgeschwatzt. Er ist zwei Jahre lang durch die Hölle gegangen – für nichts und wieder nichts.

Viele Leute aus dem Musikbusiness fühlen sich nur in Hotels richtig heimisch. Steve hat kein Zuhause. Er liebt Fünf-Sterne-Hotels und dort hat er gelebt. Er zieht seine Kreise, wenn man so will. Probiert sie alle aus.

2001, im »W«-Hotel in L.A., liegt er im Sterben. Hinter dem Empfangstresen im Erdgeschoss räkelt sich eine wunderschöne junge Frau in einem übergroßen Aquarium (in dem sich Gott sei Dank kein Wasser befindet). Sie trägt einen Bikini und zupft verspielt am Flauschteppich. So verführt sie mit großen Äuglein die Gentlemen, die ins Hotel einchecken. Ein Szenario, das wir, die wir ihn bewundern, »total Fargnoli« nennen würden.

Ich habe ehrlich keinen Schimmer, was jetzt aus uns allen werden soll.

In der Millisekunde, in der sein bester Freund Arnon den Aufzug betrat, nachdem er sich von ihm verabschiedet hatte, gab es ein winziges Erdbeben. Dauerte vielleicht sieben Sekunden. Ich weiß, dass das seine Trauer war. Ist mir egal, was andere dazu sagen. Das arme Herz dieses Mannes war gebrochen. In der Wüste. Und Gott war bei ihm.

War, erster Teil – *Saturday Night Live, 1992*

Unten, an der Ecke St. Mark's Place und Avenue A, befindet sich ein winziges irisches Pub, das von einem riesigen irischen Mann mit graumeliertem, schulterlangem Haar geführt wird; die Schultern hängen, weil er mit sich selbst nicht ganz im Reinen ist. Dabei ist der Typ in Ordnung. Er ist gütig. Ja, er trägt immerzu nur Schwarz, und das Verderben steht ihm so sehr ins Gesicht geschrieben, dass es aussieht wie Irland; aber er liebt seine Freundin so sehr, dass sein Gesicht erstrahlt wie England, sobald er sie sieht.

Irische Bars hasse ich allerdings. Nichts als betrunkene Leute, die dir am Ellbogen hängen, Scheiße labern und heulen. Ich mag auch irische Musik nicht, aber ich rauche gerne mal eine. Also sitze ich mit meinem Kaffee draußen auf dem Gehweg und hoffe, dass dieser Mistkerl von einem Polizisten mit seinem blöden Prinz-Albert-Schnauz nicht auftaucht. Einmal hat er mir einen Joint aus der Hand getreten. Wenn er außer Dienst ist, sitzt er angeblich in den Nuttenwohnungen über den Ladengeschäften und zieht Koks. Er sollte es lieber bei Marihuana belassen und aufhören, die Ladys zu treten.

Eines Nachts gegen eins sehe ich, dass direkt gegenüber dem Pub eine neue »Juice Bar« aufgemacht hat, ein Laden nur mit alkoholfreien Getränken. Ein Schild auf dem Bürgersteig verkündet, dass es bis in die frühen Morgenstunden geöffnet hat. Ich sehe Bilder in herrlichen Farben an den Wänden hängen, und am Kassentresen wurden heiter aussehende Orangen und grüne Äpfel zu einer visuellen Antithese Irlands aufgestapelt.

Die Leute in der Juice Bar wirken sehr amüsiert. Also schnappe ich mir mein Zeug und gehe rüber. *Great balls of fire!* Wo war ich denn hier gelandet! Ich treffe auf mehrere langzöpfige Menschen von den Westindischen Inseln, die Joints mit frischen Tabakblättern drehen und Rasta-Musik hören. Scheiß auf die irische Bar; die Juice Bar ist jetzt mein Zuhause.

Von diesem Moment an gehe ich nur noch rüber in das Pub, um schnell meinen Kaffee aufzufüllen. Die West Indies weigern sich, die dreieinhalb Meter breite Straße zu überqueren, um sich in das Pub zu setzen. Sie trauen den weißen Amerikanern nicht. Und Kaffee trauen sie ebenso wenig.

Anfangs haben sie gedacht, ich wäre ein Junge. Gegacker im ganzen Landen, als die Wahrheit ans Licht kommt. Eines Abends hatte ich beiläufig verkündet, in Robert Downey Jr. verliebt zu sein. Entsetzte Gesichter und Schweigen nach ein paar bemühten Bibelzitaten, die die Sünde der Homosexualität belegen sollen, weichen einem sprudelnden Gelächter, nachdem ich – gleichermaßen entsetzt darüber, für einen Mann gehalten worden zu sein – meinen Mantel öffne und meinen Pulli hochziehe, damit sie meinen räudigen Sport-BH von Dunnes und meine Schwangerschaftsstreifen sehen können.

In Rastafari-Angelegenheiten bin ich ganz offensichtlich unkundig. Das Erste, was mir der Typ, der die Juice Bar leitet, erklären muss: »Nicht jeder, der geflochtene Locken hat, ist ein Rasta.« Mehr Gelächter. Aber im Laufe der Zeit hat er mir den Beweis erbracht. Er heißt Terry und kommt aus St. Lucia. Er ist klein, genau wie ich. Lange Locken. Seine Haut hat die Farbe von Erdnussbutter – ein dunkelfahles Gelb. Weil irgendwann vor langer Zeit irgendwer in seiner Familie einen »China-Mann« gevögelt hat, wie er sagt. Ich sage ihm, dass wir dann etwas gemeinsam haben, da ich blassgelb sei, weil irgendwann vor langer Zeit jemand in meiner Familie einen Spanier gebumst hat.

In gereizter Stimmung war ich im Winter von London nach New York geflohen und hatte vergessen, einen Mantel einzupacken. Ich war durchgefroren. Terry fuhr extra für mich in seine Wohnung, um mir einen von seinen zu holen. Ein riesiger schwarzer Lederparka. Viel, viel zu groß für mich. Ich ging förmlich darin unter. Alle Typen lachten über mich. Aber ich liebe ihn mehr als jedes Kleidungsstück von Chanel. Weil es seiner ist.

Er ist mein Lehrer geworden. Ich habe ihn nicht darum gebeten. Er hat es auf sich genommen, weil ich einfach nicht aufhörte, ihn mit Fragen über die Rastafaris zu löchern. Manchmal, wenn er den Kopf zurücklegt und mich verwundert anschaut, weiß ich, dass er sich fragt: *Was versucht Gott mir mit diesen Fragen zu sagen?* Aber ich weiß nicht, warum er das fragen muss. Ich mache mir Sorgen. Er wird dann furchtbar ruhig. Legt die ganze Zeit T-Shirts zusammen und tut so, als wäre der Laden wirklich nur eine Juice Bar.

In den frühen Morgenstunden fährt er mich durch die Außenbezirke New Yorks; mit älteren Jamaikanern, die als Lebensmittelhändler, Fleischer und Fischverkäufer arbeiten, essen wir dann Akee und Saltfish. »Hinter der Bühne« ihrer Läden und ihrer Lagerhallen aus Beton befinden sich immer ein oder zwei extrem gut durchgesessene Sofas und eine behelfsmäßige Küche.

Nicht jeder dieser alten Männer ist ein Rasta, aber doch die Mehrheit von ihnen. Ich würde sagen, sie sind so zwischen vierzig und siebzig Jahre alt. Sie treten immer mindestens zu dritt in Erscheinung. Gemeinsam bleiben sie die Nacht über wach. Sie schlafen nicht ein. Gott muss sie nicht aufwecken und sagen: *Könnt Ihr in Meinem Wahn nicht an Meiner Seite bleiben?*

Für Smalltalk haben Jamaikaner nichts übrig. Anfangs ist das ein bisschen unbehaglich, weil irische Menschen jede Stille füllen. Ich finde mich schweigend in fischgefüllten Vans wieder, Waren ausliefernd, so wie ich es mit meinem Großvater getan habe.

Ich dachte anfangs, sie sind still, weil sie mich nicht leiden können. Aber sie sind Beobachter, mehr ist es gar nicht. Überall halten sie nach Gott Ausschau. Sie sind wie Gottes Security-Sonderkommando. So sehen sie sich selbst, und genauso geben sie sich auch.

Sie sind wie der Erzengel Michael, der Gottes Engel in die Schlacht gegen Satan führt. Wie Myriaden von Michael-Erzengeln in den Flammen der Prophezeiung. Sie halten auch nach dem Teufel Ausschau. Das ist der Widersacher Gottes. Der Teufel ist ihr Lee Harvey Oswald. Sie reden nur, wenn sie über die Heilige Schrift reden.

Hinten in ihren Läden nennen sie mich »Schwähstah« oder »Doch-taah«, wenn sie mir kleine Tellerchen mit Essen reichen. »Klein anfangen«, sagen sie. Sie machen sich Sorgen, weil ich nicht esse. Ich bin einfach nie eine gute Esserin gewesen. Mein Blut ist zu sehr in Aufruhr. Die Alten essen kein Fleisch, aber sie essen frittierten Fisch, Süßkartoffeln, Reis und Erbsen. Reis und Erbsen sind in Wirklichkeit Reis und Kidneybohnen, gekocht in Kokosmilch. Das Beste, was ein Mensch essen kann. Ich bin froh, denn ich hasse Erbsen ausdrücklich, wenn ich nicht gerade dieses Spiel spiele, bei dem sich jeder eine gefrorene Erbse in das eine Nasenloch steckt und das andere zuhält, und es gewinnt derjenige, der die Erbse am weitesten hinausschnäuzen kann.

Die Alten können *Irland* nicht aussprechen. Sie nennen es *Irie-land*. Sie lesen aus den Nevi'im vor, den Prophetenbüchern des Tanach, während ich mich spöttisch abwende. Insgeheim liebe ich das Essen, aber da ist auch dieses Gefühl schmerzlicher Erniedrigung aus meiner Kindheit, das sich einstellt, wenn ich bemerke, dass ich hungrig bin. Es erinnert mich zu sehr an meine Mutter; ich kann so etwas nicht annehmen. Essen wird mir zu Stein im Mund, wie Lots Weib, wenn sie zurückblickt. Ich widerstehe der Versuchung, als wollte ich beweisen, dass ich ganz in Gottes Händen liege.

Aber die Alten haben recht. Und sie wollen mir gutes Essen andrehen, nicht einfach nur Essen. Sie lachen leise und kehlig, wenn sie sehen, dass ich mein Tellerchen restlos leergegessen habe; mit Holzlöffeln geben sie mir einen Nachschlag. Sie behandeln mich wirklich wie eine streunende Katze. Sie sagen, mein Schnurrhaar sei so weiß wie ihres.

Wenn ich ihnen vertraue, beschließen sie, mich zu unterrichten. Sie tun das, ohne dass ich es überhaupt mitbekomme. Sie setzen sich nicht mit mir hin, um dies, das oder jenes zu sagen. Es geschieht in Form der Themen, über die sie miteinander reden, wenn ich dabei bin.

Sie lesen aus der Johannes-Offenbarung und diskutieren lautstark die Tatsache, dass es dort um das Ende der Religion geht. Hüpfen durch die Gegend, lachen freudig. Rufen »Jah!« und »Rastafari!« und »Dread I!« und werfen die Arme in die Luft, als hätte sich die Prophezeiung bereits erfüllt.

Wenn sie mich direkt ansprechen, dann geht es meistens um Irland. »H-Englann is' de natüllische Feind von h-Irland. Kannsu nich' seh'n das?« Ich antworte, dass ich schon blind sein müsse, um das nicht zu sehen. Sie sagen mir: »Un' de Papst is' de Teufel. Un' de Teufel is' de wahre Fein-d.«

Sie sagen mir: »Jah wird leben auf die Erde unner Mähnsch'ngeschlech-d.«

In Terrys Juice Bar hängt ein Rasta-Gemälde an der Wand. Am Ende eines langen Kathedralenkorridors mit schwarz-weißen Bodenfliesen steht ein Altar. Ein dünner schwarzer König mit dem gütigsten Gesicht, das man sich vorstellen kann, sitzt auf einem wuchtigen, über und über mit amharischen Inschriften verzierten Goldthron. Entlang des gesamten Korridors sitzen dunkelhäutige Alte. Wie verschwommen. Es lässt sich nicht sagen, wer sie sind. Löwen oder uralte Seelen. Eine sehr kleine Frau in einem schlichten weißen Kleid steht am Fuß des Thrones, den Blick auf den Herrscher gerichtet. Die rechte Hand hat sie ausgestreckt. Sie bittet ihn, in die Stadt zu kommen. Er thront so weit über ihr, dass ihre Hand gerade bis zu seinen Knien reicht. Er sitzt entspannt in seinem Stuhl, zurückgelehnt auf seine Ellbogen gestützt, den Kopf nach vorn geneigt. Ein freundliches Lächeln. Ihre Haut ist weiß und ihr Kopf ist kahlgeschoren.

Eines frühen Abends, als ich in New York bin, um für *Saturday Night Live* zu proben, betrachte ich das Bild, als Terry plötzlich wortlos zu verstehen gibt, dass alle außer mir den Laden verlassen sollen. Dann schließt er die Tür, zieht schnell die Rollläden runter und sagt mir, ich solle mich neben ihn auf den Boden setzen. Sein Gesicht sieht kummervoll aus, als er meine Hand in seine nimmt. Er hat mir etwas zu sagen. Er sagt, er wolle, dass ich versuche, ihm zu verzeihen.

Er sagt mir, dass man ihn bald töten würde. Er erzählt, dass man schon einmal versucht habe, ihn umzubringen. Ein Drive-by-Shooting. Er und ein paar Freunde waren mit dem Auto unterwegs. Ein anderer Wagen fuhr neben ihnen vor, und man hat siebenmal auf ihn geschossen. Irgendwann werden sie ihn erwischen, sagt er.

Ich frage ihn nach dem Grund, und die Antwort, die er gibt, kann ich nicht ertragen. Er handelt mit Waffen. Und Drogen. Er hat Kinder als Kuriere eingespannt. In ihren Schultaschen befinden sich Waffen und Drogen, keine Bücher. Er hat in einem fremden Revier gewildert und es ist nur eine Frage der Zeit.

Ich bin entsetzt. Von dem, was er getan hat, und davon, dass man ihn umbringen wird. Im Laufe der nächsten Tage wird er oft im Laden auf und ab gehen. An jenem Freitagabend gibt er mir einen goldenen Ring mit einem ovalen roten Edelstein, auf den in sehr grazilen Linien der Kopf eines römischen Soldaten eingraviert ist.

Elender Mistkerl von einem Verräter. Ich könnte ihn selbst umlegen. Kein Rasta der Welt würde siebentausend Pfund Marihuana anfassen, wenn ein römischer Soldat darauf abgebildet ist – und schon gar nicht würden sie sich mit so etwas schmücken. Ich gebe den Ring Rufus, auch ein Rasta, der ihn aus meiner Handfläche nimmt und immer wieder fragt: »Warum?« Er denkt, dass ich vielleicht Romantik im Sinn habe. Habe ich nicht. Ich will ihm zeigen, dass der Soldat aussieht wie er. Der einfältige Dummkopf versteht es als Kompliment! In diesem Augenblick verstehe ich, was der Rabbi in London damals meinte, als er sagte: »Vergessen Sie nicht, die Party zu verlassen, bevor alle betrunken sind und Streit anfangen.« Ich steige die drei hohen Stufen aus dem Laden hinaus auf St. Mark's Place, biege links ab auf die Avenue A und halte mir ein Taxi an.

Der Fahrer, der leise mit seiner Zunge gegen seine Zähne schnalzt, als würde er einen Welpen rufen wollen, bittet mich inständig, in Erwägung zu ziehen, Sex mit ihm zu haben. Ich weiß ja nicht, wo das seiner Meinung nach stattfinden soll. Sicherlich nicht auf dem Vordersitz. Zu sagen, er habe ein paar Burger zu viel verdrückt, wäre Untertreibung. Ich rede hier von einem amerikanischen XXXL. Ich lehne ab und setze ihn darüber in Kenntnis, dass mein Abend alles andere als sexy gewesen sei. Liebenswerterweise singt er »Underneath the Mango Tree«, um mich aufzuheitern, während wir durch die Lichter Manhattans fahren, in meine andere Welt, in der ich bis sechs Uhr in der Früh auf dem flauschigen Teppich meiner Hotelsuite auf und ab laufe.

War, zweiter Teil – Irgendwem muss es ja nutzen

Am Tag, als meine Mutter starb, gingen meine Geschwister und ich zum ersten Mal seit mehreren Jahren in ihr Haus. Um unsere eigenen Geheimnisse zu suchen. Nicht ihre. Im Badezimmer standen immer noch kaputte Plastikschwäne. Entschlossen. Langhalsig. Starr. Als wäre nichts geschehen.

Von der Wand ihres Schlafzimmers nehme ich das einzige Foto, das sie dort je hängen hatte – ein Bild von Papst Johannes Paul II. Aufgenommen während seines Irlandbesuchs 1979. »Junge Menschen Irlands«, hatte er gesagt, nachdem er mit großem Brimborium den Boden des Dubliner Flughafens geküsst hatte, als wäre der Flug über Gebühr strapaziös gewesen, »Ich liebe euch.« Was für ein Gewäsch. Niemand liebte uns. Nicht einmal Gott. Klar, selbst unsere Mütter und Väter konnten uns nicht ausstehen.

1978 hatte Bob Geldof bei *Top of the Pops* ein Foto von Olivia Newton-John und John Travolta zerrissen, weil ihr Scheißsong »Summer Nights« sieben Wochen lang auf Platz 1 gestanden hatte und nun endlich von Geldofs Boomtown Rats und deren Single »Rat Trap« abgelöst worden war.

Es war immer meine Absicht gewesen, das Papst-Foto meiner Mutter zu zerstören. Es stand für Lügen, für Lügner und Missbrauch. Die Leute, die so etwas besaßen, waren Teufel wie meine Mutter. Ich hatte mir nie überlegt, wann oder wo oder wie ich es zerstören wollte, aber zerstören würde ich es, wenn erst der passende Moment kommen würde. Und mit diesem Gedanken im Hinterkopf nahm ich es von jenem Tag an überall da mit hin, wo ich lebte. Denn niemand hat sich je auch nur einen feuchten Dreck um die Kinder Irlands geschert.

· · ·

Ich wache auf, nachdem ich mich um sechs Uhr morgens schlafen gelegt habe. Es ist ein Uhr mittags. Nur ein paar Stunden bis zur Kameraprobe für *SNL*. Ich soll zwei Songs performen; der zweite wird eine A-cappella-Version von Bob Marleys »War« sein. Der Text dazu ist eigentlich eine Rede, die der äthiopische Kaiser Haile Selassie 1963 in New York vor den Vereinten Nationen gehalten hat und in der er Rassismus als Ursache aller Kriege benennt. Ich werde aber ein paar Zeilen abändern, um daraus eine Kriegserklärung gegen Kindesmissbrauch zu machen. Weil ich wütend bin über das, was Terry mir am Abend zuvor erzählt hat. Es kotzt mich an, dass er Kinder als Drogenkuriere benutzt hat.

Und es kotzt mich an, dass er die nächste Woche nicht überleben wird.

Zufälligerweise bin ich schon seit ein paar Wochen angepisst, weil ich *Der Heilige Gral und seine Erben* gelesen habe (eine nonkonformistische, blasphemische Geschichte der frühen Kirche), aber auch, weil ich – weit hinten in den irischen Tageszeitungen versteckt – Artikel über Kinder entdeckt habe, die von Priestern missbraucht und zerstört wurden, ohne dass die Polizei oder die Kirchenobrigkeit den Berichten ihrer Eltern Glauben schenken würden. Deshalb habe ich zuletzt noch öfter darüber nachgedacht, das JP2-Foto meiner Mutter zu zerstören.

Und ich beschließe, dass es heute Nacht soweit ist.

Ich nehme das Foto mit ins NBC-Studio und verstecke es in meiner Garderobe. Bei der Probe halte ich, während ich die letzten Worte von Bob Marleys »War« singe, das Foto eines Straßenkindes aus Brasilien hoch, das von Polizisten ermordet wurde. Ich bitte den Kameramann, das Foto während der tatsächlichen Aufzeichnung in Nahaufnahme zu zeigen. Ich sage ihm nicht, was ich mir dafür eigentlich überlegt habe. Alle sind zufrieden. Ein totes Kind irgendwo weit weg ist kein Problem für niemanden.

Ich weiß, dass es Krieg geben wird, wenn ich das durchziehe. Aber das kümmert mich nicht. Ich kenne meine Heilige Schrift. Nichts kann mir etwas anhaben. Ich verweigere mich der Welt. Niemand kann mir etwas antun, das mir nicht bereits angetan wurde. Ich kann wieder auf der Straße singen, wie ich es früher getan habe. Es ist ja nicht so, als würde mir jemand die Kehle rausreißen.

Showtime! Ich trage ein Kleid aus weißer Spitze, das früher Sade gehört hat. Ich habe es mit neunzehn Jahren bei einer Rock'n'Roll-Auktion ersteigert. Achthundert Pfund habe ich dafür bezahlt. Es ist wunderschön. Der Schlitz am Rücken wird auf beiden Seiten von einem münzgroßen Bleigewicht beschwert, damit das Kleid seine Form behält und damenhaft an meinem Körper hängt.

Sehr clever. Ein Kleid, in dem sich Frauen schlecht benehmen können. Vielleicht werde ich eines Tages eine Tochter haben, die darin heiratet.

Also nimmt die Show ihren Lauf. Das erste Lied, »Success Has Made A Failure of Our Home«, ist ein Traum. Anschließend laufen hinter der Bühne jede Menge Leute herum – Produzenten, Manager, Visagisten und die anderen Showgäste. Ich bin die Heldin der Stunde. Jeder möchte sich mit mir unterhalten. Mir sagen, was für ein liebes Mädchen ich sei. Aber ich weiß, dass ich eine Betrügerin bin.

Der zweite Song ist herrlich vorbereitet. Mit einem kleinen Tisch voller Kerzen neben mir und meinem an den Mikrofonständer geknoteten Rasta-Gebetstuch singe ich »War« a cappella. Niemand schöpft Verdacht. Doch als die Nummer endet, halte ich nicht das Bild des Kindes hoch. Ich halte das Foto von JP2 hoch und zerreiße es in kleine Stücke. »Bekämpft den wahren Feind«, rufe ich. (Ich richte mich an diejenigen, die Terry umbringen werden.) Und ich blase die Kerzen aus.

Komplett fassungsloses Schweigen im Publikum. Und als ich hinter die Bühne gehe, ist buchstäblich kein Mensch weit und breit zu sehen. Alle Türen sind geschlossen. Sie sind alle verschwunden. Einschließlich meines Managers, der sich drei Tage lang in seinem Zimmer einschließt und den Stecker von seinem Telefon zieht.

Einen Popstar wollen sie nämlich alle sehen. Aber ich bin eine Protestsängerin. Ich musste etwas loswerden. Ich habe mich nicht nach Ruhm gesehnt. Deswegen habe ich sogar das erste Lied ausgewählt. Der »Erfolg« hat mein Leben zum Scheitern gebracht. Weil sie mich alle schon vorher für verrückt erklärt haben, weil ich mich nicht wie ein Popstar benommen habe. Weil ich den Ruhm nicht angebetet habe. Und mir ist bewusst, dass ich die Träume der Menschen um mich herum zerrissen habe. Aber das sind nicht meine Träume. Niemand hat mich je nach meinen Träumen gefragt; sie sind einfach nur wütend auf mich geworden, weil ich nicht die bin, die sie wollten, dass ich bin. Mein eigener Traum ist es nur, den Vertrag zu erfüllen, den ich mit

Gott abgeschlossen habe – lange bevor ich mich von der Musikindustrie unter Vertrag habe nehmen lassen. Und dieser Kampf ist ein besserer als Mord. Ich muss auf die andere Seite des Lebens gelangen.

Ich bin mit Ciara, meiner persönlichen Assistentin, in meiner Garderobe. Wir packen meine Taschen und verlassen das Gebäude. Vor den Türen von 30 Rock warten zwei junge Männer auf mich, und sie bewerfen uns beide mit einer Ladung Eier. Was sie aber nicht wissen: Ciara und ich sind in der Lage, hundert Meter in 11,3 Sekunden zu laufen. Also rennen wir den beiden hinterher, als sie die Flucht ergreifen. An irgendeiner Seitengasse holen wir sie ein. Nach Luft japsend lehnen sie an einem schwarzen Zaun, über den zu klettern sie nicht die nötige Kraft haben. Wir lachen sie aus und sagen: »Hey, man wirft keine Eier nach Frauen.« Sonst nichts. Die beiden sind so geschockt von der Tatsache, dass wir sie gejagt und gefangen haben, dass sie ebenfalls anfangen zu lachen, und die ganze Sache endet sehr freundlich. Als sie sich wieder gefangen haben, helfen sie uns, ein Taxi zu finden, das uns zurück ins Hotel bringt. Die Angelegenheit geht durch die Nachrichten und wir erfahren, dass NBC mich auf Lebenszeit bannen wird. Das verletzt mich deutlich weniger, als diese irischen Kinder durch Vergewaltigung verletzt wurden. Und deutlich weniger als die Tatsache, dass Terry bald sterben wird. Was so oder so am kommenden Montag passieren wird.

It Ain't Necessarily So

Viele Leute sagen oder denken, dass das Zerreißen des Papst-Fotos meine Karriere aus dem Gleis geworfen hat. Ich sehe das nicht so. Ich glaube, dass meine Karriere entgleiste, weil ich einen Nummer-1-Hit hatte, und dass das Zerreißen des Fotos mich wieder auf die richtige Spur gebracht hat. Ich musste mir meinen Lebensunterhalt wieder durch Live-Auftritte verdienen. Und dafür bin ich geboren worden. Ich wurde nicht zum Popstar geboren. Dafür muss man ein braves Mädchen sein. Nicht zu problembeladen.

Was andere Menschen Erfolg nannten, das behagte mir nicht, weil es bedeutete, dass ich so sein musste, wie andere mich haben wollten. Nach *SNL* konnte ich einfach ich selbst sein. Ich konnte tun, was ich zu tun liebte. Unvollkommen sein. Sogar böse sein. Alles. Die Definition von Erfolg besteht für mich nicht darin, einen guten Namen zu haben oder vermögend zu sein. Für mich ist die Definition von Erfolg, dass ich in der Lage bin, den Vertrag zu erfüllen, den ich mit den Heiligen Geist geschlossen habe, noch bevor ich mich von der Musikindustrie unter Vertrag habe nehmen lassen. Ich habe nie irgendwas unterschrieben, das mich verpflichtet hätte, ein braves Mädchen zu sein.

Ich unterstütze meine vier Kinder seit fünfunddreißig Jahren. Ich habe für unseren Unterhalt gesorgt, indem ich live aufgetreten bin, und ich bin, wenn ich das so sagen darf, zu einer sehr guten Live-Künstlerin herangewachsen. Die Papst-Angelegenheit hat meine Karriere also ganz und gar nicht zerstört; sie hat mir einen Weg gewiesen, der besser zu mir passt. Ich bin kein Popstar. Ich bin nur eine Seele in Not, die ab und an in ein Mikro schreien muss. Ich muss nicht die Nummer 1 sein. Ich muss nicht gemocht werden. Ich muss kein gern gesehener Gast bei den American Music Awards sein. Ich muss einfach nur in der Lage sein, meine jährlichen Unkosten zu decken und mir

Mist von der Seele zu singen; ich will keine Kompromisse eingehen oder mich seelisch prostituieren müssen.

Also, nein. Meine Karriere war nicht entgleist. Die Weichen wurden neu gestellt. Und ich habe das Gefühl, dass ich als alleinerziehende Mutter außerordentlich erfolgreich darin war, für meine Kinder zu sorgen.

The Condition My Condition Is In – 1992, ein paar Tage danach

Heute Morgen habe ich also im Chelsea Hotel eingecheckt. Zufällig lebt kein Geringerer als Dee Dee Ramone hier. Er klopft an meine Zimmertür, nicht etwa mit Kuchen oder Torte, sondern mit ein paar LSD-Pappen, und er fragt, ob ich Lust drauf hätte.

Ich sage ihm nicht, dass ich noch nie LSD genommen habe, und wir schlucken beide jeweils eine Pappe. Mir fällt auf, dass er starkes Untergewicht hat. Sieht so aus, als würde er sich aus Essen genauso wenig machen wie ich – also mehr oder weniger gar nichts. Wir ziehen durch die Straßen der Stadt, ohne zu wissen, wo es hingehen soll; wir tanzen zu der Musik, die so aus den Taxis tönt, die an uns vorbeifahren. Wir stecken sogar unsere Köpfe durch das geöffnete Fenster eines Wagens, dessen Fahrer gerade im Stau steht. Aus seinen Lautsprechern dröhnt Ella Fitzgerald und er zeigt uns das CD-Cover. Sie ist gänzlich pink eingefärbt und lächelt. Ich halte das Cover in den Händen und lese mir alles durch, sowohl die Vorder- als auch die Rückseite, wie Tante Frances es mir beigebracht hat.

Ganz offensichtlich ist das nicht Dee Dees erster Ritt in Sachen Drogen, und sein Kopf ist hinüber. Nach ein oder zwei Stunden lässt er sich irgendwo auf eine Stufe plumpsen und fängt an sich aufzuführen wie Sybil, die Titelfigur dieses Fernsehfilms über multiple Persönlichkeiten: »Die Leute, die Leute, die Leute.« Er glaubt, dass jeder ihn anstarrt. Das ist nicht der Fall. Und wenn sie schauen, dann nur, weil er aussieht, als würde er gleich ohnmächtig werden. Er beschließt, zurück ins Chelsea Hotel zu gehen und mich alleinzulassen. Mir macht das nichts aus. Das heißt, dass ich in die St. Mark's, Ecke Avenue A, gehen kann. Was ich auch tue.

In Terrys Laden treffe ich meinen Freund Rabbi. Ich weiß nicht, wie er wirklich heißt. Sein Spitzname ist Rabbi, weil er immerzu über Gott spricht. Er ist ein hitziger Typ; sieht aus wie ein Rasta, aber er ist immer sehr wütend. Kein echter Rasta. Tatsächlich würde es mich nicht wundern, wenn er ein paar Leute abgemurkst hätte. Er hat so eine böse Ader. Manchmal frage ich mich, warum ich Zeit mit ihm verbringe. Ich glaube, er ist einfach nur ein interessanter Mensch. Er und ich gehen in den Park. Es ist immer noch nicht Abend. Ich ertappe mich dabei, wie ich Fremde anlächle. So ist das mit dem LSD. Das Zeug verwandelt dich wieder in ein Kind, weshalb man sich den Menschen öffnet, so wie man das getan hat, als man noch klein war. Eine blonde Dame erwidert mein Lächeln. Sitzt da mit ihrem Ehemann oder wer auch immer er sein mag. Mir wird klar, dass ich von Rabbi weg und zurück in die irische Bar muss, als er anfängt, meine Hand auf eine Weise zu streicheln, die nahelegt, dass ihm der Sinn nach ein wenig Liebe im *leaba* steht (das ist das irische Wort für »Bett«). Kein Interesse. Meine Gefühle für ihn sind nicht dieser Art. Wer möchte schon mit jemandem ins Bett, der so mürrisch ist?

Nach diesem Tag nehme ich erst wieder LSD, als ich dreiunddreißig bin. In einem Rockabilly-Club in der Oxford Street in London, zusammen mit meinem Freund BP Fallon, einem irischen Radiomoderator. Er liebt Rockabilly-Musik. Ich kann sie auf den Tod nicht ausstehen. Darum flehe ich ihn an, ob wir den Club nicht bitte wieder verlassen können. Er besteht darauf, dass wir bleiben. Nach einer Stunde bin ich noch immer absolut nüchtern, also schlussfolgere ich, dass das LSD nichts taugt. Genauso wenig wie die Musik. Und ich klaue Beep (das ist sein Spitzname) sein ganzes LSD-Tütchen, schließ mich auf der Toilette ein und schlucke den kompletten Inhalt, während er von außen gegen die Tür hämmert und droht, mich umzubringen, wenn ich wieder rauskomme. Ich lache mich kaputt, während ich jede einzelne Pappe in der Tüte schlucke. Nach einer weiteren Stunde bin ich immer noch stocknüchtern. Nichts passiert. Das ist kein LSD, das sind einfach nur irgendwelche kleinen Papierquadrate und Beep hat sich eindeutig übers Ohr hauen lassen. Trotzdem weigert er sich, den Club zu verlassen, und am Ende verbringen wir ganze drei Stunden dort. Endlich, so gegen Mitternacht, willigt er ein, zu gehen.

Tja, und kaum, dass ich den rechten Fuß auf die Oxford Street setze … *huuuuuiii!* Ich fliege. Die Musik hatte verhindert, dass mein Trip einsetzt, weil ich sie gehasst habe. Bis zu dieser Nacht hatte ich nicht gewusst, wie tiefgreifend mein Verhältnis zu Musik ist. Ich lache Tränen (mein liebstes Gefühl auf Erden) und bin von den Sternen fasziniert. Wir gehen zu mir nach Hause und zünden ein Feuer im Kamin an. Wenn man auf LSD ist, sieht so ein Feuer aus, als würde es aus Maden bestehen. Vollkommen verrückt. Das führt mich zu der Überlegung, ob in Wirklichkeit nicht alles aus Maden besteht. Ich bin besessen von der Idee, den Garten ins Haus reinzulassen, und ich reiße alle Fenster auf, nur für den Fall, dass der Garten beschließt, meiner Einladung zu folgen. Das passiert natürlich nicht. Wir sitzen einfach nur die ganze Nacht lang da und unterhalten uns. Irgendwann verschwindet der Blumenstrauß auf meinem Piano direkt vor meinen Augen und ich kann nur noch das Wort »Monster« sehen. Aber sobald ich begriffen habe, dass das nur ein dummer Trick ist, den mein Verstand mir spielt, tauchen die Blumen wieder auf und beginnen zu tanzen. So habe ich gelernt, meinen Verstand auf LSD viel besser zu kontrollieren, als ich ihn kontrollieren kann, wenn ich nüchtern bin.

Ich habe ein paar Mal Ecstasy genommen. Fand ich schrecklich. Habe am nächsten Tag nach einer Mutter geweint – egal, wessen Mutter. Zusammengerollt wie ein Embryo.

Mit Koks war es dasselbe. Zweimal habe ich es genommen. Habe am nächsten Tag geheult wie eine Zeichentrickfigur; die Tränen sind mir nicht über Gesicht gerollt, sondern sie schossen in einer geraden, horizontalen Linie aus meinen Augen heraus. Absolut nichts Schönes daran. Depressionen und zwanzig Dollar weniger im Geldbeutel. Das ist die Sache absolut nicht wert. Mit meinem Anstand war es auch vorbei.

Heroin habe ich einmal geraucht. Das war widerlich. Ich habe es nie wieder genommen.

Außerdem habe ich Speed genommen. In der Klapsmühle, ob Sie's glauben oder nicht, in Dublin. (Ich darf es eine Klapsmühle nennen, weil ich einen Klaps habe. Niemand sonst darf es so nennen.) In der geschlossenen Abteilung, wo sie einen reinstecken, wenn man suizidal ist, gibt es mehr erstklassige Drogen als in der Garderobe von Shane MacGowan. Da geht es nicht zu wie in Amerika, wo selbst die Oma, wenn sie zu Besuch kommt, sich an die Wand stellen und abtasten lassen muss und direkt wieder vor die Tür gesetzt wird, wenn sie auch nur ein Fläschchen Parfüm als Geschenk dabeihat. Also, ja, da drinnen bin ich eine Woche lang auf Speed, womöglich eine der glücklichsten Wochen in meinem Leben. Zwei Jahre später genau das Gleiche. Eine Woche auf Speed in der geschlossenen Abteilung der Klapsmühle. Das hat dazu geführt, dass ich schreiben wollte. Um ehrlich zu sein, wünschte ich, ich hätte jetzt welches da. Aber ich habe mir geschworen, es nie wieder zu nehmen, weil ich es so geliebt habe.

Der Alkohol und ich, wir waren nie Freunde. Ich reagiere allergisch darauf. Ich muss davon bloß kotzen. Ich bin auf diesem Planeten wohl der einzige Mensch aus Irland, der nicht trinkt. Als ich mich das letzte Mal betrunken habe, wiederum in New York, muss ich etwa dreiundzwanzig Jahre alt gewesen sein. Das war am St. Patrick's Day, im »Fitzpatrick«-Hotel, wo sie Sperrholzplatten auf den Boden in der Bar genagelt hatten, damit niemand auf den Teppich kotzte. Alles war voll mit Rüpel-Iren, die nach New York gekommen waren, um sich volllaufen zu lassen wie die Strandhaubitzen.

Getrunken wurden Irish Coffees, deren Sahnehauben mit fürchterlichen Kleeblättern aus Crème de Menthe verunziert waren. Jedenfalls habe ich die ganze Nacht über die Kloschüssel umarmt, während der Raum sich drehte und ich mich auskotzte. Und ich war so müde, konnte aber wegen all des Kaffees nicht schlafen. Am nächsten Morgen kotzte ich immer noch. Und seitdem habe ich keinen Tropfen Alkohol mehr angerührt.

Es fiel mir sehr leicht, auf all diese Drogen zu verzichten, womit ich großes Glück gehabt habe.

Es war das Marihuana, von dem ich nicht loskam. Auf Marihuana konnte ich immer arbeiten. Und ich liebte es. Denn ich konnte in meiner eigenen Welt verweilen, wenn die Welt um mich herum keinen Sinn ergeben hat. Die meisten Musiker lieben Marihuana, weil es die Musik in dir aufdreht und dir hilft, mit dem ganzen Gammeln und dem Nichtstun klarzukommen – und zwar insofern, als dass Marihuana das Nichtstun interessant macht. Hotels, Garderoben, Busse, Flughäfen, zweieinhalb Stunden Arbeit am Tag und der Rest ist unerbittliche Wartezeit.

Ja, Marihuana habe ich zu sehr gemocht.

Ein Obdachloser zu Ostern

Der wunderbarste Mensch, dem ich je begegnet bin, war ein Obdachloser, von dem ich nicht einmal den Namen weiß. Ich traf ihn nicht lang vor meinem Auftritt bei *SNL*, am Karfreitag in einem New Yorker Diner voller weißer Leute.

Zur Tür hinein kam dieser afroamerikanische Mann in einem langen, langen Trenchcoat im Military-Style; um den Hals trug er ein Klinkenkabel, wie man es nutzt, um eine Gitarre an einen Verstärker anzuschließen.

Ich saß am Tresen, all die anderen weißen Gäste saßen an ihren Tischen, und dieser Mann passte nicht in ihre Gesellschaft. Deshalb verwies der Besitzer des Diners ihn direkt des Lokals, was mich ziemlich schockierte, weil so etwas in Irland nicht vorgekommen wäre.

Im nächsten Augenblick – na ja, nach fünf Minuten etwa – kehrte er zurück. Und er tat etwas, was ich komplett unglaublich fand. Er kam zurück ins Restaurant, blieb etwa zwei Meter von der Tür entfernt stehen, breitete seine Arme aus und sagte: »Kann mich jemand umarmen? Kann mich einfach jemand umarmen?«

Genial, dachte ich. Und ich rannte auf ihn zu und sprang ihn an wie ein Äffchen. Und ich war die einzige Person, die das tat. Ich sprang ihm in die Arme und klammerte mich an ihm fest, als wäre ich ein Baby, meine Beine um seine Hüfte geschlungen. So klammerte ich mich eine ganze lange Weile an ihm fest.

Wir gingen dann nach draußen und unterhielten uns ein wenig. Ich erinnere mich nicht mehr, worüber wir redeten, aber anschließend gab er mir das Klinkenkabel, das er um den Hals trug.

Bei irgendeinem Umzug kam es mir dann irgendwann abhanden. Aber für lange, lange Zeit gehörte es zu den Besitztümern, die mir besonders lieb und teuer sind. Ich hatte es an meiner Schlafzimmerwand hängen. Und ich denke immer noch oft an ihn. Was für ein Genie. »Kann mich jemand umarmen?«

War, dritter Teil – Oktober 1992

Ich bin so aufgeregt. Ich darf im Madison Square Garden singen, bei einem Konzert zur Feier der dreißigjährigen Plattenkarriere von Bob Dylan. Ich glaube, man hat mich gefragt, weil ich in jedem Interview, das ich je gegeben habe, zu Protokoll gab, wie sehr Dylan mich im intellektuellen Sinne beeinflusst hat.

Sein Lied »Gotta Serve Somebody« hat mir den Weg gewiesen, welche Art von Künstlerin ich sein wollte – nicht bloß eine Entertainerin, sondern eine Aktivistin.

Tatsächlich hätte ich das Papst-Foto wohl nicht zerrissen, wenn dieses Lied mir nicht erklärt hätte, was man als Musiker tun muss.

Am Tag vor der Show, während der Proben, schleicht Willie Nelson sich an mich heran und fragt, ob ich am Tag nach dem Konzert ein Cover von Peter Gabriels »Don't Give Up« mit ihm aufnehmen würde. Ich bin außer mir vor Freude. Wenn meine Mutter nicht bereits tot wäre, es würde sie umhauen! Sie hat Willie Nelson so unglaublich geliebt.

Das Lied, das ich im Madison Square Garden singen soll, ist »I Believe In You« von Bob Dylans Album *Slow Train Coming*. Als das Album auf den Markt kam, hatte ich meinen Vater eine ganze Weile nicht mehr gesehen, weil meine Mutter sich quergestellt hatte und weil die Gerichte in Irland sich Vätern gegenüber beschissen verhielten. Deshalb hatte ich keine erwachsene männliche Leitfigur. Das Album wurde eine Art Vaterersatz für mich.

Als ich das erste Mal versuche, »I Believe in You« zu singen, heule ich mir die Augen aus, so viel bedeutet mir das Lied. Ich weiß immer, dass ich ein Lied gut singen werde, wenn es mich am Anfang zum Schluchzen bringt. Das ging mir auch mit »Streets of London« so. Bei den ersten drei Anläufen musste ich aus dem Studio rennen. Dasselbe mit »Don't Cry for Me Argentina«

und »Scarlett Ribbons«. An manche Lieder muss man nur denken, und sie bringen einen zum Weinen. Wie »America the Beautiful«.

Jedenfalls werde ich bei dem Song so emotional, dass Booker T. und seine Band, die das Konzert begleiten werden, mit mir eine sehr ruhige, stimmlich fast schon geflüsterte Version erarbeiten. Im ganzen Saal wird kein Auge trocken bleiben.

Und alles was ich will ist, dass Bob stolz auf die Nummer ist.

Am Morgen des Konzerttages kaufe ich mir bei Bergdorf Goodman ein Outfit. Nur, weil mir die Farbe so gefällt – türkis. Weil Türkis in der Welt der Medialität für Kommunikation steht.

Ich probiere das Outfit im Laden nicht an. Und auch als ich wieder im Hotel bin, lasse ich es noch ein paar Stunden liegen. Als ich es dann endlich anziehe und in den Spiegel schaue, sehe ich, dass es eher aussieht, als wollte ich damit im *Denver-Clan* auftreten. Es braucht schon eine aufgebauschte Frisur, um ungestraft diese Schulterpolster tragen zu können, und ich bin kahl wie ein Ei. Und der dazugehörige Rock stellt meine abscheulichen Ballettbeine zur Schau. Ich sehe lachhaft aus. Und sehr untergewichtig. Weil ich nur selten esse. Aber jetzt ist es fünf Uhr am Nachmittag, und es ist zu spät, um noch nach einem anderen Outfit zu suchen. Also rede ich mir ein, dass die Medialität der Farbe alles ist, was zählt. Und ich weiß, dass das stimmt.

Aber als ich dann am Abend auf die Bühne trete und die Hälfte des Publikums anfängt, mich auszubuhen, glaube ich eine Sekunde lang ernsthaft, es läge am Outfit, denn in meiner Freude darüber, ein Teil dieser Show sein zu dürfen, habe ich den Vorfall mit dem Papst-Foto bei *SNL* ganz vergessen.

Dann beginnt die andere Hälfte des Publikums zu jubeln, um den Buh-Rufern etwas entgegenzusetzen. Und daraus ergibt sich ein Lärm, wie ich ihn noch nie gehört habe und den ich nicht anders beschreiben kann, als zu sagen: Es klang wie ein niemals endender Donnerschlag. Das lauteste Geräusch, das ich je gehört habe. Wie ein akustischer Aufstand, als würde der Himmel aufreißen. Mir wird ganz schwindlig und meine Trommelfelle platzen fast. Und für ein oder zwei Minuten bin ich unsicher, ob die Leute im Publikum nicht tatsächlich den Aufstand proben werden. Ihre Stimmen gehen schon so heftig gegeneinander vor. Wie soll ich wissen, was noch alles passieren könnte?

Ich bleibe eine ganze Weile reglos am Mikrofon stehen. Mir wird klar, dass ich geliefert bin, wenn ich jetzt anfange, den Song zu singen, weil die Stimme so geflüstert ist, dass beide Seiten des Publikums mich übertönen werden. Und nicht gehört zu werden, das kann ich mir nicht leisten; die Buh-Rufer würden es als Sieg verbuchen.

Ich schaue auf das schöne Gesicht von Booker T. Seine Lippen formen die Worte *Sing das Lied*, aber das tue ich nicht.

Nun frage ich Gott, was ich tun soll. Noch immer stehe ich reglos da, was hinter der Bühne für Unruhe sorgt, weil die Show wie geplant weitergehen muss; also schickt jemand Kris Kristofferson los, »um sie von der Bühne zu holen« (wie er mir später erzählt). Während er sich mir nähert, erhalte ich meine Antwort von Gott: Ich soll tun, was Jesus tun würde. Also schreie ich buchstäblich vor Wut, und zwar Bob Marleys Song »War«, zu dem ich das Foto des Papstes zerrissen habe. Und dann muss ich mich fast übergeben.

Ich sehe Kris Kristofferson auf mich zukommen. *Ich brauche keinen Mann, der mich rettet*, denke ich mir, *vielen Dank*. Es ist so beschämend. »Lass dich von diesen Bastarden nicht runterziehen«, sagt er in mein Mikrofon. Und dann gehen wir von der Bühne und beinahe speie ich auf ihn, als er mich umarmt.

Anschließend denke ich mir, dass Bob Dylan derjenige hätte sein sollen, der auf die Bühne geht und seinem Publikum sagt, dass es mich singen lassen soll. Und es stinkt mir, dass er das nicht getan hat. Also funkle ich ihn hinter der Bühne böse an, als wäre er mein großer Bruder und habe unseren Eltern gerade verraten, dass ich die Schule geschwänzt habe. Verblüfft erwidert er meinen Blick. Er sieht so gut aus in seinem weißen Hemd und der weißen Hose. Das sind die seltsamsten dreißig Sekunden meines Lebens.

Tags darauf statte ich Dylans Manager einen Besuch in seinem Büro ab. Ich erzähle, was sich in der Kirche in Irland abspielt, dass dort Kinder vergewaltigt wurden und die Kirche es vertuscht. Ich frage ihn, ob er und Dylan helfen würden, die Sache aufzudecken. Er hält mich für verrückt. Bietet mir keinerlei Hilfe an. Weder er noch Dylan werden sich für mich einsetzen. Ich bin auf mich allein gestellt. (Ich frage mich, ob sie heute immer noch glauben, ich wäre verrückt.)

Mein Vater, der an jenem Abend im Publikum saß, rät mir anschließend, dass es vielleicht an der Zeit sei, noch mal über einen Schulabschluss nachzudenken, weil ich gerade eben meine Karriere zerstört habe. Er hat recht. Aber es ist mir egal. Manche Dinge sind es wert, dass man ihretwegen seine Karriere wegschmeißt. Und ich will sowieso keine Karriere als Popstar mehr machen, weil niemand mich wirklich kennt und ich so allein bin.

Mein sternenbesetztes Banner

Der Rückschlag nach *SNL* war heftiger als der, den ich zwei Jahre zuvor wegen einer anderen Kontroverse erlebt hatte.

Es ist 1990, und während der vergangenen Tage habe ich in meinen Hotelzimmern einige Nachrichtenbeiträge gesehen, bei denen mir vor Lachen die Tränen kamen. Ich bin auf Tournee durch Amerika, und an Kreuzungen in mehreren Gemeinden und Städten sind Menschen mit Dampfwalzen über Stapel meines Albums gefahren.

»Bringen Sie uns Ihr Sinéad-O'Connor-Album und wir walzen es für Sie platt«, lautete das Angebot. Vor und zurück, vor und zurück, über den kleinen Haufen von CDs. Ausgesprochen zornige alte Leute (mit sehr spitzen Nasen) steuern die Dampfwalzen. Ich glaube, so etwas Lustiges habe ich noch nie gesehen. Und nie war die irische Künstlerin in mir so stolz auf sich. Insbesondere heute, da ich zwischen Soundcheck und Konzert vor dem Veranstaltungsort, dem Saragota Performing Arts Center in New York, das herrliche Vergnügen habe, mit Sonnenbrille und Perücke sowie in Begleitung meiner besten Freundin Ciara an einem Protest gegen mich selbst teilzunehmen. Mit falschen amerikanischen Akzenten unterhielten wir uns mit den vielleicht fünf Vietnam-Veteranen, die als Einzige zu dieser von einem lokalen Radio-DJ ausgerufenen Demonstration erschienen waren.

Sie alle waren, sagen wir mal »stattliche«, Männer, und drei von ihnen trugen schwarzgerahmte, riesige Rundbrillen, mit Gläsern so dick, dass ihre Augen gigantisch wirkten. Sie trugen akribisch gepinselte Schilder, die keinen Zweifel daran ließen, dass sie der Meinung waren, ich solle Amerika unverzüglich verlassen und dass der Dollar alles sei, was Sinéad O'Connor an Amerika liebt.

Unnötig zu erwähnen (so hoffe ich), dass sie falsch lagen. Nur eine Iri-otin würde Amerika nicht lieben. Und nur eine Iri-otin würde Amerika auf irgendeine andere Weise verlassen als via Deportation. Was auch immer man mir berechtigterweise oder sonst wie vorwerfen kann: Ich bin mir zu einer Milliarde Prozent sicher, dass ich keine Iri-otin bin. Jetzt noch mehr als zuvor, denn wäre ich eine Iri-otin, dann müsste ja niemand meine Alben niederwälzen.

Das ist wirklich eine ganz tolle Sache.

Ciara und ich stimmten dem Chor der Protestierenden leidenschaftlich zu: »Shine-Aid O'Caaaner« und ihresgleichen sollten sich »zurück nach Irland scheren«. Und dass »sie nur ein boshaftes Weib« sei, das versuche »unsere Jüngsten mit ihrer Respektlosigkeit zu korrumpieren«. Und dass sie »nie im Leben eine Christin« sein könne! Wir ließen uns sogar mit ihnen fotografieren. Für ihre Sammelalben. Herrlich! Sie waren so stolz darauf, dass zwei so nette junge Damen sie unterstützten, die armen Geschöpfe.

Nach etwa zwanzig Minuten kletterten wir zwei Damen auf einen Holzzaun, wo wir einfach nur saßen und ihnen zuschauten, wie sie weiter ihr Ding machten und mit ihren Schildern auf und ab liefen. Eine Fernsehcrew war angerückt, weil Teile der Medien versucht hatten, in den Tagen zuvor eine große Schar an Protestlern zusammenzutrommeln. Aber damit waren sie offenbar gescheitert, und die alten Herren waren die einzigen Demonstranten, die man filmen konnte.

Ehe wir uns versehen, kommt eine TV-Reporterin (brünett, im Gesicht ein Sechsjahresvorrat Make-up) auf uns zu, im Schlepptau ihren Kameramann und ihren Tontechniker, der ein lächerlich phallisch-flauschiges Mikrofon über ihrem Kopf balanciert. »Verzeihen Sie, Miss, kommen Sie hier aus der Gegend?«, fragt sie im allerbreitesten Südstaaten-Singsang.

Ich beschließe, zunächst mit einem langgezogenen »Ääähhhh« zu antworten. Dann wage ich ein: »Öhm, aus Saratoga.« Ciara und ich müssen uns beherrschen, einander nicht anzuschauen oder gar loszuprusten. »Und wie heißen Sie?«, fragt die Reporterin. In meinem grotesk übertriebenen amerikanischen Akzent antworte ich: »Ähm. Ich ziehe es vor, meinen Namen Fremden gegenüber nicht preiszugeben.« Wir können uns kaum auf dem Zaun halten.

Zum Glück sind sie schnell wieder verschwunden. Wir waren zu bizarr. Aber sie haben es später in den Nachrichten gebracht, untertitelt mit: *Ist sie es?* Und dazu haben sie mehrmals mein »Interview« gespielt. Hahaha-ahaha-haa!

Dieses ganze alberne Theater hat sich zugetragen, weil zwei Monate zuvor, bevor ich in einer Konzerthalle in New Jersey auf die Bühne gehen sollte, zwei Kaukasier (wie man Weiße in Amerika nennt), ein Mann und eine Frau, in meine Garderobe kamen. Sie fragten, ob es für mich in Ordnung sei, wenn man in der Halle direkt vor meinem Auftritt die amerikanische Nationalhymne »The Star-Spangled Banner« vom Band spielen würde.

Tja, Asche auf mein Haupt, aber weil man da, wo ich herkomme, Englisch spricht – die Sprache, in der man mich auch jetzt anzusprechen schien –, und weil die Formulierung ihrer Frage und die Tatsache, *dass* sie es überhaupt erst als Frage formuliert hatten, nahelegten, dass es in Ordnung wäre, wenn ich es nicht in Ordnung fände, schlussfolgerte ich, dass alles in Ordnung war. Keine amerikanische Hymne? Kein Problem.

Unter uns gesagt? Hymnen assoziiere ich in beängstigend übergriffiger Weise mit Langeweile, wenn sie nicht von Jimi Hendrix gespielt werden. Außerdem besuchen die meisten Leute Konzerte, damit sie die Welt da draußen vergessen können, und nicht, um an sie erinnert zu werden. Aber ich musste in etwa zehn Minuten auf die Bühne, und ich musste mich noch verkabeln und die üblichen letzten Panikpinkelgänge erledigen, also sagte ich einfach, dass es mir, wenn ich es mir aussuchen könne, lieber sei, die Hymne würde nicht gespielt werden. Ich habe ihnen meine Gründe nicht weiter erklärt. Sie lächelten mich freundlich an, sagten dass das »völlig okay« sei und wünschten mir eine tolle Show.

Aber die ganze Sache war ein abgekartetes Spiel. Während ich auf der Bühne stand, riefen die beiden Kanaillen bei einer regionalen TV-Nachrichtensendung an und traten einen landesweiten Aufruhr los, indem sie fälschlicherweise behaupteten, dass ich mich an sie gewendet und verlangt habe, dass die Hymne vor der Show nicht gespielt werde. Sie behaupteten auch, dass ich ihnen gesagt habe, ich würde nicht auf die Bühne gehen, sollte die Hymne doch gespielt werden. Was absolut nicht wahr ist. Keine Tournee-Versicherung der Welt würde für den Schaden aufkommen, den eine solche Entscheidung nach sich zieht. (Wie gesagt, ich bin ja keine Iri-otin.)

Große Aufregung in den Medien. Sinéad, die Amerika-Hasserin. Mitten in meiner Tournee.

MC Hammer, der aus der Sache einen Profit schlagen will, sendet mir in einer öffentlichen Inszenierung einen Scheck für ein Flugticket erster Klasse zurück nach Irland. Der Scheck stinkt nach Kokosnuss, genau wie er. Jahre später wird dieses Stück Papier deutlich mehr wert sein als die tausendfünfhundert Dollar, über die er den Scheck ausgestellt hat.

Wenn ich so darüber nachdenke, gibt es tatsächlich einen Grund, Amerika zu verlassen: MC Hammers Musikvideos. Grundgütiger.

Frank Sinatra meldet sich zu Wort und befindet, mir gehöre in den Arsch getreten, was besorgniserregend ist, da ich im selben Hotel untergebracht bin wie er. Wir könnten einander im Aufzug begegnen, und ich glaube, mein Vater in Dublin wird nicht allzu begeistert sein, wenn ich ihm erzähle, dass ich, um mich selbst zu verteidigen, Ol' Blue Eyes die Scheiße aus dem Leib prügeln musste.

Ich rechne jederzeit mit einem Pferdekopf unter meiner Bettdecke.

Es schmeichelt mir, dass das Establishment in mir eine so große Bedrohung sieht, dass man meint, man müsse versuchen, mich in Verruf zu bringen – gemeinsam mit all den anderen Bands und Solokünstlern, die zur Zielscheibe dieser musikalischen Zensur geworden sind, die in Amerika um sich greift, seit N.W.A. ihr *Straight Outta Compton*-Album rausgebracht haben. Wir sind da ganz offenbar einer heißen Sache auf der Spur. Und das ganz offenbar seit je her. Ich weiß auch, was es ist. Wir sind wie der Spiegel in *Schneewittchen*.

DRITTER TEIL

Ein paar musikalische Hinweise

Einer der Gründe, warum ich Sängerin geworden bin, besteht sicherlich darin, dass ich keine Priesterin werden konnte, da ich ja nun mal eine Vagina und zwei (wenngleich sehr geringfügige) Brüste habe. Ich habe mich immer für die Arbeit mit sterbenden Menschen interessiert, da ich immer eine Person war, die einen starken Glauben an ein Leben nach dem Tod hat, und daran, dass es keinen Grund gibt, den Tod zu fürchten, was ich den Gospelliedern entnehmen konnte, die man mir eingebläut hat. Ich vermutete, dass Jesus deswegen auf die Erde kam. Das scheint sich so sehr bei mir eingebrannt zu haben, dass mir erst jetzt, da ich über meine Lieder schreibe, bewusst wird, dass entsetzlich viele von ihnen vom Tod handeln oder sich an Sterbende richten oder aus der Perspektive eines toten Menschen erzählt sind.

Tatsächlich kommt in »Take My Hand«, dem ersten Lied, das ich je geschrieben habe, ein Engel vor, der zu einem Sterbenden singt: »Komm mit mir. Alles wird rosig sein.« Für meine vierzehn Jahre war es ein ungewöhnliches Thema, über das ich da schrieb.

Ich habe in diesem Buch viel geschrieben über meine Erziehung, meine Jugend und die Gründe, weshalb ich eine Künstlerin geworden bin. Aber über die einzelnen Songs oder Alben habe ich noch nicht viel geschrieben. Ich habe mir gedacht, dass es nützlich sein könnte, wenn ich auch dazu alle Informationen zur Verfügung stelle, die ich habe. Ich sage immer, dass man keine Musik bräuchte, wenn man Musik erörtern könnte, weil die Musik für die Dinge steht, die sich nicht erörtern lassen.

Man muss jedes Album als ein Tagebuch begreifen, und jeder Song ist ein Kapitel in diesem Tagebuch. Und die Summe meiner Alben verkörpert meine Reise zur Heilung. Als ich jünger war, schrieb ich aus dem Schmerz heraus, weil ich mir Dinge von der Seele schreiben musste. Als ich am *Theology-*

Album arbeitete, das sich ganz der Heiligen Schrift widmet, befand ich mich an einem Ort der Heilung. Und das erste Album, das ich vollständig von diesem Standpunkt aus geschrieben habe, ist *I'm Not Bossy, I'm the Boss*. Und von diesem Standpunkt aus werde ich weiterhin schreiben. Es ergibt schließlich keinen Sinn, zu einer Heilungsreise aufzubrechen, wenn am Ende keine Heilung steht.

Es ist außerdem zutreffend, dass wer immer mich wirklich kennenlernen möchte, das am besten durch meine Lieder erreicht. Es gibt nichts, was ich in diesem Buch schreiben oder euch erzählen könnte, das euch helfen würde, mich wirklich kennenzulernen. Das steckt alles in den Liedern.

I Do Not Want What I Haven't Got

Ich erinnere mich daran, dass »Jackie« das zweite Lied war, das ich nach »Take My Hand« schrieb; ich war damals etwa fünfzehn Jahre alt, und es landete schließlich auf *The Lion and the Cobra*. Ich hatte im Fernsehen ein Kammerspiel gesehen, in dem es um eine sehr alte schottische Dame ging, deren Leben sich dem Ende zuneigte. Sie verbrachte ihre Tage damit, durch die Vorhänge ihres Fensters nach draußen zu blicken, in der Hoffnung, ihr seit Langem verschwundener Ehemann würde von einem Angelausflug zurückkehren, zu dem er vierzig Jahre zuvor aufgebrochen war und bei dem er ertrank. Die Ehe war kinderlos geblieben, und sie hatte nie jemand anderen kennengelernt.

Das war mir irgendwie Inspiration, den Song »Jackie« zu schreiben, in dem es um eine Person geht, die am Strand entlanggeht und auf die Rückkehr eines Verstorbenen wartet. In meinem Lied ist der Erzähler ein Geist.

Die Menschen glauben immer, meine Lieder wären autobiografisch, aber das ist nur in etwa bei der Hälfte der Songs zutreffend. Sie liegen oft daneben, vor allem dann, wenn sie annehmen, dass ein Lied von psychischer Erkrankung handelt. Aber für »Jackie« gilt das nicht wirklich. Ich finde es spannend, dass dieses Lied in die Kategorie von Texten fällt, die aus der Perspektive Verstorbener erzählt werden. Scheinbar hatte ich selbst damals schon ein Interesse am Leben nach dem Tod, einen Unglauben hinsichtlich der Endgültigkeit des Todes, der mich musikalisch wie auch spirituell beschäftigte.

Das liegt, wie gesagt, alles daran, dass ich keine Priesterin werden konnte. Genau genommen hätte ich eine Missionarin werden müssen, aber die nächstbeste Sache war eben die Musik.

Wie schon erwähnt, schrieb ich »Drink Before the War« (Ich habe keine Ahnung, wo dieser Titel herkam!) aus Wut über meinen Schuldirektor in Waterford, dem es zuwider war, dass ich Musikerin werden wollte. Mir war das scheißegal, und der Direktor war ein Snob und ein feiger kleiner Mistkerl. Das Lied hat mir viel bedeutet, als ich es damals schrieb, aber auf der Bühne singe ich es nicht mehr, weil es mich peinlich berührt – es fühlt sich an, als würde ich mein Tagebuch aus Teenagerzeiten laut vorlesen.

»Never Get Old«, das ich ebenfalls mit etwa fünfzehn Jahren geschrieben habe und das ebenfalls auf meinem ersten Album landete, singe ich hingegen noch live. Es handelt von dem schönsten Jungen in der Schule, Ben Johnson. Alle Mädchen wollten gerne mit ihm gehen, weil er von allen Jungen nicht nur der hübscheste aller Jungen, sondern auch der geheimnisvollste war. Er richtete einen Habicht ab, war unglaublich lieb und sagte kaum je etwas. Wie ich bereits schrieb, ging er dann eines Tages endlich mit mir aus; ich durfte ihn und seinen Habicht zum Training begleiten und wir verbrachten einen absolut wunderbaren Nachmittag miteinander. Ich glaube, wir haben uns dann schließlich sogar ein oder zweimal geküsst. Und dann hat er mich fallenlassen, wenn auch auf sehr nette Weise. Ich küsste vermutlich fürchterlich. Trotzdem war ich ziemlich aufgebracht. Das war die Inspiration zu »Never Get Old«.

»Mandinka« war durch die Fernsehserie *Roots* inspiriert, die auf einem Roman von Alex Haley über die Sklaverei basierte. Ich war ein junges Mädchen, als ich sie sah, und sie hat etwas so tief in mir berührt, dass ich es in den Eingeweiden spürte. Ich konnte mich emotional mit der Bürgerrechtsbewegung und den Versklavten identifizieren, zumal wegen der Theokratie, in der ich lebte, und der Unterdrückung, die ich selbst zu Hause erlebt hatte.

»Mandinka« aufzunehmen war auch in musikalischer Hinsicht ein Durchbruch für mich. Bei der Aufnahme hatte ich zum ersten Mal den Mut, richtig Gitarre zu spielen; Chris Birkett, der Produzent, und Chris Hill von Ensign Records haben mich sehr ermutigt. Als ich es Chris Hill das erste Mal vorspielte, war ich mir sicher, dass er es für komplette Scheiße halten würde. Aber wie ich es oft erlebt habe, wenn ich Leuten Lieder von mir gezeigt habe, von denen ich fürchtete, dass sie Mist waren (wie zum Beispiel »Reason With Me«, ein Lied über eine Person, die darum bittet, dass man ihr hilft, mit dem Leben klarzukommen), liebte er den Song. Und ich war stolz darauf, dass es mir gelungen war, die Gitarre selbst zu spielen, denn, nun ja, eine großartige Gitarristin bin ich nicht.

Wenn ich mich an die Titel auf *I Do Not Want What I Haven't Got* zurückerinnere, fällt mir wieder auf, dass die Themen Tod, Sterben und Kommunikation aus dem Jenseits allgegenwärtig sind. Im ersten Song, »Feel So Different«, spreche ich zu meiner Mutter. Und in »I Am Stretched on Your Grave«, das die Umsetzung eines alten irischen Gedichts ist, geht es natürlich auch um den Tod. Ich habe dafür die berühmte Drum-Spur von James Brown verwendet, die damals für viele Rap-Songs benutzt wurde – die Plattenfirma verlangte im Nachhinein dafür fünfzigtausend Dollar von mir, und ich wette, dass das Geld nicht an den Schlagzeuger von James Brown ging. Ich liebe es, den Song zu singen, und ich denke dabei immer an meine Mutter. Wenn ich auf Tournee bin, ist häufig gerade eine berühmte Person verstorben, der ich »Stretched on Your Grave« dann widme.

Ein drittes Lied über den Tod ist »Three Babies«, das von drei Fehlgeburten handelt, die ich erlitten habe. Es handelt auch von den vier Kindern, die ich zur Welt gebracht habe, auch wenn das Lied vielleicht eher die Prophezeiung ist, dass ich keine perfekte Mutter bin. Man träumt davon, seinen Kindern eine perfekte Mutter zu sein, aber vielleicht gelingt einem das nicht immer (auch wenn man mit zunehmendem Alter besser darin wird).

»Black Boys on Mopeds« basiert auf der wahren Geschichte zweier Teenager, die in London nicht weit entfernt von mir lebten. Sie hatten sich das Moped eines Cousins ausgeliehen, ohne um Erlaubnis zu fragen; die Polizei wurde benachrichtigt und es kam zu einer Verfolgungsjagd, bei der die verängstigten Jungen verunglückten und starben. Zur selben Zeit etwa gab es einen fürchterlichen Skandal in London, weil schwarze Männer auf Polizeiwachen geführt wurden und plötzlich verschwunden waren. Es war auch zu einer Zeit, in der Einbrecher, wenn sie gefasst wurden, als »schwarze Einbrecher« (oder alternativ auch »irische Einbrecher«) geführt wurden. Das führte zu sehr angespannten Verhältnissen zwischen Londonern einerseits sowie Jamaikanern und Iren andererseits.

Die Erfolgssingle des Albums, meine Coverversion von »Nothing Compares 2 U« von Prince, war ein Lied, das ich bei Konzerten immer meiner Mutter widme – und auch heute noch singe ich es für sie. Jedes Mal, wenn ich es öffentlich vortrage, habe ich das Gefühl, dass das die einzige Zeit ist, die ich mit meiner Mutter verbringen kann. Es ist, als würde ich mich wieder mit ihr unterhalten. Ich habe dann den Eindruck, sie wäre da, dass sie mich hören und ich eine Verbindung zu ihr eingehen kann. Deshalb habe ich geweint, als ich sang: »All the flowers that you planted, Mama, in the backyard, all died when you went away.« Ich liebe diesen Song, und ich werde es nie leid, ihn zu singen.

Der Titelsong »I Do Not Want What I Haven't Got« kam auch auf sehr düstere und interessante Weise zustande. Ich suchte ein Medium auf, durch das meine Mutter sprach. Sie bat meine Schwester, ihr zu vergeben, was sie uns allen angetan hatte. Aber meine Schwester wollte ihr nicht vergeben. Und auch wenn ich dafür Verständnis hatte, war ich wegen der Seele meiner Mutter außerordentlich bekümmert. Ich war noch so jung und wusste es nicht besser.

In jener Nacht hatte ich einen Traum, in dem meine Mutter mir erschien, zum ersten Mal seit ihrem Tod anderthalb Jahre zuvor. In diesem Traum sagte ich meiner Mutter, dass es mir leidtue, dass Éimear ihr nicht vergeben könne. Meine Mutter antwortete: »Ich will nicht das, was ich nicht habe.«

Was meine Mutter damit meinte war, dass sie die Vergebung meiner Schwester nicht verdiente und dass ihr das bewusst war, weshalb ich sie nicht zu bedauern brauchte.

Auf meinen ersten beiden Alben dreht sich vieles um den Tod und das Sterben. Aber mir ist aufgefallen, dass da auch viele Songs zu finden sind, die sich mit dem Glauben an das Jenseits befassen; der Grundtenor ist nicht einfach nur: »Ach und Weh, das sind Klagelieder über den Tod.« So ist es nicht. Es gibt Lieder, die sich mit dem Gedanken befassen, dass die Gospels tatsächlich gute Nachrichten sind und das Evangelium verkünden (das Wort »Gospel« ist dem Altenglischen *gōdspel* entlehnt und bedeutet etwa »Frohe Botschaft«), und dass die alten Schriften wahr sind. Und dass es so etwas wie den Tod nicht gibt, denn genau das haben alle Gesandten Gottes uns gesagt, ganz gleich, welche Religion von ihnen berichtet.

Am I Not Your Girl?

Ich war nicht bereit für die Art von Erfolg, die sich mit *I Do Not Want What I Haven't Got* einstellte. Es war nicht das, wonach ich suchte. Ich wusste nicht damit umzugehen. Es hat mich verrückt gemacht. Ich wusste nicht, warum irgendwer meine Lieder mochte. Ich sang sie in jede Kamera der Welt, in jeder Fernsehshow, und ich wusste nicht, wo ich war; ich war nicht bei meinem Kind. Ich wusste nicht, wer ich bin. Ich fühlte mich in der Rolle des Popstars nicht wohl, und ich mochte nicht, was die ganze Sache mit mir anstellte.

In musikalischer Hinsicht wollte ich mir den Stress eines typischen Nachfolgealbums ersparen. Ich hatte das dringende Bedürfnis, eine falsche Fährte zu legen. Ich beschloss, etwas Zeit zu schinden, damit ich die Möglichkeit hatte, ein Nachfolgealbum ganz nach meinen Vorstellungen aufzunehmen – und nicht eines, das die Plattenfirma von mir verlangte. Nun also zunächst ein Album vorzulegen, das auf eine falsche Fährte locken sollte, würde so überhaupt nicht den Erwartungen der Popwelt entsprechen und niemand würde es mit dem Vorgänger vergleichen können. Und genau das war die Idee hinter *Am I Not Your Girl?*

Das Album enthält lauter Musicalnummern und Jazzstandards. Das einzige Lied mit persönlichem Investment meinerseits ist der Loretta-Lynn-Hit »Success Has Made a Failure of Our Home«. Denn das bin wirklich ich, die darüber spricht, was der Erfolg in meinem Leben angerichtet hat. Am Ende der Nummer habe ich mir spontan ein paar Worte ausgedacht, die stark autobiografisch waren: Als der eigentliche Text zu Ende war, fing ich plötzlich an zu schreien: »*Am I Not Your Girl?*« Das war der einzige Teil des Albums, von dem ich fand, dass er an *I Do Not Want What I Haven't Got* anschloss.

Weil meine Mutter das Lied so sehr liebte, habe ich auch ein Cover von »Don't Cry For Me Argentina« aufgenommen. Und es hat mir wahnsinnig viel bedeutet, es zu singen. Was mir ebenfalls wahnsinnig viel bedeutete, war ein Brief, den ich von Tim Rice bekam, der den Text zu dem Lied verfasst hat; er schrieb, dass meine Version ohne jeden Zweifel die beste sei, die er je gehört habe. Und wäre meine Mutter nicht schon tot gewesen, sie wäre vor Freude und Stolz tot umgefallen.

»Scarlett Ribbons« befindet sich auf dem Album. Das ist ein Lied, das mein Vater mir immer vorgesungen hat, als ich noch ein Kind war. Deshalb weine ich, wenn ich es singe. Für mich ist es ein so tiefgehendes und bedeutungsvolles Lied. Und dass mein Vater mir dieses Lied vorgesungen hat, hat mich gelehrt, welche Kraft im Beten liegt und dass Wunder tatsächlich geschehen können. Die Story dieses Liedes hat mich so was von umgehauen. Ich schätze, mein Vater hatte ebenfalls eine sehr traurige Singstimme und hat mich auf dieselbe Weise traurig gemacht, wie es meine Tochter traurig machte, wenn ich ihr etwas vorgesungen habe, als sie noch ein kleines Mädchen war. Wenn sie das Lied im Radio hörte, sagte sie immer: »Zu traurig, mach das aus, mach das aus.«

Universal Mother

Was *Universal Mother* anbelangt, so halte ich es eigentlich für das außergewöhnlichste Album, das ich je aufgenommen habe – aus vielen, vielen verschiedenen Gründen, von denen einer mit meinem Vater zusammenhängt. Der hatte viele Jahre lang Gesangsunterricht bei einem Gentleman mit dem Namen Frank Merriman genommen, der einen Gesangsstil namens Belcanto lehrte. Wörtlich übersetzt bedeutet das »schöner Gesang«, und er hat seinen Ursprung im Italien des frühen neunzehnten Jahrhunderts. Dabei geht es nicht um Tonleitern, Atemtechnik oder Sonstiges dieser Art. Das ganze Konzept besteht darin, dass die Emotionen einen zu den Tönen führen. Als ich in London lebte und meine beiden ersten Alben aufnahm, habe ich mit einem amerikanischen Akzent gesungen. Ich habe wie all die Leute gesungen, die ich verehrte. Ich habe nie einfach nur wie ich gesungen. In den Achtzigern galt es als sehr uncool, mit einem irischen Akzent zu singen, und tatsächlich ist Bob Geldof der Erste gewesen, der das getan hat.

Ich habe erst angefangen, mit meinem irischem Akzent zu singen, als ich Unterricht bei Frank Merriman nahm, wozu es kam, weil ich mich so oft mit ihm und meinem Vater zum Dinner traf, wenn ich zufällig mal in Dublin war, und weil ich so beeindruckt war von dem, was er mir über das Singen erzählte. Er bezeichnete sich selbst als einen Stimmbefreier, nicht als Gesangslehrer, und er beschrieb das Singen als ein geistiges Studium, was es in seiner Anwesenheit auch wirklich war. Der Unterricht bei ihm brachte mich zum ersten Mal dazu, mit meiner eigenen Stimme zu singen; ich war in der Lage, die Dinge zu formulieren, die mir wirklich durch den Kopf gingen, ohne dass ich sie so sehr hätte kodieren müssen, wie ich sie auf meinen frühen Alben kodiert habe. Frank hat mehr als nur meine Stimme befreit; er hat meinen Verstand befreit. Im Belcanto geht das eine nicht ohne das andere.

Frank ließ mich Opernarien singen, »O Mio Babbino Caro« zum Beispiel, in einer Tonlage, die viel zu hoch für mich war. Und gerade dann, wenn es auf den höchsten Ton zuging und ich wusste, dass ich mich komplett zum Affen machen würde, warf er einen Apfel oder einen Tennisball nach mir, und ich war so fokussiert darauf, dem Ding auszuweichen oder es zu fangen, dass der Ton ungehindert aus meinem Körper herauskam. Es war Franks Art, mir zu zeigen, dass ich mir nur selbst im Wege stand; es war die Stanislawski-Methode des Singens. Wenn man es erstmal schaffte, dass man sich nicht selbst im Wege stand, dass man die Geschichte des Liedes erzählte, die Gefühle fühlte, dann konnte man die Töne in sich finden. Frank pflegte zu sagen: »Wenn in diesem Augenblick ein Feuer hier ausbrechen würde, dann wärest du fähig, in der höchsten aller Oktaven ›Feuer!‹ zu schreien.« Wenn man aber versuche, in der entsprechenden Tonlage zu singen, ohne dass es ein Feuer gegeben habe, dann erreiche man die Töne nicht.

Im Belcanto dreht sich also alles darum, die Bilder zu sehen, die Geschichte zu erzählen, sie wirklich zu glauben und darauf zu vertrauen, dass die Töne dich zu den Emotionen führen werden. Es geht nicht darum zu lernen, wie man richtig atmet, es hat nichts mit dem Zwerchfell zu tun, nichts von alledem. Es gibt nur einen technischen Hinweis zu befolgen: Man muss immer mit dem eigenen Akzent vokalisieren; weil die Muskeln eines jeden Menschen mit vierzehn Jahren eine individuelle Ausformung erreicht haben und den Klang des eigenen Akzentes prägen, schadet man sich stimmlich, wenn man versucht, diesen zu beschneiden. Und darum hat Bono, darum hat Adele, darum haben bestimmte Sänger, die sich einen falschen Akzent zugelegt haben, stimmliche Probleme – sie haben ihre Stimmbänder in einer Weise manipuliert, für die sie nicht ausgelegt sind.

1993 zog ich wieder nach Dublin zurück, um samstags in der Gruppe und außerdem Einzelunterricht bei Frank zu nehmen. Am Gruppenunterricht nahmen vielleicht zwanzig Personen teil. Manche von ihnen wollten einfach gerne in geselligen Runden singen. Andere wollten gerne professionell singen. Manche genossen es einfach, Gesangsunterricht zu nehmen (so wie mein Vater), und man lernte dort zu begreifen, dass jede menschliche Seele einzigartig und wunderschön ist, dass man aber die eigene Seele nur zum Klingen bringen kann, wenn man in seinem ganz eigenen, authentischen Akzent singt. Und darin liegt die wahre Schönheit.

Durch Franks Unterricht habe ich mir einen Trick angeeignet, den ich auf der Bühne noch immer gelegentlich nutze. Ich wippe während des Auftritts mit meinem Fuß, und dann denke ich auch an meinen Fuß. Ich denke nicht mehr an die Töne, die ich singen muss, denn wenn ich an die Töne denke, bin ich geliefert. Ich denke an alles, nur nicht an die Töne, die ich treffen muss.

Während dieses Gesangsunterrichts habe ich auch von den großen Opfern erfahren, die die Liebe zum Singen einem Menschen abringen kann. Als junger Mann war Frank nach Italien gegangen. Ein ganzes Jahr lang war sein Bett eine Parkbank, weil er sich kein Zimmer leisten konnte. Er hatte gerade eben so genug Geld, sein Studium zu finanzieren. Später ging er dann zurück nach Dublin, um als Lehrer zu arbeiten – Gott sei es gedankt.

Und wie bereits erwähnt war es Frank, der mir beibrachte, in meiner eigenen Stimme zu singen und meine eigene Seele zu finden. Infolgedessen fing ich an, über die Sachen zu singen, über die ich wirklich singen wollte; und auch wenn *Am I Not Your Girl?* offiziell mein drittes Album war, so ist es doch eigentlich eine falsche Fährte gewesen. Auf *The Lion and the Cobra* und *I Do Not Want What I Haven't Got* hatte ich über meine Kindheit und Erziehung gesungen, ohne dass ich wirklich viel erzählt hätte. Das würde sich nun ändern.

Und damit wären wir wieder bei *Universal Mother*, dem Album, das ich 1994 veröffentlichte. Es wurde größtenteils von Phil Coulter produziert, einem wundervollen Mann, dessen neun Kinder jeweils neun Monate nach seiner Rückkehr von einer seiner zahlreichen Tournee geboren wurden. Phil ist mit Geraldine Brannigan verheiratet, einer Sängerin, die ich als Heranwachsende sehr bewunderte. Phil ist ein großartiger Klavierspieler. Auf dem Album findet sich auch das Lied »Scorn Not His Simplicity«, das er geschrieben hat.

Einer der Gründe, weshalb ich so stolz auf *Universal Mother* bin, ist ein Kommentar von U2s »The Edge«, der sagte, er habe es sich nur einmal anhören können, weil es so persönlich sei. Nigel Grainge hat quasi dasselbe über das Album gesagt, auf dem ich »Nothing Compares 2 U« gesungen habe, *I Do Not Want What I Haven't Got*. Er sagte, die Platte klinge, als würde man jemandes Tagebuch lesen, und dafür würde sich niemand interessieren. Ich glaube, der arme Edge hat es anders gemeint. Es war eher so, dass er all den Schmerz gefühlt hat, der in den Liedern steckt. *Universal Mother* hat auch die beste Kritik bekommen, die je zu einem meiner Alben geschrieben wurde – und zwar von dem inzwischen verstorbenen Bill Graham, der für eine irische Zeitschrift namens *Hot Press* arbeitete. Er schrieb, dass dies das erste Mal sei, dass jemand über die eigene Familie singe; zuvor sei das immer tabu gewesen, doch eine Künstlerin wie ich habe ja immer schon versucht, sich des Themas anzunehmen. Und jetzt sei ich dort angelangt, aber natürlich würde ich jetzt mit einem anderen Akzent singen, ich verhielte mich wie ein anderer Mensch. Alles sei sehr kodiert. Und es sei unübersehbar, dass hier ein verletzbares Mädchen singe und nicht unbedingt das taffe Rehkitz in Springerstiefeln, für das mich jeder halte.

Ich muss an dieser Stelle einräumen, dass ich nie im Leben so bekifft gewesen bin, wie ich es war, als ich mit Tim Simenon in Amsterdam war. Er war der Produzent der Titel »Fire on Babylon«, »Famine« und »Thank You for Hearing Me«. Himmel, haben wir eine Menge Gras geraucht. Ich weiß nicht, wie ich es geschafft habe, mich auf den Beinen zu halten, geschweige denn zu singen.

»Fire on Babylon« ist ein Lied über meine Mutter. Ich möchte gar nicht zu sehr ins Detail gehen, aber es hing mit etwas zusammen, das sie einem meiner Brüder angetan hatte. Ich hatte gerade erst von der Sache erfahren, und es machte mich richtig wütend. Es fällt mir ehrlich gesagt sehr schwer, wegen meiner Mutter wütend zu werden. Anders hätte ich auch nicht überleben können. Ich habe mir eingeredet, dass sie nicht wusste, was sie tat. Das ist menschlich, aber natürlich ist mir diese Wut abhandengekommen und es wäre vielleicht erwachsener, mich ihr zu stellen. Man kann sogar im Video zum Song erkennen, wie böse ich ihr war, wenn ich der armen Mutterfigur eine Geburtstagstorte überreiche, die ihr ins Gesicht explodiert.

»John, I Love You« liebe ich sehr. Ich liebe alles daran. Die Leute glauben oft, dass ich im Text über meinen Bruder John geschrieben habe, aber das stimmt nicht, auch wenn ich das Lied manchmal mit ihm assoziiere. Folgendes ist die Geschichte dahinter: In Frank Merrimans Schule hatte ich einen Klavierlehrer, John Stokes, in den ich wahnsinnig verliebt war. Natürlich hatte er nicht das geringste Interesse an mir, denn er war sehr sensibel und wusste daher, dass ich völlig verrückt war, dass ich die letzte Frau war, die ein Mann sich an den Hals wünschen sollte. Trotzdem waren wir Freunde, und ich mochte ihn wirklich gern, habe ihn sehr, sehr geliebt. Ich konnte nicht Klavier spielen und kann es noch immer nicht; ich habe Ellbogen als Hände, was meine Fähigkeiten an der Gitarre oder am Klavier anbelangt. (Am Klavier bin ich jedoch noch schlechter.) Wie dem auch sei, das Lied handelt tatsächlich von John Stokes.

»My Darling Child« ist ein Lied über meinen Sohn Jake. Es ist einfach nur ein Schlaflied und ein Liebeslied. Natürlich hat es auch Jakes eigener Song (für den er auch einen Vertrag hat) auf die Platte geschafft: »Am I Human?« Er war gerade mal etwa drei Jahre alt, aber er stellte sich vor ein Mikrofon im Haus seines Vaters, und plötzlich sprudelt da diese unglaubliche Philosophie aus ihm heraus.

»Red Football« nimmt Bezug auf die Tatsache, dass ich mit diesem Album zum ersten Mal in meinem Leben zu mir selbst gefunden habe und anfing, einen genauen Blick darauf zu werfen, was für eine Marionette ich in den ersten zweiundzwanzig Jahren meines Lebens gewesen bin; endlich dämmerte es mir.

»A Perfect Indian« ist ein Song über Daniel Day-Lewis; die Leute glauben oft, wir hätten eine Affäre gehabt, aber das hatten wir nie. Wir haben uns sehr miteinander angefreundet, bis ich die Freundschaft dann kaputtgemacht habe, weil ich ihm gegenüber eines Abends die Beherrschung verloren habe, auf eine so irrsinnige Weise, wie es mir manchmal passiert. Das ist leider eine Auswirkung meiner Kindheit, insofern handelt der Song genauso sehr von meiner Kindheit, wie er von Daniel handelt. Er drehte damals den Film *Der letzte Mohikaner*, deshalb heißt das Lied »A Perfect Indian«. Es ist nicht so, dass ich verliebt war in ihn. (Das war ich nicht.) Aber als Freund mochte ich ihn sehr gerne. Wir mögen einander noch immer sehr, auch wenn ich ihn in den vergangen fünfundzwanzig Jahren nur einmal getroffen habe.

Das Lied »All Babies« handelt von der ersten und einzigen Rebirthing-Session, die ich je mitgemacht habe und die mich komplett umgehauen hat. Es war wie ein LSD-Trip – obwohl ich damals noch gar nicht wusste, wie sich das anfühlt – und ich habe das Ganze als absolut magisch empfunden. Dieses Lied hat auch Einfluss auf das Cover-Motiv gehabt – das einzige Cover-Artwork, das ich je selbst gestaltet habe. Da stellt sich mir die Frage, wo die Originalzeichnung sein mag. Kann sein, dass sie irgendwo in den Archiv-Untiefen von Chrysalis oder EMI verschwunden ist. Vielleicht wurde sie verkauft oder so, aber ich hätte sie auf jeden Fall gerne zurück.

»Thank You For Hearing Me«, den letzten Song auf *Universal Mother*, habe ich über meine Trennung von Peter Gabriel geschrieben. Ich hatte eine On-and-off-Affäre mit ihm, bei der ich im Grunde genommen seine Wochenendmuschi war – das wäre wohl die netteste Art, es zu beschreiben.

Und als ich es dann satthatte, die Wochenendmuschi zu sein, habe ich dieses Quasi-Trennungslied geschrieben. Im Laufe der Jahre ist daraus allerdings das Lied geworden, das ich live am liebsten performe, weil es einen wie ein Mantra in Stratosphären tragen kann, die fast schon hypnotisch sind.

Ich glaube, das Playback hat mir Tim Simenon gegeben. Die gesamte Band, jede Zeile, der Basslauf, das Schlagzeug, das Publikum, wir alle wurden von der repetitiven Musik in eine Trance versetzt. Es ist – in Ermangelung eines besseren Wortes – ein kirchlich anmutendes Erlebnis, dieses Lied aufzuführen. Und in seiner Funktion als Trennungslied bin ich sehr, sehr stolz auf den Song, zumal wenn man bedenkt, dass es auch berechtigt wäre, man würde wütend Geschirr zerschmeißen, wenn man herausfindet, dass jemand einen zur Wochenendmuschi degradiert.

Was »Famine« anbelangt: Ja, ich erinnere mich daran, in London in einer TV-Show aufgetreten zu sein, wo ich versuchte, den Song inmitten politischer Spannungen zwischen England und Irland live aufzuführen; man sagte mir, ich solle das nicht tun, weil das Lied zu politisch sei. Meine Leute sagten zu dem Produzenten der Show: »Jetzt warten Sie aber mal. Wäre Bob Dylan hier, würden Sie ihm doch auch nicht sagen, dass er ›The Times They Are a-Changin'‹ nicht singen darf.« Dem konnte niemand widersprechen. Somit konnten wir den Song zumindest einmal live im britischen Fernsehen aufführen. »Famine« ist natürlich ein Lied über Irland. Es beschäftigt sich mit dem weitverbreiteten Irrglauben, es habe dort im neunzehnten Jahrhundert eine »Hungersnot« gegeben; tatsächlich aber gab es jede Menge Nahrung, sie wurde nur per Schiff außer Landes geschafft. Es war eben einfach so, dass sie dich abknallten, wenn du Ire warst und dich irgendeinem Lebensmittel genähert hast, das keine Kartoffel war.

Tatsache ist, dass es gelogen wäre, von einer Hungersnot zu sprechen. Es war ein kontroverses Lied, und hätte ich es nicht geschrieben, dann hätte ich nicht den Vater meiner Tochter kennengelernt, der es sehr treffend in einem Artikel kommentierte. Sein Name ist John Waters, und wir trafen uns zu einem Interview, um über diesen Song zu sprechen. Hätten wir das nicht getan, wäre dieser Song nie entstanden, dann wäre auch Roisin, unsere Tochter, nie geboren worden.

Gospel Oak

Gospel Oak wurde nach dem Londoner Viertel benannt, in dem ich an sechs Tagen in der Woche einen Therapeuten besucht habe. Er war ein sehr alter jüdischer Psychiater namens Morton Schatzman, dessen Hund ihm zu Füßen hockte und sich die Eier leckte, während ich versuchte, zu erklären, was mit mir los war. Es war so beschämend. Was mir an Dr. Schatzman gefiel, war sein Wahlspruch, dass man in Therapie geht, um zu lernen, dass mit einem alles in Ordnung ist. Aber für mich war ganz bestimmt nicht alles in Ordnung, wenn sein Hund sich die Eier leckte. Ich bin Irin, daher verspürte ich dabei ein gewisses Unbehagen, um es vorsichtig auszudrücken.

Aber ich mochte diesen Mann sehr, sehr gerne; vielleicht war ich in vielerlei Hinsicht sogar wahnsinnig verliebt in ihn – wie das mit Therapeuten oft so ist. Und damals war er der einzige Mensch, der nett zu mir war. Ich war einsam, was auch der Grund dafür war, dass ich sechsmal die Woche dort hinging. Vermutlich war ich einsam, weil ich eine schwierige Persönlichkeit hatte. Damals war mir das nicht bewusst; ich war jung. Und ich vermute, es lag auch an meinem Job.

Wie dem auch sei, »This Is to Mother You« ist abgesehen von »All Babies« der einzige Song, der sich von selbst geschrieben hat. Manchmal sagen Künstler, dass sie den Eindruck haben, etwas würde sich durch sie hindurch kanalisieren. Ich glaube nicht, dass das die Sache treffend beschreibt. Wenn sich überhaupt etwas durch uns hindurch kanalisiert, dann ist es unser Unterbewusstsein, das zu uns sprechen kann. Und man muss aufpassen, was man schreibt, denn jeder Songwriter wird bestätigen, dass Lieder immer wahr werden. Ich habe es in mir gehört, habe es auf der Gitarre gezupft und gesungen.

Mit einem ähnlich unterbewussten Ansatz sind eigentlich alle Titel auf *Gospel Oak* entstanden. »I Am Enough for Myself« war eine Meditation über

Dinge, die ich in meiner Therapie durchgemacht habe. Es war eine Meditation und eine Rückversicherung darüber, wie ich die Dinge haben wollte.

»Petit Poulet« war meine Reaktion auf den Genozid in Ruanda – ich war entsetzt von den Fernsehbildern und meine Reaktion darauf war instinktiv –, während »4 My Love« ganz einfach das ist: ein Lied für einen geliebten Menschen, ein Liebeslied. »This Is a Rebel Song« schrieb ich als eine Antwort auf U2s »Sunday Bloody Sunday«, das sie auf Konzerten immer ankündigten mit den Worten: »Das hier ist kein rebellisches Lied.« Vielleicht hatten sie Angst davor, dass die Leute denken könnten, das Lied handle vom Nordirlandkonflikt. Und ich wollte, dass die Hörer wissen, dass mein Lied nicht nur ein Liebeslied, sondern auch ein Lied über den Krieg war. Aber wie erzählt man die Geschichte eines Krieges? Gut ist, wenn man es so aussehen lassen kann, als erzähle man von der Beziehung zwischen einem Mann und einer Frau.

»He Moved Through the Fair« (oder »She Moved Through the Fair«, wie es für gewöhnlich heißt) befindet sich ebenfalls auf dieser EP. Es ist ein wunderschönes, altes irisches Lied, ein Gespenst, von dem niemand auch nur weiß, wer es geschrieben hat. Ich habe es in einer deutlich höheren Tonlage für den Filmsoundtrack zu *Michael Collins* noch einmal aufgenommen, und auch diese Version mag ich sehr.

Gospel Oak und *Universal Mother* sind für mich auf ewig miteinander verbunden, weil wir beide Platten mit einer Tour promotet haben. Wir hatten großen Spaß bei diesen Konzerten.

Faith and Courage

Faith and Courage, das im Jahr 2000 veröffentlicht wurde, war mein fünftes Album mit eigenem Material (wenn man die *Gospel Oak*-EP mitzählt), und es war meine erste Veröffentlichung eigenen Materials seit mehreren Jahren. Die Arbeit am Album war ein großartiger, künstlerischer und wiederbelebender Akt. Eine schwere Zeit lag hinter mir. Ich zog Jake und Roisin auf, geriet in einen scheußlichen, sehr deprimierenden Sorgerechtsstreit um Roisin und habe an meinem dreiunddreißigsten Geburtstag versucht, mich umzubringen.

Zu den unterschiedlichen Produzenten, mit denen ich an *Faith and Courage* gearbeitet habe, hatte ich hervorragende Beziehungen, insbesondere zu Adrian Sherwood und Dave Stewart. Adrian und ich sind sogar lange Zeit ein Paar gewesen. Mit Adrian würde ich jedes Projekt angehen; ich würde das Telefonbuch vorsingen, wenn er es mit mir aufnehmen würde. Er ist der unglaublichste Produzent der Welt, und er ist auch der weltbeste Tütendreher; manchmal rollte er mir einen Joint und schrieb süße kleine Liebesbotschaften auf die Längsseite.

Auf dem Album findet sich mit »The Healing Room« ein Lied von derselben Art wie »Thank You For Hearing Me«. Das Lied ist ein Mantra, und es führt Leute, so hoffe ich, in eine andere Welt. Bevor ich auf die Bühne gehe, bete ich immer, dass ich eine Priesterin sein kann und dass die Leute, wenn ich wieder fort bin, das Gefühl haben, sie wären bei einem Gottesdienst gewesen. »The Healing Room« vermittelt mir dieses Gefühl von Heilung.

»No Man's Woman« ist schlicht und ergreifend ein gewöhnlicher Popsong, und »Jealous« liebe ich einfach. Unter allen Songs, die ich je aufgenommen habe, gehört er zu meinen Favoriten; ich habe bei der Nummer mit Dave Stewart zusammengearbeitet.

Ebenfalls mit Dave entstand »Daddy, I'm Fine«. Dave hatte mir gesagt, ich solle einen Song darüber schreiben, wie es gewesen ist, nach London zu kommen. Live spiele ich es liebend gerne, weil man dabei brüllen und schreien kann. Stimmlich gehört »Hold Back the Night« zu den besten Sachen, die ich je gemacht habe. Geschrieben hat es Bobby Bluebell von den Bluebells, und Dave Stewart hat es für mich aufgestöbert. Ich glaube, etwas Besseres hätte er gar nicht finden können.

»Dancing Lessons« habe ich mit Wyclef Jean aufgenommen. Das war sehr, sehr witzig. Er hat anfangs so ein bisschen mit mir geflirtet, bis ich ihm sagen musste: »Verschwende nicht deine Zeit.«

»The State I'm In« befindet sich auf *Faith and Courage*, weil ich von meiner Plattenfirma dazu gezwungen wurde. Ich hasse es abgrundtief. Ich habe es nicht geschrieben. Es ist nicht die Art Lied, die meiner Persönlichkeit entspricht. Frank Merriman hat mich immer gelehrt, niemals ein Lied zu singen, das nicht meiner Persönlichkeit entspricht, und nun tat ich genau das, verdammt noch mal. Und ich bin so wütend, weil ich glaube, dass es das Album zerstört hat.

»The Lamb's Book of Life« wurde von She'kspere Briggs produziert, als ich nach Amerika kam, um dort einen Teil des Albums aufzunehmen. Ihm war nicht klar, wie deprimiert ich zu jener Zeit in Atlanta war; vermutlich hielt er mich einfach nur für das langweiligste Miststück der Welt (was ich wohl war), weil all meine Probleme, die ich in London und Irland zurückgelassen hatte, mich komplett fertigmachten.

Aber »The Lamb's Book of Life« erzählt letztendlich von dieser furchtbaren Zeit.

»If U Ever« ist ein Song über den Tod meiner Mutter, eine frei erfundene Unterhaltung zwischen ihr und mir. In »Emma's Song« singe ich über mein Verhältnis zu John Waters, dem Vater meiner Tochter, von dem ich schon berichtet habe, und »Kyrié Eléison«, na ja, mit der Nummer wollte ich bloß ein wenig stichlen – eine Rasta-Version des ersten Abschnitts der Katholischen Messe.

Die Arbeit an *Faith and Courage* war großartig, weil so viele wundervolle Musiker und ein paar wundervolle Produzenten beteiligt waren. Ich kann mich wie gesagt nicht an viele Details erinnern, weil ich dauerbreit war. Es war riskant, mit so vielen verschiedenen kreativen Köpfen zu arbeiten, daher finde ich es einfach unglaublich, dass sich am Ende alles zu einem Ganzen fügte. Von »The State I'm In« mal abgesehen, das ich absolut entsetzlich finde, bin ich richtig, richtig stolz auf dieses Album.

Sean-Nós Nua

Auf *Faith and Courage* finden sich stimmlich einige der besten Leistungen meines Lebens. Aber auf dem nächsten Album, *Sean-Nós Nua* – was etwa »neuer alter Stil« bedeutet – habe ich besser gesungen als je zuvor im Leben.

Es ist ein geisterhaftes Album, weil ich darauf viele traditionelle irische Lieder gesungen habe, von denen niemand mehr weiß, wer sie geschrieben hat. Für mich fühlt es sich deshalb an, als wären es Geister. Man muss sich das Wesen dieser Lieder zu eigen machen, um sie zum Leben zu erwecken. Die Aufnahmen zu *Sean-Nós Nua* fanden an einem wirklich gespenstischen Ort statt, und die sonderbarsten Dinge trugen sich während der Arbeit an diesem Album zu. Wir spielten die Lieder in einem sehr sonderbaren Haus auf dem Land ein, wo es einen Baum gab, den man fast schon als bösartig bezeichnen muss – ein Gespensterbaum, wenn man so will. Nicht lange, nachdem wir das Album fertiggestellt hatten, verstarb das Kind des Hauses, ein noch ganz kleines Baby. Es war alles sehr traurig. Natürlich ist es ein Album voller trauriger Lieder, weil in Irland noch niemals jemand ein gottverdammtes fröhliches Lied geschrieben hat.

Trotzdem sind die Lieder und das Album wunderschön. Produziert wurde es von Dónal Lunny – genau wie Shane, mein drittes Kind; hätten wir dieses Album nicht aufgenommen, dann hätten wir auch nicht unseren wunderschönen Sohn gezeugt. Auch Adrian Sherwood habe ich für die Arbeit an diesem Album erneut gewinnen können, weil niemand je zuvor den alten irischen Liedern ein bisschen Reggae eingehaucht hat.

»Peggy Gordon« ist von allen Liedern das traumhafteste; wir haben uns bewusst für die sehr hohe Tonlage entschieden, damit es noch sehnsüchtiger klingt als ohnehin schon. Und niemand hat »The Moorlough Shore«, »Molly Malone« oder »The Singing Bird« schöner gesungen. Ich weiß, dass es eine schreckliche Sünde ist, sich selbst so zu rühmen, und wahrscheinlich werde ich dafür in der Hölle schmoren, aber es ist ein sehr, sehr gutes Album.

Ich glaube, ich bin noch immer eine gute Sängerin, aber so gut, wie ich auf *Faith and Courage* und *Sean-Nós Nua* gesungen habe, werde ich nie wieder singen. Ich war stimmlich im bestmöglichen Alter.

Außerdem war meine Beziehung mit Dónal Lunny in musikalischer Hinsicht perfekt. Als Produzent hatte er einen großartigen Instinkt; wir hatten ein hervorragendes Arbeitsverhältnis, eine hervorragende Band und eine hervorragende Plattenfirma. Die ganze Sache hat wunderbar funktioniert. Ich glaube, das Album ist ein Nischenprodukt. In Irland stand es lange Zeit an der Spitze der Charts.

Throw Down Your Arms

2005 hatte ich das Glück, nach Kensington, Jamaika, reisen zu können, um dort mit Sly & Robbie (Sly Dunbar und Robbie Shakespeare) und der wunderbarsten Band der Welt *Throw Down Your Arms* aufzunehmen. Ich konnte einige meiner liebsten und inspirativsten Songs aufnehmen – allesamt sehr männliche Rastafari-Nummern. Mit einem sehr offen schwul auftretendem Freund von mir habe ich in Kensington drei fantastische Wochen erlebt; damals wurde Homosexualität in Jamaika mit zehn Jahren Zwangsarbeit bestraft. Daher musste ich ihm die Kinnlade hochklappen, damit er nicht jedes Mal mit offenem Maul die hinreißend aussehenden Männer anstarrte. Und in unserem gemeinsam genutzten Hotelzimmer hatte er eine Affäre mit einem der Hotelkellner, und der arme Kerl dachte die ganze Zeit, dass ich die Ehefrau meines Freundes sei.

Die Aufnahmen fanden in den Tuff-Gong-Studios statt, und auch hier ließen wir großartige Musik entstehen und rauchten jede Menge Gras. Robbie Shakespeare und ich verliebten uns ziemlich heftig ineinander und hatten eine schöne ausgedehnte Affäre. Als wir später mit dem Album auf Tournee gingen, hatten er und ich hinten im Tourbus ein großes gemeinsames Bett. Wir liebten diese Shows einfach, aber wir waren auch sehr ineinander verliebt. Tatsächlich habe ich jeden in der Band geliebt; sie nannten mich Mommy, weil ich mich viel um sie kümmerte.

Mein liebster Song auf *Throw Down Your Arms* ist »Prophet Has Arise«, der von dem großartigen jamaikanischen Reggae-Trio Israel Vibration geschrieben wurde; das Lied bringt mich wieder auf die Beine, ganz egal, wie niedergeschlagen ich bin. Ich hatte später die einmalige Gelegenheit, in der Brixton Academy gemeinsam mit Israel Vibration zu singen, als mein Freund Benjamin Zephaniah dort auftrat – ein ungemein bewegendes Erlebnis. Ich durfte die Hand des Leadsängers halten und all die Israel-Vibration-Songs singen, die ich so sehr liebe. Für *Throw Down Your Arms* habe ich auch einige Lieder des jamaikanischen Roots-Musikers Burning Spear aufgenommen, weil ich diesen Mann so sehr liebe. Außerdem habe ich eine wichtige Lektion gelernt: Lass nie dein Gras in der Garderobe liegen, wenn du sie dir mit einer Rastafari-Band teilst; bis du zurückkommst, wird es weg sein.

Als ich *Throw Down Your Arms* aufgenommen habe, war ich offen gestanden ziemlich niedergeschlagen. In meinem Leben hatten sich schlimme Dinge zugetragen. Unter anderem deswegen hatte es mich in die spirituelle Arena verschlagen. Es war mir außerdem ein so dringendes Bedürfnis, *Throw Down Your Arms* zu machen, dass ich für die Produktion des Albums vierhunderttausend Dollar aus eigener Tasche zahlte. Ich war unterwegs zu meinem nächsten Album, *Theology*. Ein Album, das ich – ob man es glaubt oder nicht – hatte machen wollen, seit ich sieben Jahre alt war. *Throw Down Your Arms* war in vielerlei Hinsicht ein Vorbote zu *Theology*, das ich ebenso aus eigener Tasche finanzierte. (Ich weiß aber nicht mehr, wie viel mich dieses Album gekostet hat.)

Theology

Um den Jahrtausendwechsel herum war ich eine kurze Zeit lang an der Universität eingeschrieben, um Theologie zu studieren. Meine Leidenschaft waren die Prophetenbücher. Wir hatten einen wunderschönen Lehrer, ein Priester, dem es gelang, Gott vom Papier zu holen, wenn er mit uns über die Propheten sprach. Das galt besonders für Jeremia; »mein armes Volk, mein armes Volk«, sagte er dann, und die Tränen rannen aus seinen Augen.

Ich wollte musikalisch dasselbe machen, wie er, wenn er unterrichtete – ich wollte Gott begreifbar machen. Ich wollte Gottes Menschlichkeit, Seine Verletzbarkeit, Seine Launenhaftigkeit und Emotionalität für alle sichtbar machen.

Eines Tages las ich im Stillen das Hohelied Salomos, während ich darauf wartete, dass der Unterricht begann. Der Lehrer kam herein, klopfte mit dem Finger auf das Buch und sagte: »Darüber sollten Sie Lieder schreiben.« Und damit lieferte er mir die Inspiration zu meinem *Theology*-Album; ich hatte wirklich schon lange darüber nachgedacht, allerdings nie gewusst, wie ich es umsetzen könnte. Es gibt einen sehr schmalen Grat zwischen kitschig und cool, wenn man religiöse Lieder schreibt; und ich bin in den Siebzigern aufgewachsen, als all diese schrecklich charismatischen christlichen Lieder im Rundfunk liefen. Das war ein Fehler, den ich vermeiden wollte.

Theology ist das Einzige meiner Alben, das ich mit ins Grab nehmen werde. Ich liebe es. Ich habe nahezu alle Texte der Heiligen Schrift entnommen; ich habe das Album in einer Akustik- und einer *Full Band*-Fassung eingespielt, weil ich mich nicht entscheiden konnte, was von beiden mir besser gefiel. Dieselben Lieder, unterschiedliche Aufnahmen. Meine Arbeitsweise sah wie folgt aus: Ich legte große Bögen Papier auf dem Boden aus, schrieb all die Zeilen aus der Bibel auf, die ich liebte, und beschloss, sie zusammenzufügen, sie nicht zu verändern, sondern sie zum Reimen zu bringen, wo immer ich konnte. Und in der Heiligen Schrift finden sich einige wunderschöne Lieder, die bereits von Gott geschrieben wurden.

Das erste Lied ist »Something Beautiful«; auf gewisse Weise legt es dar, warum ich dieses Album hatte machen wollen, und es erzählt die wahre Geschichte davon, wie ich einmal eine Bibel klaute (die man, wie ich finde, umsonst bekommen sollte). »Something Beautiful« ist von meinen eigenen Texten auf diesem Album der einzige, der sich nicht aus Bibelpassagen zusammensetzt, während »Out of the Depths« von einem der Psalmen inspiriert wurde.

»Dark I Am Yet Lovely« ist dem Hohelied Salomos entnommen. »If You Had A Vineyard« kommt aus dem Buch Jesaja. »Watcher of Men« ist aus dem Buch Hiob, das sich nur sehr schwer in Reimform bringen und auf drei Minuten herunterbrechen lässt.

Für »Psalm 33« habe ich eine andere Version von »The Rivers of Babylon« geschaffen, als die, die die Leute zu hören gewohnt sind. Und ich liebe meine Fassung, nicht meinetwegen, sondern weil sie wunderschön ist, die Worte, dieses Bild von Menschen, die ihre Gitarren zerschlagen, weil es ihren Peinigern nach Liedern verlangt. Psalm 33 ist nicht unbedingt der allerfreundlichste Psalm. Da werden jede Menge Babys totgeschlagen und solche Sachen.

»Whomsoever Dwells« ist der Psalm 91. Ich habe die Psalmen auf die judäische Art kennengelernt, bei der magische Verwendungen der Psalmen gelehrt werden und erklärt wird, wie man sie mit bestimmten Namen Gottes verwendet. Psalm 91 ist eine kugelsichere Weste. Die Plattenfirma hat mich genötigt, »I Don't Know How to Love Him« auf das Album zu packen. Ich liebe dieses Lied, aber dort gehört es nicht hin. Außerdem habe ich mit »We People Who Are Darker Than Blue« eine schlechte Entscheidung getroffen.

Theology ist von meinem Freund Graham Bolger und auch von Steve Cooney produziert worden. Während dieser Zeit hatte Graham (genau an meinem Geburtstag) einen schrecklichen Unfall, bei dem er von seinem Motorrad rutschte und verunglückte. Danach war er querschnittsgelähmt. Bei mir gab es ein Nebenhaus, einen Bungalow, und ich lud ihn ein, dort zu bleiben, was er auch tat. Mit uns anderen zusammenzukommen und dieses Album aufzunehmen, war etwas, das ihm guttat, da er eine so schlimme und deprimierende Zeit durchlebte. Graham, Steve und ich schafften es, uns jeden Tag zu treffen, um Musik zu machen; das ließ Graham erkennen, dass das Leben trotz allem weiterging. Graham ist noch immer ein sehr guter

Freund von mir, den ich sehr liebe; die Aufnahmen zu *Theology* waren für uns alle eine wirklich wunderbare Erfahrung – auch dies ein Grund, warum das Album für mich noch immer etwas ganz, ganz Besonderes ist.

Ich liebe es, diese Songs live zu spielen. Und wie gesagt: Wenn ich diese Welt in einem Sarg verlasse, ist *Theology* das einzige meiner Alben, das ich mit in den Himmel nehmen werde, in der Hoffnung, dass ich damit wettmachen kann, was für ein komplettes Stück Scheiße ich ansonsten gewesen bin.

How About I Be Me

Weil ich mich um meine Kinder kümmern musste, dauerte die Arbeit an meinem nächsten Album, *How About I Be Me*, ein paar Jahre. Ich begann, Lieder von einer anderen Ebene aus zu schreiben; ich hatte Lieder über Trauer, Not und meine Erziehung geschrieben. Ich fing an, einfach nur *Lieder* zu schreiben. Einige davon waren von Drehbüchern inspiriert. »Very Far From Home«, zum Beispiel – man hatte mir ein Skript geschickt, und ich schrieb einen Song dazu. Am Ende habe ich ihn aber nicht für den Film freigegeben. Ich habe ihn einfach für mich behalten.

»Back Where You Belong« war ein Song für *Mein Freund, der Wasserdrache*, ein Kinderfilm über das Monster von Loch Ness, mit Emily Watson in der Hauptrolle. Diesmal habe ich den Song freigegeben und sie haben ihn verwendet, aber ich habe ihn dann auch mit aufs Album genommen. Aufgenommen haben wir ihn in meinem Haus in Monkstown in Dublin, und produziert hat ihn Daniel Lanois. Daniel ist ein sehr sensibler Charakter. Als ich ihn das letzte Mal gesehen habe, machte ich mir große Sorgen um ihn – bei einem Auftritt hatte er die Gitarre ohne Plektrum gespielt, und als er von der Bühne kam, waren seine Finger regelrecht zerschreddert; tiefe Schnitte, Blut überall. Ich fragte ihn, was mit ihm los sei, und er erzählte mir, dass sein Bruder kürzlich verstorben sei. Der arme Kerl war am Boden zerstört.

Daniel ist sehr ehrlich. Einmal versuchten wir, eine Version von John Lennons »Mind Games« einzuspielen, und ich konnte diesen Song nicht wirklich singen. Es gibt gewisse Lieder, die zu singen ich einfach nicht geeignet bin. Daniel machte daraus keinen Hehl. Er ist ziemlich geradeheraus, was mir gefällt. Er küsst einem nicht den Hintern, und für einen Produzenten ist das eine gute Eigenschaft. Trotzdem hat er ein sehr sanftes Gemüt. Ich habe mit Produzenten zusammengearbeitet, die schrecklich kontrollsüchtig waren, denn man selbst war ja nur Künstler oder Frau (oder beides!); solche Leute wollen alles entscheiden, wollen dir in deine Songtexte reinreden, so was eben. Aber Daniel würde das nie tun. Er hat mich immer herausgefordert, und ich bin ihm sehr dankbar für unsere gemeinsame Arbeit.

»Take Off Your Shoes« ist eines der Lieder, auf das ich am stolzesten bin. Es entstand zu der Zeit, als all die Kirchenskandale durch die Presse gingen, und es handelt vom Heiligen Geist, der mit dem Papst und dem Vatikan spricht. Es ist absichtlich blasphemisch. Ich liebe die Vorstellung von einem singenden Geist, von mir, die ich die Rolle eines Geistes spiele. Genau um solche Sachen geht es bei der Merriman/Stanislawski-Methode.

Ich durfte für das Album auch John Grants »Queen of Denmark« singen; es macht riesigen Spaß, die Nummer live zu spielen, weil es auf der ganzen Welt keinen Song mit einem besseren Refrain gibt: »*I don't know what it is you wanna want from me.*« Ich habe keine Ahnung, was du von mir wollen willst. Das Publikum rastet komplett aus, wenn es diesen Refrain hört.

»Reason with Me« ist ein wunderschöner Song, der davon handelt, ein Junkie zu sein. Nicht, dass ich ein Junkie wäre, aber eine Kifferin bin ich. Es ist ein Lied, das davon handelt, eine Kifferin und eine Versagerin zu sein. Ich habe immer behauptet, dass keines der Lieder auf dem Album einen autobiografischen Hintergrund hat, weil ich keine Lust hatte, darüber zu sprechen. Aber sie sind doch alle autobiografisch.

Eine Ausnahme gibt es aber, nämlich die erste Nummer, »4th and Vine«; dieser Song ist definitiv nicht autobiografisch. Er kam zustande, als John Reynolds mit einem Playback herumspielte, und plötzlich hatte ich dieses Bild im Kopf, von Frauen, die in freudiger Erregung unterwegs zu ihren eigenen Hochzeiten sind. Manchmal ist ein Lied eben einfach ein Lied über nichts, und manchmal schreibe ich über Dinge, weil ich das dringende Bedürfnis habe, etwas zum Ausdruck zu bringen.

Für mich ist das Schreiben von Songs ein Prozess, der sich in meinem Innern abspielt. Ich setze mich nie mit einer Gitarre irgendwohin und versuche, einen Song zu schreiben. Stattdessen sind es die Lieder, die mir sich selbst ein wenig vorsingen, während ich vielleicht gerade kleinere Hausarbeiten erledige oder einfach nur durch die Straßen laufe. Irgendwann singt ein Teil des Liedes sich mir vor. In der Woche darauf der nächste Teil. In der Woche darauf der nächste. Ich habe mich also nie hingesetzt und versucht ein Lied als solches zu schreiben. Sie haben ihre eigene kleine Baustelle in mir, auf der sie sich errichten, und ich lasse sie einfach gewähren; und erst, wenn das Bauwerk in mir fertiggestellt ist, greife ich zur Gitarre.

Das Albumcover für *How About I Be Me* wurde zu einem Problem. Ich war enttäuscht von meinem Manager und der Plattenfirma, weil sie der Meinung waren, dass wir das wunderschöne Gemälde von dem kleinen Mädchen, das in seinem Nachthemd auf der irischen Flagge sitzt, nicht verwenden sollten. (Auf dem Cover der europäischen Ausgabe ist lediglich ein Foto von mir.) Mir blieb aber eigentlich nichts anderes übrig, als mich zu fügen. Es war wirklich die erste Platte von mir, die sich nicht nur mit mir selbst, nicht nur mit den Ängsten von Teenagerinnen und jungen Frauen befasste. Ich gebe zu, dass manche Songs auf dem Album nicht unbedingt fröhlich sind, aber ich habe aus anderen Beweggründen über andere Themen und Menschen geschrieben, über andere Szenarien.

Das Album stellt einen Wendepunkt dar, der sich, wie ich glaube, mit *Sean-Nós Nua*, *Throw Down Your Arms* und *Theology* bereits abgezeichnet hatte; diese Alben waren für mich Sprungbretter hin zu einem Ort, an dem es nicht diesen ganzen fürchterlichen Scheiß gab, den ich mir von der Seele singen musste. Für mich bringt *How About I Be Me* diesen Wandel zum Ausdruck.

I'm Not Bossy

Meine frühen Alben waren gezwungenermaßen Tagebücher. *I'm Not Bossy, I'm the Boss* begreife ich beinahe schon als mein erstes Album. Es ist einfach eine Sammlung dreiminütiger Popsongs und Liebeslieder. Seltsamerweise beginnt das Album mit der Nummer »How About I Be Me«, was auch der Titel meines vorherigen Albums war; dort hatte es eigentlich raufgehört, aber es war noch nicht ganz fertig, als wir mit dem Mastering anfingen. Also habe ich den Song auf *I'm Not Bossy* gepackt, weil ich ihn liebe. Ursprünglich war es eine Reggae-Nummer; jemand hatte mir ein Reggae-Playback gegeben, auf das ich den Text geschrieben habe, aber am Ende gefiel es mir in diesem Stil nicht. »Dense Water, Deeper Down« ist ein Liebeslied. Ich habe es für Brian Eno geschrieben. »Kisses Like Mine« handelt von keiner bestimmten Person. Ich weiß nicht wirklich, wo dieses Lied herkam; ich habe einfach nur ein bisschen an der Gitarre herumprobiert.

Das Playback zu »Your Green Jacket« habe ich von John Reynolds, der das Album produziert hat. Ein großartiger Song, der etwas beschreibt, was Mädchen tun – an den Kleidungsstücken ihrer Jungs zu riechen. Wenn man einen Mann liebt, dann steckt man die Nase in sein Hemd oder in seine Jacke. Ich bin mir sicher, dass Jungs das andersrum genauso tun. Manche Leute finden das etwas übergriffig, aber ich denke, es ist auch nicht übergriffiger als Adeles »Someone Like You« mit Zeilen wie: »Ich hatte gehofft, du würdest mein Gesicht sehen, und dass es dich daran erinnert, dass die Sache für mich nicht vorbei ist.« Mit »The Vishnu Room« habe ich getan, was ich nie zuvor getan habe: Ich habe einen langen Song geschrieben, der die Frau offenbarte, die ich sein kann. Ich hatte nie wirklich Lieder geschrieben, mit denen ich mich verletzbar machte. Ich habe andere Künstler dasselbe sagen hören. Amy Winehouse, zum Beispiel. Sie hat selbst gesagt, dass sie für das

Video zu »Back to Black« wohl besser nicht ihre eigene Beerdigung hätte inszenieren sollen.

»Take Me to Church« ist ein Lied über Lieder und darüber, dass man sehr vorsichtig sein muss, weil das, was man schreibt, wahr wird. Die Erzählerin in diesem Song schreibt Lieder darüber, wie sehr sie einen bestimmten Typen haben will. Endlich kann sie ihn für sich gewinnen – und sie bekommt es so richtig mit der Angst zu tun, wie man im nächsten Lied »Where Have You Been?« hören kann.

Es ist eine interessante Reise, die Suche nach einer Romanze, die Suche nach Liebe, sich verlieben, bekommen, was man haben will, um dann herauszufinden, dass man lieber fortlaufen möchte, Millionen von Kilometern weit. Aber daran ist nichts Trauriges. Es ist ein Pop-Album; es sind Liebeslieder und sie sind wunderschön und ich bin wirklich sehr stolz darauf.

Demnächst ...

Ich dachte mir, dass dieses Buch eine gute Gelegenheit wäre, um etwas über mein nächstes Album zu erzählen, an dem ich zurzeit, im Sommer 2020, arbeite. Aber zunächst möchte ich ein bisschen weiter ausholen.

Mr. X, ein Patient hier im Chicago Veterans Administration Hospital, wurde mir vom Pflegepersonal als »schwierig« angekündigt, dabei ist er das kein bisschen. Er will einfach nur Internet. Seine Augen – deren untere Ränder von all den Tränen zerfurcht sind, die er um seinen Sohn geweint hat, der sich vor ein paar Jahren erschossen hat – sind beinahe blind. Deshalb hat er auch den größten Fernseher, den ich je gesehen habe. Eine Bildschirmdiagonale von sicherlich anderthalb Metern, ohne Übertreibung. Mit der Nase hängt Mr. X an einer großen weißen Sauerstoffmaschine, die auf dem Boden neben seinem Stuhl steht; der Schlauch ist lang genug, sodass er aufstehen und ein bisschen herumlaufen kann. Er hat ein Lungenemphysem. Lebenslanger Raucher. (Ich sehe schon, dass ich womöglich genauso ende.)

Er erzählt mir, dass er keine Angst vor dem Sterben hat, weil er weiß, dass er seinen Sohn wiedersehen wird, und dass er sechs Wochen lang im Hospiz war und gar nicht hatte kommen wollen. Er ist voller Leben. Man würde nie ahnen, dass ihm der Tod im Nacken sitzt. Und ich frage niemanden, auch ihn nicht, wie lange er noch hat.

Er ist zweiundneunzig Jahre alt, aus Syrien, hat im Koreakrieg für Amerika gekämpft. Seine Frau ist vor zehn Jahren gestorben. Er zeigt mir herrliche Fotos aus der Zeit, als sie noch jung waren und tanzen gingen, richtig rausgeputzt und so glücklich miteinander. Ein Sohn ist ihm noch geblieben, aber der lebt am anderen Ende des Landes, weshalb er nicht ans Sterbebett seines Vaters kommen kann.

Darum ist das vorläufig erst mal mein Job, jeden Tag etwa eine Stunde lang.

Er ist Teil eines Programms namens »No Veteran Dies Alone« – kein Veteran stirbt allein: Soldaten, die ihre Familie überlebt haben oder die aus welchen Gründen auch immer niemanden in ihrer Nähe haben, sollen auf ihrem letzten Weg begleitet werden.

Ich versuche, ihm Internet zu besorgen, scheitere aber. Keine Ahnung, warum das VA Hospital kein W-LAN hat. Der Fernseher könnte daher ebenso gut ein Fisch sein, und meine hässliche Visage ist das einzige Unterhaltungsprogramm, das er hat.

Es gibt noch einen weiteren alten Gentleman, der täglich im Foyer auf mich wartet, weil er einfach nicht schlau aus mir wird. Er ist ein Vietnam-Veteran. Ebenfalls zweiundneunzig Jahre alt. Er weiß nicht, ob ich Junge oder Mädchen bin, weil ich regelmäßig in kompletter Baseball-Montur ins Hospital komme und darin aussehe wie der gute alte Babe Ruth. Und den Schädel habe ich mir natürlich rasiert. Für den Gentleman ist das eine erstaunliche Sache. Nachdem er festgestellt hat, dass ich weiblichen Geschlechts bin, wartet er am nächsten Morgen erneut auf mich. »Dann sind Sie also eine Lesbe?«, fragt er.

»Nein«, antworte ich.

»Aber warum schneiden Sie sich dann Ihr ganzes Haar ab?« Es verwirrt ihn total, aber trotzdem wartet er jeden Tag auf mich, weil er noch nie zuvor eine heterosexuelle Frau ohne Haar gesehen hat. Dass ich in Wirklichkeit asexuell bin, ist ihm nicht klar. Ich mache mir nicht die Mühe, ihn aufzuklären, weil er ohnehin schon komplett überfordert von mir ist.

Dann gibt es da noch eine Dame, um die ich mich kümmere, auch sie zweiundneunzig Jahre alt. Während des Zweiten Weltkriegs war sie Kraftfahrerin. Sie verbringt ihre Tage damit, Bilder von Disney-Prinzessinnen auszumalen. Ich kaufe ihr ein paar dicke Filzstifte mit Gesichtern drauf, die sich das Personal vor meinen Augen unter den Nagel reißt. Ich bin entsetzt.

Wenn ich sie in ihrem Rollstuhl spazieren fahre, ist sie plötzlich nicht mehr das Disney-Prinzessinnen ausmalende kleine Mädchen, sondern wird wieder zur Soldatin. Wortlos und nur mit Bewegungen ihres Kopfes zeigt sie mir, wo auf den Dächern des Hospitals die Scharfschützen positioniert sind. Ernsthaft. Weil man ja nie weiß.

Es gibt also kein Internet, dafür aber Scharfschützen. Ohne, dass es einen Krieg gibt. Was sagt man dazu.

Ich habe das Glück, dass keiner von meinen Jungs und Mädels stirbt, solange ich den (freiwilligen) Job mache, den ich schließlich aufgebe, um nach Irland zurückzukehren. Es ist der beste Job, den ich je gehabt habe – eine unglaublich inspirierende Erfahrung. Seitdem gilt Soldatinnen und Soldaten meine tiefempfundene Hochachtung.

Mein nächstes Album soll also *No Veteran Dies Alone* heißen, zu Ehren des gleichnamigen Programms. Ich werde es Mr. X widmen. Außerdem möchte ich im Herbst 2020 eine Ausbildung zur Pflegeassistenz beginnen, um anschließend in der Lage zu sein, zwischen meinen Tourneen und Plattenaufnahmen in der Sterbebegleitung zu arbeiten. Davon träume ich schon seit Jahren. Jetzt werde ich es in die Tat umsetzen.

Dagger Through the Heart

Von allen Songs, die ich für andere Projekte aufgenommen habe, ist mir »Dagger Through the Heart« am liebsten. Ich habe es für ein Dolly-Parton-Tribute-Album aufgenommen; die darauf vertretenen Künstlerinnen hat Dolly persönlich ausgesucht. Ich liebe es so sehr, weil sie mir anschließend einen Brief schrieb, indem sie sich bedankte und meine Interpretation ihres Liedes lobte. Den Brief habe ich gerahmt und meiner Stiefmutter Viola geschenkt. Weil wir beide Dolly lieben.

Daran habe ich mich letzte Woche erinnert, als ich auf der Veranda meines Strandhauses saß und zum Tor hinausschaute, wie ich es frühmorgens im Sommer gerne tue. Dann kam eine alte Dame, mit kurzem, weißem und windzerzaustem Haar meine Einfahrt hinaufgelaufen, in Begleitung ihres Hundes. Sie wedelte mit einer leeren Plastikflasche und fragte, ob sie diese für ihren Hund auffüllen dürfe; ihr Gesicht war ganz rot und sie war sehr aufgeregt. Außerdem schien ihr das Atmen schwerzufallen. Sie habe eine Panikattacke, sagte die alte Dame. Also bot ich ihr einen Stuhl an und machte ihr eine Tasse Tee, und die ganze Zeit über sang in meinem Kopf das Dolly-Lied sich selbst.

Sie hatte ein schwaches Herz und hatte von jemandem an der Küste schlechte Nachrichten erhalten, weshalb das Herz nun wie verrückt schlug. Sie sagte, dass sie zwar durch ihre Arbeit immer wieder mit Trauerfällen zu tun habe, dass es einem aber trotzdem das Herz breche, wenn man wisse, dass jemand, der einem nahesteht, bald sterben wird. Wir saßen eine gute Stunde lang zusammen. Eine liebenswürdige Person. Hat sich die ganze Zeit über entschuldigt, obwohl es dafür gar keinen Grund gab. Sie wusste nicht, dass sie diejenige war, die mir einen Gefallen tat.

Gestern kam sie wieder. Das Haar sauber frisiert und wieder »sie selbst«. Umso mehr begriff ich, wie aufgebracht sie war, als ich sie das erste Mal gesehen habe. Ich war gerade dabei, das Haus von Grund auf sauber zu machen. Sie sagte, dass sie dasselbe vorhabe, und sie gab mir einen wunderschönen weißen Schal. Ich glaube, ich liebe ihn genauso sehr, wie ich den Brief von Dolly geliebt habe. Und ich hoffe, dass ich diese sehr außergewöhnliche Dame wiedersehen werde. Ihren Namen kann ich hier nicht verraten, aber hier ist ein Hinweis: Er kommt in einem Lied vor, das ich gesungen habe.

Sie jedenfalls weiß, dass sie gemeint ist, und ich möchte ihr danken. Viele schräge Gestalten kommen meine Einfahrt hochgelaufen. Nur selten kommt ein Engel.

The Greatest Love of All

Als ich ein sehr kleines Kind war, war der Boxer Muhammad Ali mein größter Held und meine größte Inspiration. Mindestens einmal hat mein Vater mich nachts geweckt, um mit mir einen seiner legendärsten Kämpfe anzuschauen; und auch sonst sah ich im Fernsehen viele Ausschnitte aus seinen Kämpfen, schaute mir jedes Interview mit ihm in den Nachrichten an. Das Kämpfen selbst habe ich nie gemocht. Mir gefiel der Anblick schwarzer Männer nicht, die sich zum finanziellen Vorteil weißer Männer gegenseitig die Scheiße aus dem Leib prügelten.

Auch weil ich zu dieser Zeit ein Opfer von Kindesmissbrauch war, hasste ich es, den Kämpfen zuzusehen. Gewalt als Unterhaltungsform ist ein Konzept, das mir noch immer verhasst ist, auch wenn ich bei einem Kampf von Conor McGregor gesungen habe. Ich habe seine Mutter gehalten, die ihr Gesicht in meine Brust drückte, damit sie nicht mitansehen musste, was ihrem Sohn angetan wurde – mal ganz abgesehen von dem, was er anderen antat.

Ali war seiner Zeit in mancherlei Hinsicht weit voraus, und ich habe ihn geliebt, so wie ihn sicherlich alle liebten, die als Kinder Missbrauch erlebt haben, denn wir hatten ähnliche Probleme wie afro-amerikanische Menschen, was das Selbstwertgefühl anbelangte. Unsere Hintergrundgeschichte mag eine andere sein, aber nichtsdestotrotz waren wir einer Form von Sklaverei unterworfen, deren Strukturen natürlich andere waren. Mir ist klar, dass sich darüber streiten lässt, ob man sich für den Gebrauch des Wortes *Sklaverei* im Kontext von Kindesmissbrauch und seinen Folgen entschuldigen sollte, aber, nun ja, hier steht es nun.

Wie dem auch sei, zurück zum eigentlichen Thema. Ali war ein weltweites Phänomen, und er erreichte auch die Kinder vor den Fernsehgeräten in irischen Wohnstuben; er gab uns zu verstehen, dass unsere Eltern im Unrecht waren. Herumzuspringen und zu rufen: »Ich bin der Schönste, ich bin der Größte, ich kann alles tun, was ich will, ich bin so wunderschön« – so etwas wäre in unserem Land Sünde, nicht nur für die Überlebenden von Kindesmissbrauch, sondern auch für Katholiken. Denn wer ein guter Katholik sein wollte, der musste glauben, dass er selbst nur ein Stück Scheiße ist. Darum ging es. Je weniger man sich selbst achtete, desto mehr würde Gott einen achten. Ali war also imstande, uns in unseren Stuben zu erreichen und auf diese Weise nicht nur die Theokratie zu zerschlagen, sondern auch die … Ich weiß nicht, wie man es bezeichnen würde. Die Elter-okratie? Er hat uns sehen lassen, dass wir in Wirklichkeit wunderschön waren. Wir konnten gerettet werden, wir konnten erlöst werden.

Nicht nur dass, wir waren auch die Größten, und mehr noch, wir waren die Schönsten. Er zeigte uns außerdem, dass wir etwas aus unseren Leben machen würden. Dass wir wieder auf die Beine kommen und über das, was uns geschehen war, hinauswachsen würden. Ich erinnere mich noch an ein Interview, das seine Tochter Laila, ebenfalls eine Boxerin, vor etlichen Jahren gab. »Glauben Sie an Gott?«, wurde sie gefragt. Und sie – es bringt mich heute noch fast zum Weinen – antwortete: »Ich muss nur meinen Vater anschauen, um an Gott zu glauben.« Und das beschreibt, was ihr Vater für mich bedeutete, und sicherlich beschrieb es auch, was er für die ganze Welt bedeutete.

Abgesehen von den Kindern, die ich in diese Welt gebracht habe, war meine Begegnung mit Muhammad Ali das Unglaublichste, was ich je erlebt habe. Es war nicht nur ein einfaches Treffen, nein, mein Sohn Jake und ich begleiteten ihn sogar zu den Special Olympics 2003 in Dublin.

Wie es dazu kam? Bon Jovi hatten ein Konzert in Dublin gegeben, und zwar so laut, dass es Beschwerden aus der Nachbarschaft gab und man die Show noch bei mir zu Hause hören konnte – etwa 30 Kilometer vom Veranstaltungsort entfernt. Und jemand rief mich an und fragte mich, ob ich Lust hätte, mit auf die Aftershow-Party zu kommen, die im Dubliner Hotel »Berkeley Court« stattfand, wo sich früher die Reichen und Schönen einquartierten.

Ich komme also bei dieser Party an und beginne eine Unterhaltung mit Jon Bon Jovis Ehefrau, einer wunderschönen Lady. Zufällig erzähle ich ihr, wie sehr ich Muhammad Ali verehre, und sie sagt: »Oh mein Gott, wir treffen ihn morgen, weil er und Nelson Mandela hier die Special Olympics eröffnen.« Ich denke mir nichts dabei, und kurz darauf fange ich ein Gespräch mit ihrem Ehemann Jon Bon Jovi an, den ich nicht sonderlich gut kenne, der aber ein sehr sympathischer Typ ist. Wir plaudern ein bisschen und er erzählt ebenfalls: »Oh, ja, morgen treffen wir Muhammad Ali.« *Ich würde ihn wirklich gern kennenlernen,* traue ich mich nicht zu sagen. Stattdessen sage ich: »Oh mein Gott, ich bin so neidisch, ich könnte an Ort und Stelle sterben. Dieser Mann ist für mich der größte Held aller Zeiten.«

Ich denke nicht weiter über die Sache nach und gehe nach Hause. Genau genommen begegne ich ein Stück die Straße hinauf einem Typen, den ich kenne; wir landen im Bett und ich werde ein viertes Mal schwanger, was nicht hätte passieren sollen, da mein Zyklus nicht mal annähernd auf die Ovulation zusteuerte; tatsächlich menstruierte ich sogar gerade. Das Kind kam schließlich zwei Wochen zu früh und am Geburtstag seines Vaters zur Welt. Diesem Kind war es bestimmt, geboren zu werden, und Ali ist sogar ein Teil seines Namens. Denn am Tag nach seiner Empfängnis habe ich Ali kennengelernt.

Am Sonntagmorgen ruft mich jemand an, der sich als Muhammad Alis Sportagent ausgibt, und er fragt mich, ob Jake und ich gerne ins »Berkeley Court Hotel« kommen wollen, um Muhammad Ali kennenzulernen. Na ja, was soll ich sagen – scheißt der Papst immer auf den größten Haufen? Natürlich wollen wir Muhammad Ali kennenlernen. Also scheuche ich meinen Sohn aus dem Bett und wir fahren ins Hotel, und kaum dass ich den Raum betreten habe, schürzt Muhammad Ali die Lippen ... er will einen Kuss von mir. Das reicht schon aus, um mich komplett zu überwältigen. *Ach, du meine Güte,* denke ich mir, *der Mann ist genau wie mein Vater.* Ganz offensichtlich ist Alis Geste nur platonisch gemeint, also gebe ich ihm einen Kuss, und es schießt mir durch den Kopf: *Oh mein Gott, ich habe die Lippen von Muhammad Ali geküsst.*

Ali, dessen Parkinson-Erkrankung damals bereits fortgeschritten war, fängt an mit Jake rumzualbern, was einfach unglaublich herzig ist. Er steht von seinem Stuhl auf und führt an der Tür diesen Trick vor, bei dem man sich halb hinter dem Türrahmen versteckt und es aussehen lässt, als würde man schweben, indem man Bein und Arm der noch sichtbaren Körperhälfte hebt. Vielleicht konnte er aber auch wirklich schweben. Er gab mir auch noch ein herrliches Geschenk, und zwar eine Sammlung von Bibel-Widersprüchen, die er selbst zusammengestellt hat. Wir sitzen einfach beieinander, unterhalten uns ein wenig mit seiner Frau und seiner Familie, dann ist es an der Zeit, zu gehen. Aber gerade als Jake und ich aufbrechen wollen, kommt sein Agent auf uns zu und fragt, ob wir Lust hätten, Mr. Ali zu den Special Olympics zu begleiten. Und ehe wir uns versehen, sitzen wir mit einem Soldaten in einem Militärfahrzeug. Wir begleiten Muhammad Ali und sitzen schließlich sogar neben ihm. Wir sind die Einzigen, die bei ihm sitzen, die Einzigen, die ihm an diesem Abend unter die Arme greifen.

Natürlich ist seine Familie mit dabei, aber uns hat man die Verantwortung für Mr. Ali übertragen. Ich muss ihm helfen, sein Jackett anzuziehen, als er durch das Croke-Park-Stadion läuft, um seinen Platz einzunehmen und den Beginn der Spiele abzuwarten. Während ich das tue, muss ich beinahe weinen. Er läuft nur etwa drei Zentimeter vor mir, er schafft es nicht, sich das Jackett anzuziehen und bittet mich um Hilfe. Das ist mein Vater. Ich helfe meinem Vater, sich das Jackett anzuziehen. Beim Gedanken daran kommen mir heute noch die Tränen.

Jake und ich, Gott möge uns vergeben, scherten uns kein bisschen um Nelson Mandela – selbstverständlich wollte jeder Mandela kennenlernen, und auch Ali wollte jeder kennenlernen, aber es hatte fast den Anschein, als müssten alle sich für eine Seite der Schlachtlinie entscheiden. Entweder war man Team Ali oder Team Mandela, und wir waren absolut Team Ali.

Als wir Ali hinterher zu seinem Wagen begleiteten, bot sich mir der zweitschönste Anblick meines Lebens – die gesamte Catering-Crew, jung und alt, weinte; sie heulten regelrecht, weil sie Ali sahen. Es hatte zum Teil damit zu tun, dass sie ihn bedauerten, was mich wütend macht, da niemand Ali zu bedauern braucht. Sein Körper mag von der Krankheit beeinträchtigt gewesen sein, aber sein Verstand war zweifellos völlig in Ordnung. Wie dem auch sei, so etwas Unglaubliches hatte ich noch nie gesehen; die ganze Crew stand dicht gedrängt, nur um zusehen zu können, wie dieser heilige Mann an ihnen vorbeilief.

Nach diesem Abend blieb ich noch für kurze Zeit mit Alis Agenten in Kontakt, mit dem ich offen gesagt auch sehr gerne im Bett gelandet wäre (ich muss wohl in dieser Woche wirklich meinen Eisprung gehabt haben). Aber dazu ist es zum Glück nie gekommen, weil er einen Freund beherbergte. Ich habe ihm einen Siegelring mit dem Löwen von Juda geschenkt – ein Symbol der Rastafari.

Etwas habe ich noch vergessen zu erzählen. Irgendwann im Verlauf des Abends, als wir im Backstagebereich waren, malte Ali eine wunderschöne

Zeichnung auf das Tischtuch: ein großes Schiff, das durch ein Tal segelte. Auf der anderen Seite des Tischtuchs zeichnete er eine Szene aus einem seiner Kämpfe, ganz klein. Ich und der Soldat nehmen einander sofort ins Visier: »Du hast keine Chance«; »Nein, du hast keine Chance«; »Nein, du hast keine Chance.« Wir streiten darüber, wer von uns beiden das Tischtuch bekommt. Selbstverständlich habe ich gewonnen. Ali hat es für mich unterschrieben und mir gegeben, und vor etwa einem Jahr habe ich es an meinen Sohn Jake weitergereicht, weil er jetzt zweiunddreißig ist und ich warten wollte, bis er alt genug ist, es wirklich in Ehren zu halten.

Meine Begegnung mit Muhammad Ali war ein durch und durch magisches Erlebnis, und ich hätte mir niemals träumen lassen, dass mir so etwas jemals passiert. Was das anbelangt, bin ich jedoch ein ausgesprochener Glückspilz: Alle meine Träume sind Wirklichkeit geworden. Mehr noch sogar – Träume, die zu träumen ich nie gewagt hätte, sind Wirklichkeit geworden. Hätte es nämlich diese Woche nicht gegeben, wäre ich auf meinem Weg nach Hause nicht zufällig dem Vater meines Sohnes begegnet und hätte Alis Sportagent nicht gerade einen Hausgast gehabt – mein drittes Kind wäre nie geboren worden. Mein Sohn heißt Nevi'im Nesta Ali Shane. *Nevi'im* ist das hebräische Wort für die Prophetenbücher des Tanach. Ich wusste, dass er mehr oder weniger ohne Vater aufwachsen würde, deshalb wollte ich, dass die Propheten ihm Väter und männliche Leitbilder sind.

Nesta ist der Mittelname von Robert Nesta Marley, wie Bob Marley mit bürgerlichem Namen hieß. Ali ist natürlich – gemeinsam mit Dylan – mein selbst erwählter Pate, und Shane habe ich in Anlehnung an einen Freund ausgesucht, den Musiker Shane McGowan. Was für eine Woche! Und ich habe Muhammad Ali die Existenz meines Sohnes zu verdanken, und ja, es war das Unglaublichste, was ich je erlebt habe (vom Kinderkriegen mal abgesehen, natürlich).

Lou Reed

Der einzige Star, der einen ähnlichen großen Eindruck auf mich gemacht hat wie Ali, war Lou Reed, von dem ich gar nicht wusste, wie sehr ich ihn liebte, bis ich ihm begegnete. Ich hatte mich in sein Album *New York* verliebt, insbesondere in den Song »Busload of Faith«, und ich hatte es mir immer wieder angehört. Und dann stehe ich mit einem Mal in der Carnegie Hall, wo ich im Rahmen einer Show anlässlich des fünfundfünfzigsten Geburtstags von Roger Daltrey singen soll. Damals war ich noch ganz schön verwegen und fragte die Leute gerne, ob ich für sie im Background singen dürfe.

Also lasse ich alle möglichen Leute wissen, dass ich, wenn irgend möglich, liebend gerne die Background-Stimme für Lou Reed singen würde. Und ehe ich mich versehen konnte, kam Lou Reed in meine Garderobe und fing eine Unterhaltung mit mir an; mir entging nicht, dass er es ein bisschen dreist fand, wie ich mich quasi selbst zu ihm auf die Bühne einlud. Aber als er sagte, ja, ich dürfe die Hintergrundstimme singen, konnte ich nur auf die Bewegung seiner Lippen starren. Ich hörte gar nicht mehr die Worte, die er sprach; es klang für mich wie ein Strudel aus Klang, als wäre ich auf einem LSD-Trip. Sein Gesicht und seine Lippen bewegten sich, aber ich konnte nichts von dem verstehen, was er sagte. Es fühlte sich an wie eine Panikattacke. Nachdem er wieder verschwunden war, musste mein Freund Doodles, der sich auch im Backstage-Bereich befand, eine halbe Stunde lang meine Hand halten. Ich habe dann tatsächlich die Background-Stimme für Lou Reed gesungen, auch wenn ich wirklich nicht mehr weiß, zu welchen Songs, weil ich mich die ganze Zeit über weit weg vom Planeten Erde befand; ich war irgendwo in himmlischen Gefilden. Und dann bald darauf hatte ich dann noch ein wunderschönes Erlebnis mit demselben wunderschönen Mann.

Man hatte mich in London für eine Show namens *The White Room* gebucht, deren Konzept darin besteht, dass sechs oder sieben Bands nacheinander jeweils ein paar Songs spielen. Als ich zu den Proben kam, schaute niemand mich an, weil es damals wegen des Vorfalls bei *SNL* üblich war, mich wie eine Verrückte zu behandeln, wie eine Geächtete. Außer meiner eigenen Band wollte also niemand etwas mit mir zu tun haben. Trotzdem waren sie alle genauso aufgeregt wie ich, weil Lou Reed in der Show auftreten würde.

Als Lou dann zu den Proben kommt, ist absolut nicht zu übersehen, dass er wirklich jeden im Raum ignoriert, nur mich nicht. Höchstpersönlich macht er sich auf die Suche nach mir und bleibt an meiner Seite. Seine Umarmung ist demonstrativ herzlich, als würden wir einander schon ewig kennen. Das war wirklich sehr lieb von ihm, denn er hätte es nicht tun müssen. Und es führte dazu, dass die anderen ihr Verhalten mir gegenüber änderten. Während meiner Probe und meiner Performance wurde mir nun ein klein wenig Respekt entgegengebracht. Seitdem hatte Lou Reed sich ein warmes Plätzchen in meinem Herzen gesichert, und bis heute denke ich noch oft an ihn.

Ein paar Lektionen und wahre Geschichten

Es gibt auf dieser Welt nichts, was ich lieber mag, als auf der Bühne zu stehen. Abgesehen von meinen Kindern, natürlich. Und etwas, worüber ich viel nachdenke, während ich mich auf eine weitere Tournee vorbereite (wenn die Pandemie vorüber ist), sind die bizarren und manchmal gefährlichen Begleiterscheinungen des Ruhms.

Vor vielen Jahren spielten wir mal eine Show in Las Vegas; ich glaube, es war im »Hard Rock Café«. Johnny Depp saß im Publikum und kam nach der Show in den Backstage-Bereich. Wir waren zu diesem Zeitpunkt schon so lange auf Tournee, dass wir nicht mehr ganz klar bei Verstand waren.

Caroline Dale, meine Cellistin, hatte eine kleine Tasche, die aussah wie ein Stoffschaf. Wir hatten das Schaf auf den Namen Shaun getauft. Es hatte uns schon die ganze Tournee lang überallhin begleitet und war inzwischen unser Maskottchen. An diesem Abend in Vegas beschlossen wir, das Schaf zu vermählen – mit einem anderen Stofftier, das es in unsere Entourage geschafft hatte. Es war eine sehr aufwendige Zeremonie, und Johnny Depp stand da und musste zuschauen, wie wir eine Dreiviertelstunde lang Plüschhochzeit feierten.

Ich sah ihn nach diesem Abend nie wieder, wie man sich unschwer denken kann. Genau genommen stimmt das nicht. Ich habe ihn kürzlich auf der Party zu Shane MacGowans sechzigstem Geburtstag getroffen, und er behauptete aus freien Stücken und ausgesprochen höflich, er habe sich in jener Nacht tatsächlich sehr amüsiert. Ich bin überzeugt, dass er uns einfach nur für verrückt hielt. Das alles hatte sich – ob Zufall oder nicht – zugetragen, als Johnny in Vegas für die Rolle des Journalisten und Autors Hunter S. Thompson im Film *Fear and Loathing in Las Vegas* vor der Kamera stand.

Wo wir gerade von seltsamen (Nicht-)Begegnungen sprechen: Die Geschichte, dass ich John F. Kennedy Jr. bei irgendeinem schicken Dinner-Empfang kennengelernt habe und er mir seine Telefonnummer gab, die ich dann zerrissen habe, ist komplett unwahr. Tolle Anekdote, aber ich bin dem Mann nie im Leben begegnet. Wäre ich ihm begegnet, wäre ich wie ein Äffchen an ihm hochgesprungen, wie jede andere Frau auch. Ja, ich müsste schon lesbisch sein, um bei so einer heißen Nummer abzuwinken.

Es geistern auch ein paar falsche Annahmen über mich und Anthony Kiedis von den Red Hot Chili Peppers durch die Welt. In seiner Autobiografie *Scar Tissue* beschreibt er, wie wir uns geküsst haben. Das ist nie passiert.

Er sagt, wir hätten eine Art romantische Beziehung gehabt. Nur in seinem Kopf.

Wir haben Zeit miteinander verbracht und er ist ein sehr netter Gentleman; ich erinnere mich noch, dass er mir einmal sogar geholfen hat, meinen Sohn ins Krankenhaus zu bringen. Ich war verärgert, als er sein Glück bei mir versuchen wollte. Gott stehe ihm bei. Er bekam den O'Connor-Zorn zu spüren, nicht, weil er versuchte, mich zu küssen, sondern weil er mir anvertraute, dass er gerne, na ja, man kann es sich denken, sein Schiffchen bei mir versenken würde. Auch das ist nie passiert. In seinem Buch muss er mich mit irgendeiner anderen Trulla verwechselt haben.

Mr. Bigstuff

Die Gerüchte, die die Runde machen, wenn man sich zur Prominenz zählen darf, sind nicht das Einzige, was verstörend ist; man muss mit der Gefahr leben, dass manche Menschen willens sind, dir Schaden zuzufügen, wenn sie daraus einen Profit schlagen können.

Eine angebliche Freundin hat auf meinem iPad ein Selfie von mir gefunden, das ich einem meiner Ex-Männer geschickt habe, der eine ausgeprägte Vorliebe für Taschenbillard hat. Auf dem Bild trage ich lediglich ein sehr knappes Kostümchen der Art »französisches Stubenmädchen«, und mein Hintern ist der Star im Bild.

Zum Glück besitze ich die Rechte an diesem Foto, denn meine angebliche Freundin hat es irgendeinem Schwachkopf geschickt, der nun die Zeitungsredaktionen von ganz Irland abtelefoniert, um es ihnen zu verkaufen. Ein mir bekannter Reporter rief mich an, um mich vorzuwarnen.

Ich bin fest entschlossen, jedwede Veröffentlichung zu verhindern, also lasse ich mir von dem Reporter die Nummer von besagtem Schwachkopf geben. Ich schreibe ihm eine Nachricht, in der ich vorgebe, ein Reporter von einem englischen Revolverblatt zu sein, der ihm das Foto abkaufen möchte. Er fällt drauf rein. Und ich verabrede mich mit ihm an einer Tankstelle, etwa acht Kilometer von meinem Zuhause entfernt. Ich bin vor der verabredeten Zeit da, auf dem Kopf eine braune Langhaarperücke. Etwa zwanzig Minuten lang liege ich in meinem Auto auf der Lauer, bis ich ausmachen kann, welches der anderen Autos seines ist. Wie sich herausstellt, parkt er direkt neben mir.

Ich gehe in die Tankstelle, als wollte ich etwas kaufen. Und auf dem Rückweg bleibe ich an seinem Wagen stehen und mache mit viel Effekthascherei ein Foto von seinem Nummernschild.

Er ist verdattert. Starrt mich an und fragt sich *Was hat die Frau vor?* Als ich wieder in meinem Auto sitze und mich angeschnallt habe, dämmert es ihm. Und er tritt aufs Gas und rast in Richtung Schnellstraße davon. Ich folge ihm in meinem Siebensitzer-Mami-Mobil, bleibe ihm etwa fünf Kilometer lang an der Stoßstange kleben. Wir liefern uns eine richtige Verfolgungsjagd, bis er mit seinem flinkeren Auto plötzlich nach links einschlägt. Er fährt auf einen verdeckten Feldweg und es gelingt ihm, sich zu verstecken. Er kennt die Gegend gut. Es ist sein Revier.

Ich rufe ihn an. Er scheißt sich vor Angst fast in die Hosen. Ich informiere ihn darüber, dass ich die Rechte an dem Bild besitze. Er weigert sich, zuzugeben, dass er das Foto von meiner angeblichen Freundin bekommen hat. Aber sie ist es gewesen; sie ist die Einzige, die mein iPad in den Händen hatte.

Es tut ihm sehr leid. Sagt er zumindest. Und dass er das Foto löschen wird. Ich höre nie wieder von der Sache. Und ich sehe diese angebliche Freundin niemals wieder. Es ist nicht das erste Mal, dass sie versucht hat, Profit aus mir zu schlagen. Das macht mich sehr traurig. Ständig klaut sie irgendwas von mir. Andere Leute auch. Es würde mir das Herz brechen, wenn mein Herz nicht längst gebrochen wäre.

Jake, Roisin, Shane und Yeshua

Ich habe vier Kinder von vier verschiedenen Vätern; nur einen der Väter habe ich geheiratet, und ich habe drei andere Männer geheiratet, von denen keiner der Vater eines meiner Kinder ist.

Ich kann aufrichtig sagen, dass der Vater meines ersten Kindes und der Vater meines letzten Kindes die besten Freunde sind, die ich in dieser Welt habe. Um die Väter der beiden mittleren Kinder würde ich allerdings, sollten wir uns zufällig begegnen, einen großen Bogen machen – und sie wohl auch um mich.

Wie ich bereits geschrieben habe, war Jake, mein erstes Kind, eine angenehme Überraschung. Zur Empfängnis kam es, weil eine Freundin mir erzählt hatte, dass Tag 14 des Zyklus der sicherste sei, also schlief ich erst am vierzehnten Tag mit seinem Vater – da waren wir gerade in irgendeiner ländlichen Kleinstadt in England, während im Fernsehen ein Madonna-Konzert übertragen wurde.

Ich würde sagen, dass Jake zu leiden hatte unter der Tatsache, dass ich einerseits noch so jung war, als ich ihn bekommen habe, andererseits aber plötzlich außergewöhnlich erfolgreich ins Musikbusiness einstieg – drei Wochen vor seiner Geburt erschien mein erstes Album. Ich würde außerdem sagen, dass ich mit meinen zwanzig Jahren das Konzept der Selbstlosigkeit noch nicht in dem Sinne verstanden hatte, wie man es verstehen sollte, wenn man ein Kind in die Welt bringt.

Ich weiß, dass ich Jake und meinen drei anderen Kindern eine gute Mutter gewesen bin, doch es ist schwierig, eine sehr gute Mutter zu sein, wenn man als Musikerin ständig auf Tournee ist. Ich war liebevoll und zugewandt, aber ich war viel unterwegs, und selbst wenn ich zu Hause war, funktionierte ich eher wie ein Automat; ich war müde und abgekämpft, und ich hatte auch große Angst davor, dass ich so sein könnte wie meine eigene Mutter. Ich stellte immer sicher, dass es ein Kindermädchen gab, das mich unterstützte, aus Furcht, ich würde enden wie sie. Letzten Endes könnte Jake darunter gelitten haben. Ich denke, es wurde mir irrtümlicherweise so ausgelegt, als wäre er mir ein Stück weit egal gewesen, aber ich wollte nur sicherstellen, dass meine Kinder nie durchleiden mussten, was ich hatte durchleiden müssen. Wenn mich irgendeine seltsame Stimmung überkam, konnte ich einfach nach oben gehen oder das Haus verlassen, sodass meine Kinder nicht davon behelligt wurden.

Dass ich Jake bekam, als ich noch so jung war, hatte auch Vorteile, insbesondere den, dass wir die besten Freunde waren. Als er älter wurde, waren wir einander sehr nahe. Oft war es dann mehr Freundschaft als eine Mutter-Sohn-Beziehung, was, wie ich vermute, nicht unbedingt etwas Gutes ist – aber wir hatten ein wunderbares Verhältnis zueinander.

Meine Kochkünste waren immer ein Problem für meine Kinder. Ich bin keine gute Köchin. Das ist sogar noch untertrieben. Mit allem, was ich koche, könnte man ein Haus zerlegen oder eine Fensterscheibe einschlagen. So wurde Jake schon in sehr jungen Jahren zu einem guten Koch, und heute arbeitet er als Chefkoch in einem Dubliner Restaurant; er hat eine enorm hohe Arbeitsmoral, worauf ich extrem stolz bin. Er ist ein sehr, sehr arbeitsamer junger Mann.

Inzwischen hat Jake selbst zwei Kinder, eine Tochter namens Naime und einen Sohn namens Louie; ich bin also die Großmutter von zwei wunderschönen Kindern. Eines davon ist jetzt ein Jahr alt, das andere ist drei.

Als ich vor zwei, drei Jahren krank war, war für Jake der Umgang mit mir sehr schwierig. Aber ich bin glücklich, sagen zu können, dass wir wieder sehr gute Freunde sind; ich liebe dieses Kind mit meiner ganzen Seele, so wie ich all meine Kinder liebe. Heimlich sage ich jedem von ihnen, dass es mein Lieblingskind ist und dass das aber unser Geheimnis bleiben soll. Jedes Mal, wenn ich eines meiner Kinder sehe, ist es dasselbe: »Du bist mein Bestes. Sag's nicht den anderen.«

Meine Tochter Roisin war keine Überraschung; sie war ein geplantes Kind. Ihr Vater ist ein Gentleman namens John Waters, ein Journalist, der früher in Irland für die *Irish Times* schrieb. Wir trafen uns, weil er mich zu meinem kontrovers diskutierten Song »Famine« interviewen wollte, der auf dem Album *Universal Mother* erschienen war.

Ich würde nicht sagen, dass wir ineinander verliebt waren; wir waren es nicht. Ich hatte gerade erst eine Fehlgeburt erlitten. Wir verstanden uns sehr gut und beschlossen einvernehmlich, zusammen ein Kind zu bekommen, in dem Bewusstsein, dass aus uns kein Paar werden würde. Also brachten wir Roisin zur Welt und verständigten uns darauf, dass sie die Hälfte der Zeit bei ihrem Vater und die andere Hälfte bei mir verbringen würde. Und auch wenn ich zu John keinerlei Beziehung habe: Er ist ein fantastischer, ein absolut wunderbarer Vater gewesen.

Ich bin ausgesprochen stolz auf Roisin, besonders auch, weil sie so ein braves Kind war; es gibt keine Missetaten, von denen ich hier berichten könnte. Wovon ich aber berichten kann: Sie hat einen Schutzengel. Ich habe ihn selbst gesehen, und nicht nur das – viele ihrer Freundinnen haben den kleinen Engel ebenfalls gesehen.

Ich habe ihren Freundinnen nicht geglaubt, als sie mir erzählten, dass sie diesen kleinen Mädchenengel gesehen hatten, und ich habe meinem damaligen Freund nicht geglaubt, als er mir sagte, auch er habe dieses kleine rothaarige Mädchen gesehen. Das änderte sich eines Morgens, als ich mit Shane, meinem dritten Kind, schwanger war. Roisin und ich schliefen in meinem Bett. Ich wachte auf, und da war er, der Engel, in Gestalt dieses kleinen Mädchens. Sie saß auf Roisin, den Kopf in die Hände gelegt, als langweilte sie sich und warte nur darauf, dass Roisin aufwachen würde. Ich sah dieses kleine, rothaarige Mädchen, das einen rot-weiß-gestreiften Pullover trug.

Es war so *nicht*-beängstigend, dass ich sofort wieder einschlief. Als ich etwa eine Stunde später wieder aufwachte, saß das kleine Mädchen immer noch auf Roisin. Ich schlief noch einmal ein, und als ich das nächste Mal wach wurde, war das kleine Mädchen verschwunden. Aber eine Woche später schimpfte ich mit Roisin, weil sie ihr Zimmer nicht aufgeräumt hatte, als eine massige Vier-Liter-Wasserflasche wie von selbst vom Tisch auf den Boden stürzte – offensichtlich war der Schutzengel nicht gerade froh darüber, dass ich Roisin böse war.

Als Roisin ihren zweiten Geburtstag feierte, flitzte sie in Richtung des Tisches, auf dem ein Schneidemesser lag, dessen Spitze sich direkt auf Höhe ihrer Augen befand. Sie war nur einen Millimeter vom Messer entfernt, als es von selbst in die Luft stieg und sich nach links bewegte, weg von ihrem Gesicht. Auch dies das offenbare Werk ihres Schutzengels. Bei meinen anderen Kindern habe ich nie Schutzengel gesehen oder gehört, aber ich nehme an, dass es sie gibt. Roisins Schutzengel jedoch ist ein solch starker Charakter, dass er sich sichtbar macht.

Spannenderweise hat es Roisin beruflich ebenfalls in die Küche verschlagen, genau wie Jake, nur dass Roisin eine Konditorin ist. Sie hat ihre Ausbildung in Paris gemacht und arbeitet heute in Irland. Sie hat winzige, zierliche Hände. Früher hat sie mit ihren zarten Fingern winzige Tamagotchi-Tierchen gepäppelt, heute formt sie damit herrliches Feingebäck und vegane Kekse.

Ich finde es einfach wahnsinnig lustig, dass ausgerechnet ich zwei Kinder habe, die berufliche Erfolge in der Küche feiern. Was mir jedoch nicht entgangen ist: Beide schicken sie ihrer Mutter keine Fresspakete voller Leckereien. Da ich leicht anorektisch bin, ist Hungern natürlich eine Option, aber trotzdem würde ich mich über ein Päckchen mit Roisins Backwaren freuen. Ich hoffe also, dass bald eines bei mir ankommt, wenn sie das hier liest.

Mit Roisin möchte man es sich lieber nicht verscherzen. Und verscherzen kann man es sich mit ihr eigentlich nur, wenn man bigott und intolerant ist. Roisin wird dann aufstehen und gehen. Sie hat nicht das Temperament ihrer Mutter geerbt, Gott sei es gedankt, deshalb wird sie einem einfach nur den Rücken zukehren, gar nichts sagen und sich auch nicht wieder die Mühe machen, das Gespräch zu suchen. Ich bewundere sie dafür, dass sie sinnlosen Auseinandersetzungen aus dem Weg gehen kann; ich neige dazu, mich direkt in sie hineinzustürzen. Und ich will mich bemühen, mir in dieser Hinsicht ein Beispiel an meiner Tochter zu nehmen.

Roisin ist heute glücklich verheiratet mit einem lieben Mann, den sie Poldy nennt. Er ist genau wie Roisins Bruder Jake, was ich wirklich süß finde. Roisin und Jake haben ein absolut wunderbares Verhältnis zueinander, und das ist schon immer so gewesen; sie sitzen einander buchstäblich auf dem Schoß, sie herzen und sie knuddeln sich. Ich glaube nicht, dass sie je einen Streit hatten. Wer sich mit Roisin anlegt, der wird es mit Jake zu tun kriegen – und das, man möge es mir glauben, möchte man lieber nicht riskieren.

Shane, mein drittes Kind, kam 2004 zur Welt. Er war eine Überraschung. Sein Vater war damals verheiratet, weshalb meine Schwangerschaft für eine große Kontroverse sorgte.

Ich mag den Vater des Kindes, Dónal Lunny, heute noch, auch wenn wir einander nicht nahestehen. Shane und ich haben schwierige Zeiten durchgemacht.

Shane ist ein extrem spezieller Charakter; sehr, sehr übersinnlich veranlagt, sehr verhaftet in einer spirituellen Betrachtung des Lebens. Eines Tages, da war er drei, fragte er mich: »Bist du in einem Erdbeben gewesen, als ich in deinem Bauch war?« Ich sagte zunächst nein, weil ich vergessen hatte, dass es tatsächlich so gewesen ist. Als er gerade erst seit zwei Wochen in meinem Bauch war – da wusste ich noch nicht mal, dass ich schwanger war –, hatte ich Urlaub auf Malta gemacht, und dort gab es ein Erdbeben. Ich hatte danach nie wieder daran gedacht, hatte es nie erwähnt. Ich habe dem Jungen bestimmt nichts davon gesagt; ich glaube nicht mal, dass ich irgendwem sonst davon erzählt habe. Aber dieses drei Jahre alte Kind konnte mir sagen, dass ich tatsächlich ein Erdbeben erlebt hatte, und ich habe keine Ahnung, woher er das wusste.

Ein andermal saß er in der Badewanne und fragte mich: »Hast du Gott mal getroffen?« Und ich sagte ihm, nun ja, mir seien Dinge passiert, die irgendwie magisch waren, und, ja, vielleicht hätte ich in gewisser Weise wirklich Gott getroffen. Während das Wasser den Abfluss hinunterlief, schüttelte das Kind den Kopf. »So trifft man Gott doch nicht«, erklärte er mir. »Du musst deine Träume wahr machen.«

Im Alter von acht Jahren ist Shane untersucht und zu einem Genie erklärt worden. Man sagte mir, er habe die Lernbegabung, das Vokabular und das mathematische Verständnis eines Sechzehnjährigen. Er fing mit einem Wissenschaftsstudium an, als einziges Kind unter Erwachsenen an der Universität in Dublin. Aber es machte ihm keinen Spaß, darum hielt das nicht lange.

Er erinnert mich sehr an Clint Eastwood. Shane könnte in alle möglichen Arten von Schlamassel geraten, aber weil er so ruhig, so lieb und so aufrichtig charmant ist, schafft er es durch alle Gefahren hindurchzusegeln, ohne dass sie ihm allzu schlimm zusetzen würden. Ich bewundere ihn dafür.

Ich weiß, man sagt, dass Kinder wie Shane anstrengend und schwierig sein können. Aber tatsächlich fällt mir der Umgang mit ihm leicht, weil ich eine ungewöhnliche Mutter bin. Shane ist kein quadratischer Klotz, den man durch ein rundes Loch quetschen kann. Von meinen Kindern ist er mir am ähnlichsten, glaube ich, sowohl äußerlich als auch vom Wesen her – obwohl er natürlich die Ausführung von mir ist, die über Logik und Vernunft verfügt. Eine wirklich coole Type, der Shane, wie Jack Nicholson vielleicht sagen würde.

Ich vermute, der Junge wird später beruflich mal was machen, womit er Leuten helfen kann; vielleicht erweist er sich auch als hervorragender Koch.

Er würde sich eher zu Tode hungern, ehe er etwas isst, was ich gemacht habe. Er braucht kein Rezept, wenn er etwas kocht; er wirft einfach in den Topf oder die Pfanne, was die Küche so hergibt, und am Ende schmeckt es großartig. Noch so ein Zeugnis meiner schrecklichen, fürchterlichen Kochkünste – wenngleich ich im Leben vier Braten in der Röhre hatte, die mir alle wunderbar gelungen sind.

Yeshua war geplant. Er kam am 19. Dezember 2006 zur Welt, etwa zwei Wochen zu früh. Als ich mit ihm schwanger war, plagte mich interessanterweise nur ein Heißhunger nach Stille. Bei meinen anderen Kindern hatte der Heißhunger unterschiedlichen Lebensmitteln gegolten – bei Jake waren es Würstchen und Kiwis, bei Roisin eingelegte Limetten und bei Shane Fischpasteten. Yeshua wollte einfach nur Stille.

Ich musste mich immer in ein dunkles Zimmer zurückziehen und dort sitzen, ganz, ganz still. Und wie sich herausstellte, ist Yeshua eine sehr stille Person. Sein Vater, Frank Bonadio, hat eine Tochter namens Claire, die genauso still ist, und auch meine Großmutter war immer von großer Stille umgeben. Yeshua ist ganz genauso.

Er ist kein großer Fan von Nähe und bleibt gerne für sich. Er ist ein außergewöhnlich kreatives Wesen, und von meinen Kindern ist er definitiv derjenige, von dem ich glaube, dass er Sänger werden wird – er hat eine phänomenale Stimme, ein phänomenales musikalisches Talent. Er spielt so gut Klavier, dass man glaubt, es käme von Platte.

Mir verschlägt es selten die Sprache, aber wenn ich ihn Klavier spielen und singen höre, bin ich erst mal zehn Minuten sprachlos. Sobald er professionell damit anfängt, bin ich weg von der Bildfläche. Yeshua wird mich von der Bühne fegen und mich die Reste meiner Karriere aufkehren lassen. Deshalb bin ich sehr darauf bedacht, besonders nett zu ihm zu sein, genau wie der Rest der Familie; wir rechnen nämlich alle damit, dass er es bis zwanzig zum Millionär gebracht hat, und wir wollen sichergehen, dass er uns wohlgesonnen ist.

Er ist zu einem jungen Teenager herangewachsen, der total auf Superhelden und Harry Potter abfährt. Er redet immer nur davon, welcher Superheld er gern sein würde und welche Superkraft er dann hätte. Es macht ihn richtig wütend, dass er keine Superkraft hat. Aber ich sage ihm dann immer, dass das nicht wahr ist. Ich sage ihm, dass sein großes empathisches Herz und all die Liebe, die er anderen Menschen entgegenbringt, seine Superkräfte sind. Natürlich winkt er dann müde ab und sagt: »Man kann das Universum nicht mit einem großen empathischen Herzen retten.« Das sehe ich anders.

Yeshua ist einer der lustigsten Menschen, die ich kenne; sein Lachen bringt jeden anderen auch zum Lachen, selbst wenn man keine Ahnung hat, worüber er lacht – ganz einfach, weil er Tränen lacht und aus dem Kichern nicht mehr rauskommt.

Was ich sehr niedlich finde, ist die Tatsache, dass er sich mittlerweile in das komplette Abbild seines Vaters verwandelt. Er sitzt sogar ganz genauso, wie sein Vater sitzt. Dazu muss ich sagen, dass sein Vater der beste Vater ist, dem ich je begegnet bin. Und in meiner Familie ist der Vatertag weiß Gott ein umtriebiger Tag. Da geben sich die Väter die Klinke in die Hand.

Ich werde oft gefragt, wieso ich vier Kinder von vier verschiedenen Männern habe. Ich sage dann immer, dass es eben einfach so passiert sei. Es ist nichts, was ich geplant habe, aber ich hatte auch nie das Gefühl, dass ich jemanden heiraten müsse, um mit ihm ein Kind zu haben. Ich habe zwar den Vater meines ersten Kindes geheiratet, aber wir waren, wie bereits geschrieben, eher wie Bruder und Schwester. (Deshalb hat diese Beziehung auch nicht funktioniert; ich konnte mir nicht ausrechnen, wie man es anstellen sollte, mit seinem Bruder zu schlafen.)

John Reynolds und ich heirateten, weil wir dachten, es müsste so sein – oder vielleicht sollte ich lieber sagen, weil ich dachte, das müsste so sein, weil wir ja ein gemeinsames Kind hatten. Ich war nicht bereit, diesen Fehler ein zweites Mal zu machen. Als ich dann überraschend mit Shane schwanger war, war ich verliebt in ihn, auch wenn ich nicht mit seinem Vater zusammen sein wollte. Bei Roisin war es genauso. Mit Frank, dem Vater von Yeshua, war ich jahrelang ein Paar, und wir sind nach wie vor die besten Freunde. Wir leben keine hundert Meter voneinander entfernt, sodass unser Kind bei uns beiden ein und aus gehen kann, wie es ihm gefällt. Ich habe es nie darauf angelegt, ungewöhnlich oder unabhängig zu sein. Das waren einfach vier Babys, die ich haben wollte.

Ich hatte vor ein paar Jahren während einer Tournee mal ziemlichen Spaß, als mich ein deutscher Zollbeamter vom Münchner Flughafen anrief, um herauszufinden, warum meine vier Kinder vier unterschiedliche Familiennamen haben. Der Mann fürchtete, ich könnte eine Kinderschmugglerin sein. Ich befand mich in meinem Hotelzimmer, und meine Kinder waren unterwegs zu mir, zusammen mit ihrem »Manny«, der natürlich auch noch einen anderen Nachnamen hatte. Es dauerte etwa zwanzig Minuten, dem Zollbeamten die ganze Geschichte zu erklären. Es war ihm einfach nicht begreiflich zu machen, bis ich irgendwann sagte: »Hören Sie, ich war einfach eine ziemliche Schlampe.« Und dann sagte er: »Oh, verstehe.« Und damit hatte es sich. Obwohl ich nur einen Witz gemacht hatte.

Spannende kleine Randnotiz: Eines Abends vor vielen Jahren kam mein Vater mich besuchen und erzählte mir, dass er fast schon neidisch auf meinen Lebenswandel sei, was die Kinder anbelange – dass ich nicht das Gefühl gehabt habe, ich müsse heiraten und so leben, wie ein Mann das vielleicht gerne wolle. Kurz gesagt: Während es gesellschaftlich in Ordnung geht, wenn Männer mit unterschiedlichen Frauen Kinder haben, wird auf eine Frau manchmal herabgeschaut, wenn sie vier Kinder mit vier verschiedenen Männern hat (oder überhaupt mehrere Kinder mit verschiedenen Vätern).

Auf mich hat deswegen nie jemand herabgeblickt, und auch sonst war es für mich mit keinerlei Stigma verbunden. Ich habe lediglich erlebt, wie mein armer Papa sagte, er wünschte, er hätte sein Leben so leben können, wie ich meines gelebt habe.

Wenn meine einzige Bestimmung auf Erden gewesen sein sollte, diese vier Kinder ins Leben zu bringen, dann ist das genug, um mir das Gefühl zu geben, dass ich etwas von Wert in diese Welt gebracht habe. Das sage ich nicht bloß, weil es meine Kinder sind. Sie sind absolut ungewöhnliche, intelligente, liebevolle, mitfühlende, spirituell fortschreitende, witzige, angenehme und fleißige Menschen, auf die ich stolzer gar nicht sein könnte.

The Wizard of Oz

Der Grund dafür, dass ich kaum etwas über die Ereignisse der Jahre 1992 bis 2015 geschrieben habe, ist ein Ereignis, das sich im August 2015 abspielte, nachdem ich den ersten Teil dieses Buches geschrieben hatte; in Irland unterzog ich mich einer invasiv-operativen radikalen Hysterektomie, einer Komplettentfernung von Gebärmutter und Nachbarstrukturen, der ein völliger Zusammenbruch folgte.

Ich hatte es beim Schreiben bis zur *Saturday Night Live*-Geschichte geschafft, aber in den vier Jahren, die es brauchte, um mich von dem Zusammenbruch zu erholen, habe ich keine einzige Zeile geschrieben, und als ich dann soweit war, konnte ich mich an kaum etwas erinnern, was sich vor dem Zusammenbruch zugetragen hatte.

Als Teil meiner Genesungsreise verbrachte ich große Teile der Jahre 2016 und 2017 in verschiedenen Gegenden Amerikas, weil das irische Gesundheitssystem mich im Stich ließ (man bot mir beispielsweise keine Hormonersatztherapie an), und weil niemand, der mich kannte, noch etwas mit mir zu tun haben wollte; ich stand dermaßen neben mir, dass sie alle schreckliche Angst vor mir hatten. Niemand hatte ihnen oder mir erklärt, dass der Verlust der Eierstöcke zu einer sogenannten »induzierten Menopause« führen würde – eine zehntausendmal heftiger empfundene Menopause, die dazu führen könnte, dass ich sehr unzurechnungsfähig würde.

In Amerika sagen sie den Familienangehörigen solche Sachen, und sie sagen es vor allem dir, der Patientin. In Amerika ist man sich auch in den psychiatrischen Einrichtungen des Umstandes bewusst, dass dir da gerade deine ganze Weiblichkeit ausgeschabt wurde. Und du bekommst eine Hormonersatztherapie. In Irland fand nichts davon statt. Ich habe das Krankenhaus in Dublin nach der Hysterektomie ohne jegliche Information verlassen, mit nichts als einem Döschen Paracetamol und einem Nachsorgetermin, zu dem ich mich schon gar nicht mehr getraut habe.

Der Operation hatte ich mich unterziehen müssen, weil ich unter chronischer Endometriose litt. Es war nicht notwendig, mir auch die Eierstöcke zu entfernen. Der Doktor entschied einfach, dass er die gleich mit dem ganzen Rest entfernen könnte, wo er doch »schon mal dabei war«. Hätte er die Finger von ihnen gelassen, dann wären in diesem Buch deutlich mehr Informationen aus den Jahren 1992 bis 2015 zu finden. Aber vielleicht ist es gut, wenn man Dinge vergisst. Es gab ja auch wirklich so viel Schmerzliches, was damit zusammenhing, dass ich nach *SNL* über Jahrzehnte hinweg wie eine Geächtete behandelt wurde.

Nicht, dass ich rückblickend irgendetwas anders gemacht hätte. Manche Sachen sind es wert, sich für sie verächtlich zu machen.

2016 verbrachte ich die ersten Tage in Amerika bei dem einen Menschen, von dem ich wusste, es würde sich bei ihm auf dem Boden irgendwo ein Plätzchen für mich finden. Er brachte mich dann bei einer reizenden Familie aus seinem Bekanntenkreis unter, den Walkers. Worüber ich froh war, weil mir nicht gefiel, wie er mit seiner Frau umging; er behandelte sie wie Dreck. (Ich hätte sie gleich mitnehmen sollen, als ich ging.)

Während meiner Zeit bei den Walkers, die in Wilmette wohnten – einem von Bäumen gesäumten Vorort Chicagos –, war ich in regelmäßiger psychiatrischer Behandlung und nahm diverse Beratungsangebote wahr. Matt Walker ist Morrisseys Schlagzeuger. Seine Frau heißt Charlotte. Den beiden habe ich zu verdanken, dass ich noch lebe, denn hätten sie mich nicht bei sich wohnen lassen und hätte Charlotte mich nicht zu den Ärzten und Therapeuten begleitet, wäre sie nicht immer an meiner Seite geblieben, dann säße ich heute Abend nicht hier und würde schreiben. Ohne sie war ich damals nicht in der Lage zu laufen.

Aber wir hatten so viel Spaß. Sie hat einen schwarzen Humor, so wie ich. Und so wie ihre Mutter, die über neunzig ist. Sie ist die schönste Lady mit langem dunklem Haar, die ich je gesehen habe. In ihren jungen Jahren hatte sie unzählige Liebhaber. Und sie ist herrlich vulgär. Mit ihr kann man wunderbar Spaß haben. Ich habe einen Spitznamen für sie, der so derb ist, dass ich ihn hier nicht aufschreiben werde. Aber sie hat Tränen gelacht, wenn ich sie so nannte. Weil es so zutreffend war.

Aber die Walkers hatten mich im Zimmer ihrer Tochter einquartiert, die von der Uni zurück nach Hause kam. Also war es an der Zeit, mir etwas Eigenes zu suchen. Ich zog in ein Motel im nahe gelegenen Waukegan.

Ich war sehr einsam. Aber ich genoss auch, im Motel wieder rauchen zu können. Und ich liebte den riesigen Walmart direkt gegenüber, wo ich unnütze Dinge kaufte, um vielleicht wieder etwas wie freudige Aufregung zu spüren und um mein Zimmer etwas mehr nach einem Zuhause aussehen zu lassen.

Irgendwann kaufte ich etwas Gras, von dem mir übel wurde, also beschloss ich, mit dem Marihuana aufzuhören und ging nach San Francisco, in eine Entzugsklinik, die meinem Therapeuten von jemandem empfohlen worden war. Drei Monate lang blieb ich dort. Dann reiste ich für etwa eine Woche lang zurück nach Irland, wo aber immer noch niemand bereit war, den Kontakt zu mir wieder aufzunehmen. Also ging ich wieder nach Amerika, nach New Jersey, und mein Manager besorgte mir eine Wohnung bei sich im Gebäude. Aber ich war so suizidal, dass ich dort kaum mehr als einen Tag am Stück verbringen konnte, und ich musste weiterhin regelmäßig ins Krankenhaus.

Beim letzten von drei Aufenthalten im Englewood Hospital – dem etliche Aufenthalte im Hackensack University Medical Center, eine Trennung von meinem Manager, ein Umzug in ein Motel irgendwo in New Jersey, ein Nierenstein und ein von mir auf Facebook veröffentlichter, verzweifelter Hilferuf vorangegangen waren – erreicht mich auf Station ein Anruf von »Dr. Phil«, Amerikas berühmtestem Psychologen, der seit 2002 eine höchst erfolgreiche, gemeinsam mit Oprah Winfrey entwickelte TV-Show hat. Vielleicht ist das mein Cinderella-Moment, denke ich mir.

Er will mir helfen. Sagt, dass seine Redaktion mich über Michael Wildes, meinen Anwalt, gefunden habe, da dessen Bild und Namen auf meiner Facebook-Seite zu finden seien.

Während Phil sich mir am Telefon vorstellt, beaufsichtigt mich eine blonde, vielleicht achtzehn Jahre alte Pflegeassistentin in weinroter Kluft, die die blasseste Haut hat, die man sich nur vorstellen kann. Alle Suizidalen werden hier beaufsichtigt. Wann immer ich in einem amerikanischen Krankenhaus war, gab es da eine liebenswürdige Lady, die den ganzen Tag über an meiner Seite blieb, und eine zweite, die die ganze Nacht blieb. Diese Ladys sind der Grund dafür, dass ich Pflegeassistentin werden will, denn mit ihnen zu reden und zu kichern, war heilsamer als jedes Medikament und jede Therapie. Zu wissen, dass da jemand ist, wenn ich schlafe, ließ mich zum ersten Mal ahnen, wie es ist, bemuttert zu werden. Es fühlte sich nicht unterdrückend an, so unter Beobachtung zu stehen; es hatte etwas Liebevolles.

Ihre Haut jedenfalls war so weiß wie Papier, und als eine bösartig-verrückte Dame an ihr vorbeiläuft, ihr eine halbe Tasse kochend heißen Tee über den Arm kippt und niemand dem Mädchen zur Hilfe kommt, beende ich das Telefonat. Ich mache Stunk an der Rezeption, weil man das Mädchen ignoriert hatte, und während ich noch poltere, schiebt eine Krankenschwester mir einen Zettel zu. Er ist von dem Arzt, der mich im Hackensack Center betreut hat. Der hat von dem Telefonat mit Dr. Phil gehört und schreibt, er stimme mit meinem Arzt hier im Englewood überein, dass es meiner Gesundheit abträglich sei, in die Show zu gehen.

Die sind doch beide bekloppt, denke ich mir. Es ist der gottverdammte Dr. Phil. Der kriegt jeden wieder hin. Und es ist ja nicht so, dass sie selbst so gut Bescheid wüssten. Was habe ich also zu verlieren?

Nun bin ich natürlich diejenige, die verrückt ist. Aber leider haben sie keine rechtliche Handhabe, mich daran zu hindern, die Klinik zu verlassen (obwohl es in meinem besten Interesse gewesen wäre), und ich bestehe darauf, dass man den nächsten Anruf von Dr. Phil zu mir durchstellt, der dann etwa zehn Minuten, nachdem die alte Dame den Tee gekippt hat, kommt.

Die meisten Menschen können sich vielleicht gar nicht ausmalen, wie verzweifelt man sich nach einer Zigarette sehnt, wenn man ein paar Tage und Nächte in der psychiatrischen Abteilung eines amerikanischen Krankenhauses zugebracht hat. Das ist nicht so wie in Irland, wo das einzig Gute ist, dass man die Patienten rauchen lässt. In Amerika kriegst du nichts außer ein beschissenes Nikotinpflaster. Und es gibt keinen Außenbereich für Raucher. Weshalb man nach einer Woche noch verrückter ist als ohnehin schon. Mein Beharren darauf, alle Vernunft sausen zu lassen und in die Show von Dr. Phil zu gehen, war daher zu einem großen Teil meinem Verlangen geschuldet, rauszukommen, um eine Zigarette rauchen zu können. Und außerdem, um einen Joint rauchen zu können. Denn auch der Verzicht darauf war zu diesem Zeitpunkt eine Qual für mich. Phil bot mir an, mich in eine acht Autostunden entfernte Therapieeinrichtung im Süden der USA fahren zu lassen, die er bereits einigen seiner Gäste empfohlen hatte. Mein hinterlistiges Suchthirn wusste, das acht Stunden voller Gras und Zigaretten bedeuten würde. Und, jawohl, so war es dann auch. Die ganze weite Strecke über.

Man hatte mich während meines Klinikaufenthalts mit einer neuen Managerin bekannt gemacht, und ein Fahrer fuhr sie, eine von Phil gesandte 2-Mann-Filmcrew und mich zu meiner verlassenen Wohnung, wo ich den Gras-Mann traf. Dann stieg ich wieder in den schwarzen Van, warf meiner Managerin einen Abschiedskuss zu und ließ mich in die Nacht chauffieren, sicher, dass ich dieses Mal geheilt sein würde. Nicht vom Rauchen etwa. Sondern von der ständigen Wut und den Suizidgedanken, vom Schmerz, der mich so überhäufte, dass ich außerhalb einer Klinik nicht mehr funktionieren konnte. Ich hatte zu Gott gebetet, Er möge mir in Gestalt eines Menschen Hilfe zukommen lassen. Und ich glaubte wirklich, dass Dr. Phil derjenige wäre, den Gott mir geschickt hätte. Ich hielt ihn buchstäblich für die Antwort auf meine Gebete. Aber ich hätte wissen müssen, dass er fürs gegnerische Team spielte. Weil er keine aufrichtige Seele war. Als er von Jimmy Fallon in dessen *Tonight Show* gefragt wurde, wie wir zueinandergefunden hätten, sagte er: »Sie hat mich kontaktiert.« Gelogen. Hätte er die Wahrheit gesagt, hätte Jimmy ihm vorwerfen können, eine Frau auszunutzen, die gerade nicht in der Lage war, sich zu wehren.

Nach acht verrauchten und gesprächigen Stunden Autofahrt kamen wir also an diesem Traumazentrum am wunderschönen Arsch des Nirgendwos an. Die Ärzte in New Jersey hatten gesagt, dass eine Traumatherapie gefährlich wäre, weil ich noch so vulnerabel sei (womit sie recht hatten, wie sich herausstellte). Aber niemand hatte ihnen zugehört. Der erste Beschiss besteht darin, dass die Leute im Zentrum mir mein iPad wegnehmen wollen. Sie hätten ebenso gut nach meinen Lungen fragen können. In tiefschwarzer Nacht liefern wir uns eine Verfolgungsjagd auf dem riesigen Grundstück, dann stopfte ich mir das iPad in die Hosen und versteckte mich in den Büschen, während zwei Frauen in einem Golfwagen das Gelände abfuhren, auf der Suche nach mir und dem iPad. Am Ende gab ich auf, und sie bekamen es ausgehändigt. Und als Zeichen des Protests nahm ich gar nichts von meinen Sachen mit auf mein Zimmer. Ich sagte ihnen, dass sie auch alles andere behalten könnten, wenn sie mir schon das iPad wegnehmen. Weil es grausam ist, jemandem nichts als seine Krücke wegzunehmen, um die Person dann vierundzwanzig Stunden am Tag ohne Trost und Ablenkung in der eigenen Scheiße hocken zu lassen. Insbesondere dann, wenn diese Scheiße eine geballte Ladung Trauma ist. Von dem wenigen Trost, der mir geblieben war, landete ich also von jetzt auf gleich in der Trostlosigkeit. Und ich hasste diese

Ladys dafür. Aber nur einen Tag lang. Denn wie sich herausstellte, waren sie beide ganz reizend.

Als ich aus dem Garten wieder in Richtung meines Zimmers stampfe, treffe ich den Psychiater am Kofferraum seines Wagens. Er bietet mir einen Fruchtriegel an. Was zur Hölle soll eine Rockerin mit einem Fruchtriegel anfangen? Ist der noch verrückter als ich? »Nein, danke«, sage ich zu ihm, »Fruchtriegel sind was für Hippies«. Ich ahne schon, dass wir überhaupt nicht miteinander auskommen werden.

Es ist schon spät, als endlich alles für die Nacht geklärt ist. Um etwa ein Uhr liege ich dann im Bett. Am Morgen werden die Leute von der Dr.-Phil-Show kommen, denn damit Phil mir hilft, musste ich zustimmen, in seiner Show aufzutreten. Und das musste geschehen, bevor ich hier, in dieser von ihm empfohlenen Einrichtung, irgendeine Form der Behandlung beginne. Auf diese Weise hat man anschließend nicht die Gelegenheit, sich vor laufender Kamera darüber zu beschweren, wie böse man ausgenutzt wurde und wie unverantwortlich die sogenannte medizinische Versorgung in der von ihm ausgesuchten Einrichtung gewesen ist.

Ich zweifle schon daran, dass jemand von meinem Behandlungsteam hier auch nur in einer der anderen Kliniken, in denen ich gewesen bin, meine Patientenakte angefragt hat. Vermutlich nicht einmal in Englewood, von wo Phil mich weggepflückt hat. Sie schienen keine Ahnung zu haben, ob ich in der Lage wäre, auch nur eine Stunde individueller Traumatherapie auszuhalten, von neun Stunden täglich ganz zu schweigen. Ich fühlte mich entmenschlicht. Ich fühlte mich noch schlechter als zuvor.

Wie dem auch sei, jetzt sitze ich Dr. Phil gegenüber, bereit für die Show und die Kameras. Voller Hoffnung und Träume. Gleich zuerst sagt er, dass er hier sei, weil meine Fans ihn wegen meines Facebook-Videos angeschrieben und um Hilfe gebeten hätten. Er wedelt mit einem dicken Hefter, der ihm zufolge voll von solchen E-Mail-Anfragen sei. E-Mails voller Liebe und Rückhalt für mich. Ich frage, ob ich den Hefter samt Inhalt behalten dürfe. Er bejaht, vergisst aber, ihn mir zu geben. Er sagt mir, was für ein Glück ich doch habe, weil ja die Einrichtung, in der ich jetzt untergebracht sei, so opulent und was weiß ich noch sei, dass es eine bessere doch gar nicht geben könne.

Er lässt mich vor der Kamera meine Geschichte erzählen. Ich vertraue ihm, weil ich verletzbar bin. Und ich möchte leben. Also lege ich los und lasse alles raus. Ich weine wie ein Baby. Er bringt mich sogar dazu, zu meiner Mutter zu sprechen. Was »die kleine Sinéad« vielleicht so loswerden möchte. Und ich mache mit. Weil ich denke, dass mir das hilft. Oh, und außerdem, weil man mir vor der Aufzeichnung zu verstehen gibt, wie »tapfer« es von mir sei, in die Show zu kommen, und dass ich »anderen damit helfen« werde. Er redet von einem berühmten Produzenten, den er kennt. Versichert mir, dass der Kerl mich kontaktieren werde und dass ich ein Album mit ihm aufnehmen könne. Als man uns noch bei einem letzten Spaziergang über das Klinikgelände filmt, erzählt er mir, dass er kürzlich bei einem Treffen gewesen sei, an dem auch der ehemalige Trump-Berater Steve Bannon teilgenommen habe. Und dass die Trump-Leute bei diesem Treffen tatsächlich über die Idee gesprochen haben, aus MAGA – *Make America Great Again* – MAWA zu machen: *Make America White Again*. Er gibt sich ganz angewidert, als er mir davon erzählt.

Aber ich dachte bei mir, wenn er davon wirklich so angewidert wäre, dann würde er der ganzen Welt davon erzählen. Das wäre eine aufrichtige Seele. Alles, was man hat, aufs Spiel zu setzen, um die Schwachen zu schützen. Zu riskieren, dass sie einen für verrückt erklären und ächten. Nein. Dazu hatte er nicht die Eier in der Hose.

Stieg in seinen Heli und ward nie wieder gesehen.

Am nächsten Tag hatte ich eine Auseinandersetzung mit dem Psychiater. Er warf mir vor, ich wolle wie ein Rockstar behandelt werden (was nicht stimmte), nur weil ich vergessen hatte, mich mit Unterschrift abzumelden, als ich zum Rauchen nach draußen ging.

Ich fühlte mich angegriffen, denn ich würde niemals wollen, dass man mich in einer Pflegeeinrichtung anders als alle anderen behandelt. Die Fruchtriegel hatten ihm offenbar das Hirn aufgeweicht.

Ich war verletzt. Aber darüber verlor ich kein Wort. Ich verließ nur eilig sein Büro und ging auf mein Zimmer.

Anscheinend vermutete er, dass ich einen Wutanfall hätte, und er rannte weg, einen Hügel hinauf, um sich in Sicherheit zu bringen, sollte ich ihm an den Kragen wollen. Das machte mich nun wirklich wütend, was ich zuvor nicht gewesen war. Der verdammte Psychodoktor ist eine Fruchtriegel fressende Pussy, und man kann nicht mal vor ihm heulen, ohne dass er deswegen kollabiert. Ich bat darum, nicht noch einmal in ein Zimmer mit ihm gesteckt zu werden, aus Angst, ich könnte ihm eine reinhauen. Also rief man Phil an, und der rief ordnungsgemäß bei mir an. Ich erzählte ihm von meinen Bedenken wegen des Fruchtriegelfressers und der Achtsamkeit der restlichen

Belegschaft. Ich sagte ihm auch, dass ich nicht glaube, dass man mich wieder in Ordnung bringen kann (was nach wie vor zutreffend ist).

»Scheitern gibt es für mich nicht«, sagte Dr. Phil. Und er warnte mich, ich solle den Psychodoktor nicht verprügeln.

Die Lage verschlechtert sich nur noch weiter, wann immer ich eine offizielle Beschwerde einlege, um auf Fehlverhalten der Belegschaft hinzuweisen. Oder auf die andere suizidale Frau, die Phil nach einer Show hierhin geschickt hat, und die mir schluchzend erzählt, sie bekomme hier nicht die Hilfe, die sie brauche, obwohl sie deutlich gemacht habe, wie groß der Drang sei, sich etwas anzutun. Schließlich holt man mich aus dem Hauptgebäude raus und quartiert mich in ein riesiges, leeres, ziemlich prachtvolles Haus ein, das sich auf einem anderen Teil des Geländes befindet. Ins Hauptgebäude darf ich nicht mehr hinein. Was mich sehr wütend macht. Genau wie die täglichen neun Stunden Traumatherapie. (Einmal, da waren wir gerade inmitten einer dieser marathonartigen Sitzungen, kam ein Klinikmitarbeiter der Abteilung Recht und Finanzen hereinspaziert. Er reichte mir einen Vertrag, den ich bitte unterzeichnen sollte. Der Vertrag besagte, dass etwaige Aufnahmen, die während der hier angebotenen Musiktherapie entstünden – eine Therapie, die Teil der Behandlung aller Klienten war –, in den Besitz der Klinik übergehen würden. Selbstverständlich habe ich nicht unterschrieben. Und es ist, egal aus welchen Gründen, abscheulich, einfach so in jemandes Therapiesitzung reinzulatschen; erst recht, wenn man es tut, um der Patientin zu sagen, dass man sie ausnutzen will.)

• • •

Und so knallen mir schließlich die Sicherungen durch, ich brülle die gesamte Einrichtung zusammen und die Polizei rückt an, weil ich angekündigt habe, mich umzubringen. Man bringt mich ins nächstgelegene Krankenhaus, wo man feststellt, dass ich nicht suizidal, sondern traumatisiert bin. Man legt mir nahe, nicht wieder ins Behandlungszentrum zurückzukehren. Und die Polizisten sind so freundlich, mir ein Motel zu suchen, und mich dort hinzubringen.

Am nächsten Morgen finde ich in meiner Tasche den Schlüssel zum großen Haus auf dem Klinikgelände, in dem nur ich untergebracht war. Und dummerweise beschließe ich, ihn zurückzubringen. Ich rufe mir ein Taxi, das einzige im ganzen Ort. Der Fahrer erzählt mir, dass in seinem Kopf eine Kugel aus dem Koreakrieg steckt und dass jede Frau im Ort ihn haben will. Während wir fahren, sehe ich links am Straßenrand einen wunderschönen Friedhof. Weiße Standbilder, feingemeißelte Steine. Riesige religiöse Symbole und Blumen.

Gegenüber, auf der rechten Straßenseite, befindet sich etwas, das aussieht wie ein Tierfriedhof. Geschätzte hundert schwarze Steine, jeder etwa so groß wie eine Grapefruit, sind in den Boden eingelassen, ohne dass irgendwelche Grabbegrenzungen erkennbar wären. Der Boden ist nicht gepflegt, das Gras wächst ungehindert. Ich frage den Fahrer, ob es tatsächlich ein Tierfriedhof ist. »Nein«, sagt er. »Das ist für die Schwarzen, aber ich habe nicht viel mit denen zu tun.« Ich spüre, wie es mir das Herz zerreißt. Und jetzt begreife ich, warum die einzige Schwarze, die im Zentrum arbeitet, so erstaunt darüber war, dass ich mich immer ausgerechnet an ihrer Schulter ausweinte, wenn mir alles zu viel wurde. Als das das erste Mal passierte, war sie geradezu geschockt und bedankte sich anschließend bei mir, als wäre ihr eine Ehre zuteilgeworden.

Ich gebe den Schlüssel ab und werde beschwatzt, eine andere Einrichtung aufzusuchen, diesmal in L.A. Ich stimme zu, man fliegt mich dort hin, liefert mich ab und dreht direkt wieder um. Von Phil höre ich gar nichts, aber man hatte mir gesagt, dass er für die Kosten meines Aufenthalts hier aufkomme. Nach drei Wochen lässt mich ein wütender Mitarbeiter wissen, dass man hier keinen Cent für meine Unterbringung sehen würde und dass das, was man mir in der letzten Einrichtung erzählt habe, keineswegs zutreffend sei. Was mich nicht überrascht. Ich packe und verschwinde. Und seitdem habe ich von all diesen Leuten nie wieder gehört.

Etwa ein Jahr später, 2018, habe ich über diese Ereignisse einen Song geschrieben. Er heißt »Milestones« und soll auf meinem nächsten Album erscheinen. Aber auf Youtube gibt es bereits eine Demoversion zu finden.

Und nein, Fruchtriegel kommen nicht darin vor.

Vorwärts und jetzt

Manche Leute glauben, dass im Himmel immer Nacht ist. Ich hoffe es. Und so es einen Himmel gibt, hoffe ich, dass ich mich für eine Aufnahme qualifiziere (wenn es denn überhaupt möglich ist, sich nicht zu qualifizieren). Es fällt mir schwer zu glauben, Gott könnte grausam sein. Aber sollte ich den Himmel eigentlich nicht verdient haben, dann hoffe ich, dass die Tatsache, dass ich gesungen habe, meine Sünden – die zahlreich und scheußlich sind – nichtig erscheinen lässt.

Ich liebe Feuer. Ich hoffe, dass es im Himmel Feuer gibt. Feuer macht mich stark, wenn ich außerstande bin, etwas zu tun.

Ich mag auch die Nacht am liebsten, denn für sie ist das Feuer gemacht. Und was, wenn meine Nacht kein Feuer kennt, wie auch mein dunkler Morgen nicht? Dann bin ich beraubt. Nackt, sogar. Wie ich es ohne meinen Hidschab wäre.

Ich trage ihn seit Oktober 2018 (nicht ein und denselben, und ja, auch das Kopftuch wasche ich, damit mein Kopf nicht nach Fuß riecht), seit ich *re*vertiert bin. Wir sprechen nicht von Konversion, sondern von *Re*version, weil der Übertritt zum Islam sich anfühlt, als würde man nach Hause kommen. So ist es für mich gewesen, die ich seit meiner Kindheit die Religionen studiert habe. Als wäre ich nach Hause gekommen. Mein ganzes Leben lang bin ich auf der Suche gewesen, in jedem Buch und jedem Lied, und den Islam habe ich mir, warum auch immer, bis zuletzt aufgehoben. Auch wenn ich seit Jahren schon vor jedem Konzert den Adhan gespielt habe, den islamischen Aufruf zum Gebet, habe ich mir nie die Zeit genommen, den Islam selbst zu studieren.

Ich habe ein Hobby, von dem ich noch nichts erzählt habe. Ich male Stellen aus heiligen Schriften. Schon seit Langem. Ich schenke sie für gewöhnlich anderen Leuten, aber in letzter Zeit tue ich das nicht mehr, weil mir aufgefallen ist, dass ich mich fast mit jedem, dem ich ein solches Bild schenke, irgendwann überwerfe.

Wenn ich meine sterbliche Hülle abstreife, will ich, dass alle Menschen, denen ich eines dieser Bilder gegeben habe, an einem Ort zusammenkommen und gemeinsam eine Ausstellung auf die Beine stellen. Diese Leute sind einander nie begegnet. Sie kommen aus den unterschiedlichsten Bereichen der Gesellschaft. Ich möchte, dass sie einander kennenlernen, falls sie die Bilder nicht längst weggeworfen haben. Und selbst wenn sie sie weggeworfen haben, möchte ich, dass diese Leute sich treffen.

Ich habe irgendwann angefangen zu zeichnen, statt zu malen, weil ich an jedem Gemälde einen Monat lang gearbeitet habe und irgendwann ins Krankenhaus musste, weil ich gar nichts mehr gegessen habe. Das Malen war wie eine Sucht für mich. Jetzt arbeite ich mit Filzstiften. Und mit Blattgold. Weniger Arbeit. Gleiches Ergebnis. Es ist meine Art von Gebet. Also habe ich mich eines Nachts in jenem Oktober hingesetzt und angefangen, den Aufruf zum Gebet zu malen. In einer anderen Sprache zu beten, ist wie singen. Man muss wissen, was man sagt. Deshalb hatte ich die englische wie auch die arabische Textfassung vor mir liegen und wollte gerne die arabische malen. Mich hat die Bedeutung der Worte *Lā ilāha illā 'llāh* (»Es gibt keinen Gott außer Gott«) umgehauen – wie es sich in meinem Mund anfühlte, sie auszusprechen, und welche Mathematik darin steckte. Ich war fündig geworden; das war mein Zuhause. Die Sprache und die Intelligenz des Gebetrufs brachten mich dazu, dem Koran zuzuhören. Das war mein Zuhause. Mein ganzes Leben schon war ich eine Muslima und hatte es nie verstanden. Der Adhan, der Aufruf zum Gebet also, ist das mathematisch intelligenteste Lied, das je verfasst wurde.

Die Idolatrie (ein Götzendienst, der etwas oder jemanden über Gott stellt) ist auf all das gerichtet, was man so sehr liebt, dass man glaubt, man könnte ohne es nicht leben. Oder man wollte ohne es nicht leben. Das kann eine Person, ein Ort oder eine Sache sein. Man wird es erst wissen, wenn Gott beschließt, es einem zu offenbaren. Aber das *wird* er tun. Ein eigenes goldenes Kalb. Und man wird perplex sein, weil man ja dachte, man wäre in seinem Glauben wahrhaftig gewesen.

Der Himmel sei paradiesisch, heißt es. Ein nächtliches Paradies. Kühl und ruhig. Gärten, durch deren Niederungen Flüsse laufen. Danach sehne ich mich. Deshalb fertige ich das Bild für mich selbst an, hier in meinem Zimmer, in der Nacht. Ein Feuer. Und sonst nur Dunkelheit ... Ich stelle mir den Himmel als einen Garten vor, ganz gewiss. Ein Garten mit idealem Klima, und auch wenn man unter so vielen Seelen wandert, muss man sich nicht zeigen, wenn man nicht will.

Ich will aber. Gesehen werden. Ich bin nie gesehen worden. Nicht einmal von mir selbst. Ich will singen, wo immer ich mit meinem Gesang davonkommen kann, ohne Gott oder meine Oma oder meine Mutter zu verärgern. Ich habe auf dieser Erde für eine Menge Ärger gesorgt. Weil ich die Person war, die ich bin.

Nur eins, was ich im Leben getan habe, ist heilig gewesen – und das war das Singen. Unheilig ist nur das Musikbusiness. Irgendwann prallt beides gegeneinander. Man kann einfach keine richtige Arbeit machen, weil man im falschen Umfeld feststeckt. Das ist ein bisschen so wie die Sache mit dem LSD, das im Rockabilly-Club nicht wirken wollte. Meine Seele ist für das Musikbusiness nicht geeignet. Für nichts ist sie geeignet. Abgesehen davon, Lieder zu schreiben und sie auf der Bühne zu singen. Und wie ich es liebe, auf der Bühne zu singen. Dafür bin ich geboren. *Yes, sir.*

Was ich mich indes frage: Schreiben sie im Himmel Lieder? Und flüstern sie diese dann den irdischen Komponisten ins Ohr? Was sage ich da. Der Koran ist wie ein Lied. Und er wurde Gabriel zugeflüstert, der ihn dann Mohammed zuflüsterte. Einundzwanzig Jahre hat die ganze Sache gedauert. Gott ist tatsächlich ein wunderbarer Liedermacher.

Ich hoffe, es ist wahr, dass Gott die liebt, die singen. Und ich wette, Mohammed hat eine wunderschöne Stimme gehabt. Ich hoffe, er singt noch immer im nächtlichen Paradies. Vielleicht werde ich ihn hören können, wenn ich einfach still bin.

25. September 2019

Ich bin so gerührt. Die Leute sind ausgeflippt, nachdem sie gesehen haben, wie ich »Nothing Compares 2 U« in der irischen *Late Late Show* sang. Ich ging viral. Zwei Millionen Menschen haben es sich online angeschaut. Und haben mich wieder willkommen geheißen. Willkommen zurück in der Musik.

Jetzt darf ich die Sache nur nicht vermasseln. So weit, so gut; bisher habe ich mir nur einen kleinen Ausrutscher geleistet, als ich dem irischen Staat auf Twitter gedroht habe. Anschließend habe ich eine völlig durchschaubare Lüge erzählt, habe behauptet, mein Account sei gehackt und der Beitrag nicht von mir verfasst worden. Komplett gelogen. Verrücktes Miststück.

Aber davon mal abgesehen, habe ich mich gut geschlagen. Drei Konzerte und keine Beschwerden; viele weinende Männer. Das ist mein Indikator dafür, dass es gut gelaufen ist – wenn ich singe, kann ich die Männer aus gutem Grund zum Weinen bringen. Ansonsten weinen sie immer nur, weil sie so saumäßig genervt von mir sind.

Ich habe eine rote Abaya – das ist ein weites Überkleid – und ein dazu passendes Kopftuch getragen. Ein Anblick wie aus Star Wars. Jemand hat das online mit einem Foto von einer der Wachen des Imperators Palpatine kommentiert. Selbst ich musste lachen. Ich muss mal schauen, ob sich in Sachen Hidschab nicht eine kürzer geschnittene Lösung finden lässt. Ich trage sie gerne. Ich mag mein Zuhause im Islam. Es gefällt mir, wenn meine Brüder und Schwestern mich draußen auf der Straße als eine der ihren erkennen. Ich repräsentiere gerne. Weil man dem Islam derzeit das Leben schwer macht. Ich bin aber keine Soldatin mehr. Ich möchte nur repräsentieren.

Bei Konzerten kann das Kopftuch hinderlich sein, wegen des In-Ear-Monitorings, das ich verwende. Ich muss während der Auftritte in der Lage sein, es immer wieder zu justieren. Nach einem Jahr, in dem ich mein Haar verhüllt habe, fühle ich mich inzwischen nackt, wenn ich nichts auf dem Kopf trage. (Im Sommer habe ich kein Kopftuch verwendet, weil ich die Hitze nicht ausgehalten habe; stattdessen trug ich einen leichten Turban. Ich weiß wirklich nicht, wie die Ladys in den Ländern mit brüllend heißem Klima das aushalten.)

Ich bin der Meinung, dass niemand gezwungen werden sollte, ein Kopftuch zu tragen. Aber ich finde auch, dass niemand gezwungen werden sollte, *keines* zu tragen. Es sollte eine Entscheidung aus freien Stücken sein. Und in meinem Falle ist es das. Frauen, die mir diese Entscheidung zum Vorwurf machen und behaupten, ich würde mich damit den Schönheitsidealen orientalischer Männer unterwerfen, weise ich darauf hin, dass ihr blondiertes Haar nichts anderes als ein Kopftuch ist – nur dass sie sich den von Männern diktierten Schönheitsidealen der westlichen Welt unterwerfen. Ich schlage ihnen dann vor, dass sie sich – wenn sie wirklich gegen das Kopftuch sind – die Haare abrasieren sollen.

Ich trage meinen Hidschab nicht, um schön zu sein, und auch nicht für einen Mann. In meinem Alter will ich keinen Mann bezirzen. Das habe ich nun wirklich ganz weit hinter mir gelassen, auch wenn ich nichts gegen einen Gefährten einzuwenden hätte, sollte Gott jemanden auf Lager haben, der mich erträgt und den ich ertragen kann. Ich trage, was ich liebe – mehr ist es nicht. Aber alles, was ich »auf Arbeit« trage, ist ein Statement. Ansonsten würde meine Mutter mich massakrieren. Die Frau war immerhin Damenschneiderin und Model; und würde ich in Jogginghose und T-Shirt auf die Bühne gehen, würde sie mich vom Himmel aus ihren Zorn spüren lassen.

Man kann den Tänzer nicht vom Tanz trennen, wie es bei Yeats heißt.

Ich scheiße mir vor Angst komplett in die Hosen, weil in drei Wochen meine Tournee beginnt und jeder erwartet, dass ich großartig bin. Dabei habe ich nur vier Probetage und habe seit fünf Jahren nicht mehr auf der Bühne gesungen; ich habe Angst, dass ich nicht in der Lage bin, mir die Texte zu sechzehn Liedern einzuprägen. Zu Hause ist so viel zu erledigen, dass ich noch gar nicht die Zeit hatte, mich mal hinzusetzen, um mir die Songs in Ruhe anzuhören; außerdem ist mein Drucker im Arsch und ich kann mir die Texte nicht ausdrucken. Also ziehe ich mal wieder los, um mir einen verdammten neuen Drucker zu kaufen. Die Dinger geben den Geist auf, wenn ich nur an ihnen vorbeilaufe – in dieser Hinsicht lastet ein Fluch auf mir. Und ich leide wie blöde unter Agoraphobie. Worüber ich kaum je spreche.

Agoraphobie. Ich fürchte mich vor offenen Plätzen, vor weitläufigen, viel frequentierten Bereichen. Es sind nicht die Leute, die ich fürchte. Das ist bei mir eine posttraumatische Sache, ein PTBS. Das Zuhause ist sicher. Hotels sind sicher. Arbeit ist sicher. Im Auto ist es sicher. Aber wenn ich in die Stadt gehe, schiebe ich Panik; ich muss nach Hause. Das beeinträchtigt mich, und es lässt mein Sozialleben vor die Hunde gehen. Insbesondere, weil ich bisher erst zwei Freunden von diesem Problem erzählt habe. Also verprelle ich die Leute, weil ich mit ihnen Pläne schmiede, irgendwohin zu gehen, und dann jedes Mal wieder absage. Wenn ich plane, dann habe ich auch wirklich vor, es durchzuziehen und rauszugehen. Ich will rausgehen. Aber wenn es dann so weit ist, schiebe ich Panik und denke mir irgendeine Notlüge aus, um aus der Sache rauszukommen. Ich weiß nicht, weshalb ich lüge. Vermutlich will ich nicht, dass die Leute mich für verrückt halten.

Postskriptum

Mein hochwertgeschätzter Vater,
 ich schreibe diesen kleinen Brief, weil ich möchte, dass Du ihn Dir entweder ausdruckst und an den Spiegel klebst oder Dir die Worte auf die Innenseite Deiner hübschen Augenlider tätowieren lässt, damit Du niemals an Dir zweifelst und niemals Dir selbst und/oder meiner Mutter die Schuld an meinem Verhalten oder meinem psychischen Gesundheitszustand gibst.

Na, dann mal los ...

Sinéad, die aufgrund einer Fügung der völlig sinnentbehrenden Wissenschaft Allahs die geliebte Tochter von Dir und Marie ist, wurde – woran *weder* Du *irgendeine* Schuld trägst *noch* ihre Mutter – mit einer Reihe von der O'Grady-DNA entstammenden Hirnanomalien *geboren*, die sich in der Form psychischer Erkrankungen manifestieren.

Sinéad erlitt außerdem im Alter von elf Jahren eine extrem gefährliche Kopfverletzung, als ein Zug mit voller Geschwindigkeit durch den Bahnhof in Blackrock fuhr und ein Junge von innen heraus ein Tür öffnete, die ihr gegen den Kopf schlug, während sie am Gleis auf den Zug nach Hause wartete.

Es konnte wissenschaftlich bewiesen werden, dass Kopfverletzungen dieser Art zu psychischen Erkrankungen führen oder eventuell bestehende psychische Erkrankungen verschlimmern können.

Deshalb wisse bitte, dass Deine Tochter selbst dann, wenn Josef von Nazareth und die Jungfrau Maria ihre Eltern gewesen wären und sie auf *Unserer Kleinen Farm* aufgewachsen wäre, so verrückt wie eine verdammte Hutmacherin und komplett neben der Spur wäre.

Nicht das Umfeld und *nicht* die Erlebnisse aus Sinéads Kindheit sind ursächlich für ihre psychischen Erkrankungen. Der Beweis für diese Aussage ist der unerschütterlich gesunde Verstand Eurer drei anderen Kinder.

Psychiatrische und musikalische Untersuchungen haben außerdem eindrucksvoll bewiesen, dass alle Individuen, denen Allah auch nur das winzigste Flüstern seines musikalischen Feuers einzuhauchen beschließt, notgedrungen auch mit Wahnsinn beschenkt werden. Und alle Musiker, die wahrhaftig von Gott berufen sind, sind Irre. Ansonsten wären sie arrogante Bastarde. Demut ist für jeden wahrhaft von Gott berufenen Künstler die erste Voraussetzung.

Außerdem sind sämtliche Rockmusiker regelbrechende, kriminelle, drogenschluckende Schweine, achtlose Schlampen, schlechte Eltern und alkoholsüchtige Verrückte – wenngleich auch nicht verrückt genug fürs Irrenhaus und nicht kriminell genug für den Knast –, egal, ob sie nun im Paradies, in der Hölle oder irgendwo dazwischen aufgewachsen sind.

Deshalb hat man das Musikbusiness erfunden. Denn ansonsten könnte man Little Richard, Liberace und Konsorten nirgends unterbringen. ☺

Sie kam also schon übergeschnappt zur Welt, Deine Sinéad.

Weder Du noch ihre Mutter sind dafür verantwortlich. Ihr habt beide euer Bestmögliches getan, mit dem Werkzeug, das Euch von Gott gegeben wurde. Und Deine Tochter erinnert sich nur an all das Wunderbare, das Ihr beide ihr gegeben habt. In Deinem Falle waren das insbesondere die Lieder, das Singen und Allah.

Also tritt nicht gegen Wände, es sei denn, du tust es zum Spaß.

Und denke immer daran, dass Allah Dich und Deine Kinder in seinem Mund trägt, wie eine Löwin ihre Jungen trägt. Und dass auch jede Unbill sich schließlich als Segen Gottes erweist.

Und im Himmel steht ein Thron für Dich bereit, bestückt mit einem Edelstein für jedes weiße Haar, das Dein wildes Kind Dir je hat wachsen lassen.

♥♥♥♥♥♥♥
Sinéad/Shuhada

Epilog

Heute ist der 5. April 2020. Die Welt befindet sich im Lockdown. Niemand weiß, wann oder in welcher Form wir wieder »in die Normalität« zurückkehren können. Als wären wir dort je gewesen.

Vielleicht wird unsere Art zu leben sich dauerhaft verändern. Vielleicht werden wir einander weiterhin die Liebe entgegenbringen, die sich gegenwärtig darin zeigt, dass wir zu Hause bleiben. Man kann nie wissen. Aber es wird ein Ritt durch sieben Höllen werden. Ich bin ein Stück weit in der Lage, ein paar geliebten Menschen durch diese Zeit hindurchzuhelfen, da es für mich wahrlich nicht der erste Höllenritt ist. Wer mit dem Teufel lebt, der lernt, dass es einen Gott gibt.

In Amerika will Trump alle wieder an die Arbeit schicken, mitten auf dem Höhepunkt einer ersten Infektionswelle. Und er will den Kranken irgendein Medikament aufschwatzen, über das er rein gar nichts weiß; aber eine Maske will er nicht tragen. Ein echter King of Kool-Aid. Er sagt, er könne sich nicht mit Präsidenten, Diktatoren, Königen oder Königinnen treffen und dabei eine Maske tragen. Und erst letzte Woche ist in Europa eine Prinzessin an dem Virus verstorben.

Die Leute sind schuld. Wäre Trump Präsident oder Premierminister von Irland, hätte man ihn physisch aus dem Amt gezerrt, sobald er an irgendeiner Grenze jemandes Kind weggesperrt hätte. Er ist psychisch krank. Die sogenannten zurechnungsfähigen Leute unternehmen im besten Falle nichts und im schlimmsten Falle ermöglichen sie ihm, das zu tun, was er tut. Wie ein riesiger Kaiser ohne Kleider. Mehr ist er auch nicht. Eine Lektion, die die Leute lehrt, nicht immer so verdammt nett zu sein. Mal ehrlich, kein Reporter fragt ihn je: »Sir, was stimmt nicht mit Ihnen?« Was für eine Fahrlässigkeit. Es ist diese Sehnsucht nach Höflichkeit, die bringt sie um. Und es geht immer und immer so weiter. Ganz egal, was er tut.

Es gab mal eine Zeit, da gingen Amerikaner auf die Straße, um friedlich für Bürgerrechte zu protestieren, die ihnen und anderen nutzen sollten. Jetzt können sie nicht einmal vor die Tür gehen.

Was werden sie mit diesem Monster tun, wenn sie handeln können? Die Geschichte hat cleverer Weise dafür gesorgt, dass *Sozialismus* heute das schrecklichste Wort ist, das man in Amerika äußern kann. Aber vielleicht wird ja eine schreckliche Schönheit geboren.

Ich sitze draußen, auf den Stufen meiner Veranda, und blicke aufs Meer. Ich rauche zu viel, um mich drinnen aufzuhalten. Ich betrachte mein Leben und mache mir Gedanken darüber, wie ich leben möchte, wenn all das vorbei ist. Mir ist klar, dass es noch lange Zeit so weitergehen wird. Womit ich den Lockdown meine. Und mir ist überaus bewusst, dass ich kaum Kontrolle darüber habe, wie ich mein Leben lebe – zumindest noch für ein weiteres Jahr. Denn meine Konzerte, die wegen des Virus abgesagt werden mussten, kann ich nicht einfach irgendwann nachholen. Wie erwähnt, möchte ich als Pflegeassistenz arbeiten. Die Berufsschule hier vor Ort bietet dafür einen einjährigen Kurs an, der immer im September beginnt und bis in den Juni geht. Aber irgendwie kommt mir immer etwas dazwischen. Ich habe es vor zwei Jahren versucht, aber da ging es mir gesundheitlich nicht gut genug. Im letzten Jahr musste ich arbeiten, ich musste live spielen. Ich hatte insgesamt vier Jahre lang mit gesundheitlichen Problemen zu kämpfen gehabt, und als ich im Mai aus dem Krankenhaus kam, hatte ich noch achttausend Dollar auf dem Konto und bekam prompt eine Heizkostenrechnung über zweitausend Dollar für mein Haus, das während meiner Abwesenheit leer stand und verwahrloste.

Ich hatte gehofft, jetzt im September 2020 auf Tournee gehen zu können. Denn hätte ich vor zwei Jahren getourt, dann würde ich jetzt Menschen helfen können und an vorderster Front gegen das Virus vorgehen. Die Regierung hat alle Pflegeassistenten um Unterstützung gebeten. Aber so, wie die Dinge nun mal stehen, sitze ich auf meinem Hintern und mache nichts außer zuzunehmen. Also will ich im Herbst 2020 mit der Weiterbildung anfangen, und ich hoffe, dass ich im Sommer 2021 wieder Konzerte spielen kann. Der Entschluss ist gefasst und ich habe das Geld dafür auch schon beiseitegelegt.

Und dann werde ich zwischen meinen Alben und Tourneen einem Beruf nachgehen können. Anstatt ein ganzes Jahr lang untätig rumzusitzen.

Wegen des Virus fühlt es sich an, als würde die Welt enden und eine neue beginnen.

Hoffen wir auf eine bessere.

320 Seiten
12,99 € (D) | 13,40 € (A)
ISBN 978-3-7474-0254-2

Mayte Garcia
The Most Beautiful Girl
Mein Leben mit Prince

Als die Pop-Ikone Prince 2016 überraschend stirbt, ist die Welt erschüttert. Die Tänzerin und Sängerin Mayte Garcia, für die er den Welthit »The Most Beautiful Girl in the World« geschrieben hat, gilt als seine große Liebe. Ein Jahr nach seinem Tod gibt sie intime Einblicke in ihr gemeinsames Leben, das der Sänger strikt abgeschottet hat.
Hochemotional beschreibt sie den tragischen Verlust ihrer beiden Kinder, das Zerbrechen dieser großen Liebe und die dramatische Trennung. Ein Leben voller Höhen, Tragik und unermesslichen Leides. Zutiefst berührend aufgeschrieben von der Frau, die Prince und seine Musik wie kein anderer Mensch geprägt hat.

riva

96 Seiten
7,99 € (D) | 8,30 € (A)
ISBN 978-3-7423-0179-6

Christoph Spöcker
Bob Dylan
Kleine Anekdoten aus dem Leben eines großen Musikers

Als die Beatles 1964 zum ersten Mal durch die USA touren, verbringt Bob Dylan einen entspannten Abend mit ihnen in ihrer Hotelsuite. Spontan bietet er ihnen einen Joint an. Die Beatles sind irritiert. Wie sich herausstellt, haben sie noch nie gekifft! Dylan ist sehr überrascht, schließlich singen die Beatles in ihrem Song »I Want to Hold Your Hand« doch »I get high«. Dylan wird aufgeklärt, dass der Songtext »I can't hide« heißt und er ihn immer falsch verstanden hat. Trotzdem macht der Joint die Runde und Dylan schläft schließlich auf dem Teppichboden der Suite ein.

Mit Bob Dylan hat zum ersten Mal ein Künstler den Literaturnobelpreis erhalten, der nicht primär als Schriftsteller bekannt ist: Seine berühmtesten Texte sind in Musik gekleidet. Dylan gilt als einer der einflussreichsten Singer-Songwriter des 20. Jahrhunderts. In 50 kleinen Anekdoten über sein Leben würdigt dieser Band das amerikanische Multitalent.

Auch als E-Book erhältlich

288 Seiten
19,99 € (D) | 20,60 € (A)
ISBN 978-3-96775-029-4

Michael Eric Dyson
Tupac Shakur
Vermächtnis einer Legende

Er war der beste Rapper der Welt. Hat Millionen von Platten verkauft. Mit Drogen gehandelt. Im Gefängnis gesessen. Und wurde Opfer eines Attentats, dessen Hintergründe bis heute ungeklärt sind. Die Faszination von Tupac Shakur, der als 2pac Musikgeschichte geschrieben hat, ist auch Jahrzehnte nach seiner Ermordung ungebrochen. Seine posthum veröffentlichten Alben, Gedichte und Filme haben ihn zu einer Legende werden lassen. In seiner Biografie begibt sich Michael Eric Dyson, einer der wichtigsten schwarzen Stimmen in den USA, auf Spurensuche. Lässt ehemalige Weggefährten wie Snoop Dogg ebenso zu Wort kommen wie Tupacs geliebte Mutter, die Black-Panther-Aktivistin Afeni Shakur. Dieses Buch ist mehr als eine Musikerbiografie. Es zeigt, wie Tupac Shakur unsere Gesellschaft verändert hat.